KB140763

슬픈 불멸주의자

인류 문명을 움직여온 죽음의 사회심리학

슬픈 불멸주의자

초판 1쇄 발행 2016년 11월 2일
초판 3쇄 발행 2017년 2월 20일

지은이 셸던 솔로몬, 제프 그린버그, 톰 피진스키
옮긴이 이은경
펴낸이 유정연

주간 백지선
기획편집 장보금 신성식 김수진 김경애 **디자인** 전혜진 이승은
마케팅 임충진 이진규 김보미 **제작** 임정호 **경영지원** 전선영

펴낸곳 흐름출판 **출판등록** 제313-2003-199호(2003년 5월 28일)
주소 서울시 마포구 홍익로5길 59 남성빌딩 2층
전화 (02)325-4944 **팩스** (02)325-4945 **이메일** book@hbooks.co.kr
홈페이지 http://www.hbooks.co.kr **블로그** blog.naver.com/nextwave7
출력·인쇄·제본 (주)상지사P&B **용지** 월드페이퍼(주)

ISBN 978-89-6596-201-4 03180

이 도서의 국립중앙도서관 출판예정도서목록(CIP)은 서지정보유통지원시스템 홈페이지(http://seoji.nl.go.kr)와 국가자료공동목록시스템(http://www.nl.go.kr/kolisnet)에서 이용하실 수 있습니다.(CIP제어번호: CIP2016023523)

살아가는 힘이 되는 책 흐름출판은 막히지 않고 두루 소통하는 삶의 이치를 책 속에 담겠습니다.

인류 문명을
움직여온
죽음의 사회심리학

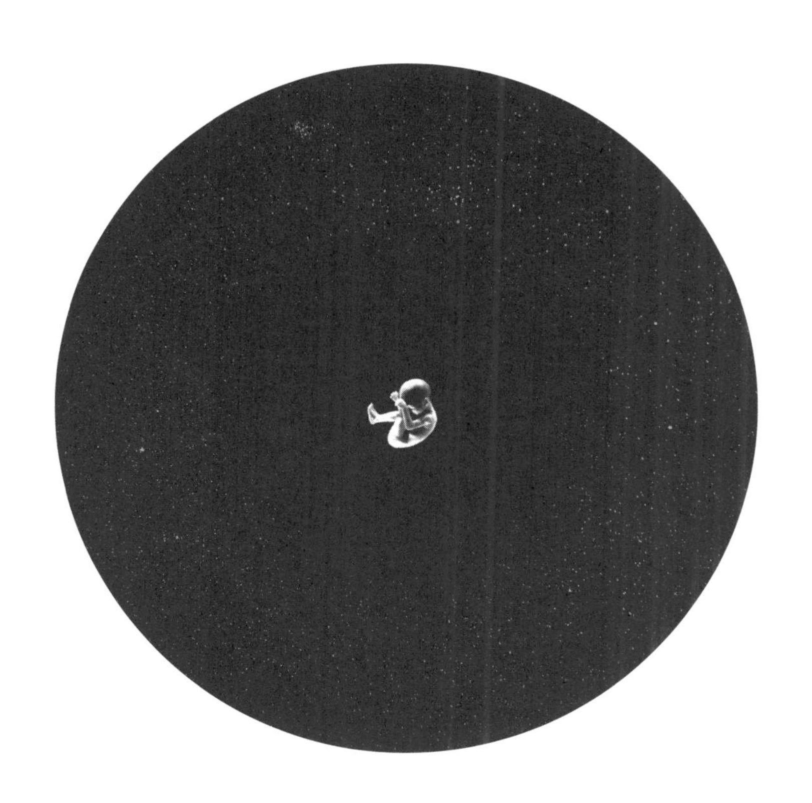

슬픈 불멸주의자

셸던 솔로몬, 제프 그린버그, 톰 피진스키 지음 | 이은경 옮김

흐름출판

모든 이면에는 누구나 언젠가는 죽는다는 커다란 망령, 즉 모두를 아우르는 어둠이 있다. … 우리에게는 죽음과 무관한 삶이 필요하다. … 소멸하지 않는 선, 즉 자연의 선을 초월하는 선을 추구한다. … 이 모든 것은 우리 대부분에게도 마찬가지이다. … 예민한 나약함이 기쁨으로 넘치는 샘의 중심에 존재하는 고뇌를 들추고 우리를 우울한 형이상학자로 바꾼다.
— 윌리엄 제임스, 《종교적 경험의 다양성》

1973년 12월 어느 비오는 음울한 날, 철학자 샘 킨Sam Keen은 캐나다 브리티시컬럼비아 주 버내비에 위치한 한 병원의 복도를 터덜터덜 걷고 있었다. 의사에게 며칠밖에 살 수 없을 것이라는 이야기를 들은 한 말기 암환자를 인터뷰하기 위해서였다. 킨이 병실에 들어섰을 때 죽음을 목전에 둔 그 환자가 입을 열었다. "곧 죽을 나를 용케 찾았군요. 지금 내가 처한 상황은 그동안 죽음에 관해 썼던 모든 내용에 대한 시험입니다. 그러니까, 나는 사람이 어떻게 죽고 어떻게 자신의 죽음을 받아들이는지 보여줄 기회를 잡은 셈입니다."

병원 침대에 누워 있던 사람은 문화인류학자 어니스트 베커Ernest Becker였다. 베커는 "사람이 어떤 행동을 할 때 그 행동의 원인은 무엇인가"라는 아주 오래된 질문의 답을 찾기 위해 인류학, 사회학, 심리학, 철학, 종교학, 문학, 그리고 대중문화에서 얻은 통찰을 종합하여 책으로 소통하는 데 일생을 바쳤다.

그는 마지막 책이자 자기가 내놓은 '최초의 성숙한 작품'이라고 칭했던 《죽음의 부정*The Denial of Death*》에서 인간 행위는 죽음을 부정하고 초월하려는 무의식적인 노력에 의해 결정된다고 말한다. 그는 샘킨에게 "인간이라는 존재는 근원적인 '무력함을 갖고 있다'는 통렬한 인식과 '죽음을 피할 수 없다'는 공포로부터 스스로를 지키기 위해 덕성과 문화를 연마합니다"라고 말했다. 임종을 앞두고 베커는 자기 필생의 연구가 그를 향해 싱긋 웃는 해골을 받아들이는 법을 배우는 일이었다고 술회했다.

어니스트 베커는 1974년 3월 6일, 마흔아홉의 나이로 세상을 떠났다. 그리고 두 달 후《죽음의 부정》은 퓰리처상을 수상했다.

1960년대 말 당시 베커는 지성계 반란자였다. 학생들은 그의 강의를 듣기 위해 떼를 지어 몰려들었다. 그러나 동료 교수와 대학 교직원들은 학계, 대중문화를 가리지 않고 온갖 분야에서 아이디어를 끌어와 학문 및 정치적 정통성에 이의를 제기하는 그를 그리 달갑게 여기지 않았다.

이런 이유로 베커는 학계 방랑자가 되어 시러큐스 대학에서 캘리포니아 대학 버클리 캠퍼스로 옮기게 됐다(이곳 인류학과에서 강의 계약이 만료됐을 때 학생들이 그에게 급여를 지급하겠다고 나서기도 했다). 샌프란시스코 주립대학에 잠시 몸담은 뒤 베커는 캐나다 브리티시컬럼비아 주 밴쿠버에 위치한 사이먼 프레이저 대학에 안착해 그곳에서 《의미의 탄생과 죽음*The Birth and Death of Meaning*》 제2판, 《죽음의 부정》, 그리고 그가 사망한 후에 출판된 《악으로부터의 도피*Escape from Evil*》를 집필했다.

몇 년 후 1970년대 말에 우리 세 명의 저자는 캔자스 대학 실험사회심리학 박사 과정에 등록하면서 서로 만나게 됐다. 금세 우리는 인간 행동을 지배하는 근본적인 동기를 이해하고자 하는 열망을 공통적으로 갖고 있음을 알아챘다. 그후 우리는 연구와 토론을 거쳐 인간이 지닌 두 가지 기본 성향에 초점을 맞추었다. 첫째, 인간은 자신의 자존감을 보호하고자 한다. 둘째, 인간은 자신이 속한 집단이 우월하다고 생각한다.

그러나 우리는 1980년대 초에 베커가 쓴 책들을 우연히 만나기 전까지 인간의 자존심과 편견의 밑바닥에 무엇이 잠재해 있는지 알지 못했다. 베커의 저서들은 마치 로제타석Rosetta Stone과 같은 계시였다. 베커는 심오한 철학적 산문과 비전문가의 직설적인 언어를 적절히 섞어 어떻게 죽음의 공포가 인간 행동을 좌우하는지 설명했다. 그는 우리가 수년간 연구하고 가르쳐 왔지만 온전히 이해하지 못했던 수많은 주요 사회심리학적 현상을 분명히 밝혀주었다. 갑자기 우리는 인간이 왜 그토록 자존감을 열망하며 왜 자기 자신과 다른 사람을 두려워하고 혐오하며 때로는 완전히 없애버리려고까지 하는지 이해하게 됐다.

젊은 혈기로 가득했던 우리는 1984년도 실험사회심리학회 회의에서 베커의 주장을 동료 사회심리학자들과 나누려는 생각에 들떴다. 그곳에서 우리는 사람은 죽음의 공포에 대처하기 위해 가치 있는 삶을 얻고자 노력한다는 베커의 주장을 기반으로 '공포 관리 이론terror management theory, TMT'이라고 명명한 학설을 소개했다. 그런데 공포 관리 이론이 사회학, 인류학, 실존철학, 정신분석학의 영향을 받았다고 언급하자 청중들은 황급히 자리를 뜨기 시작했다. 뒤이어 마르크스, 키에르케고르, 프로이트, 그리고 베커의 사상을 이야기하자 저명한 심리학자들이 하나둘 일어나 회의장 문을 빠져나갔다.

우리는 어리벙벙했지만 의연하게 미국 심리학회American Psychological Association의 대표 학회지인 〈아메리칸 사이콜로지스트*American Psychologist*〉에 논문을 기고했다. 몇 달 후 답장이 왔다. "그 어떤 심리학자도 이 논문에 관심을 보이지 않으리라고 확신합니다"라는 간결하고 함축적인 한 줄짜리 논평이 실려 있었다. 우리는 제출한 논문이 왜 그토록 형편없는지 이유를 설명해 달라고 요청했다. 그러나 우리와 접촉했던 첫 번째 편집장은 재임기간이 끝나도록 아무 대답도 하지 않았다. 결국 좀 더 인정스러운(혹은 더 끈질기게 괴롭힘을 받은) 두 번째 편집장이 응답을 보내왔다. "주장이 어느 정도 타당성이 있긴 합니다. 하지만 이를 뒷받침할 증거가 없는데, 누가 진지하게 듣겠습니까?"

우리는 이 답변을 받고 지난 25년 동안 죽음의 공포가 인간사에 미치는 영향을 조사하기 시작했다. 처음에는 우리가 가르치는 학생을 대상으로 조사를 실시했다. 이후 우리 이론이 관심을 끌면서 세계 도처에서 동료들이 합류했다. 지금은 심리학자는 물론 다른 학문 분야의 학자들도 공포 관리 이론을 연구하고 있으며 베커가 예상했던 수준을 훨씬 뛰어넘는 수많은 연구결과를 내놓고 있다.

한 세기 전 윌리엄 제임스William James가 시사한 바와 같이, 죽음은 진실로 인간 조건의 핵심에 존재하는 크나큰 고뇌이다. '언젠가 죽는다'는 인식은 우리가 의식하든 아니든 삶의 전 영역에 걸쳐 생각, 감정, 행동에 심오하고 폭넓은 영향을 끼친다.

인류 역사를 통틀어 죽음의 공포는 예술, 종교, 언어, 경제, 과학의 발달을 이끌었다. 죽음의 공포는 이집트 피라미드를 쌓아 올리기도 했지만 9·11 테러를 일으키기도 했다. 죽음의 공포는 지구 곳곳에서 벌어지는 갈등의 원인이기도 한 것이다. '나도 언젠가 죽는다'라는 인식은 고급 승용차에 열광하고 신용카드를 한도까지 긋고 미치광이처럼 차를 몰게 하며, 적으로 여기는 대상과 한판 붙고 싶도록 만든다. 영화 〈서바이버〉가 보여주듯이, 야크의 오줌을 마실지라도 명성을 갈망하게 하는 것도 이 죽음에 대한 인식이다. 죽음은 육체에 불쾌감을 느끼게 하고 섹스에 양면적인 태도를 갖게 한다. 죽음의 불가피성에 대한 인식은 언젠가 우리 스스로의 멸망을 초래할 수도 있기 때문에 이제 우리는 죽음의 공포에 대처하는 다른 방법을 찾아야 한다.

한마디로, 죽음의 공포는 인간 행동의 기저에 있는 주된 원동력이다. 이 책은 죽음의 공포가 생각하는 것보다 인간 행동에 훨씬 더 많은 영향을 미치고 있음을 보여줄 것이다. 실제로 '인간 행동의 원인'을 논하면서 '죽음에 대한 인식'을 거론하지 않는다면 인간에 대한 검토가 제대로 이뤄지지 않은 것이다.

이 책은 인류학, 고고학 등 타 학문 분야가 발견한 사실들을 망라하며 과거, 현재를 가리지 않고 관련 사례들을 살핀 결과를 토대로 공포 관리 이론과 연구를 설명한다. 또한 학술 용어와 난해한 기술적 세부사항을 최소화하고자 했으며, 몇 가지 주요 실험을 설명할 때는 가명을 사용해 개별 참여자 관점에서 서술함으로써 좀 더 생동감 있게 전달하고자 했다.

1부에서는 공포 관리 이론의 기본 원리와 공포 관리의 양대 기둥인 문화적 세계관과 자존감을 소개한다. 2부에서는 '우리 선조에게 죽음이라는 문제가 어떻게 발생했는가'와 '그들은 죽음의 문제에 어떻게 대처했는가'라는 질문에 답하고자 고대사를 탐구한다. 3부는 언젠가 죽는다는 암시가 개인 및 대인관계에 미치는 영향을 고찰한다. 아울러 현대 세계를 이해하고 죽음이라는 현실에 대처할 때 우리 연구가 함축하는 바를 생각해본다.

이 책의 가장 중요한 목표는 '누구나 언젠가는 죽는다'는 사실이 어떻게 가장 고귀한 인간 행동이나 가장 비도덕적인 인간 행동 양쪽 모두의 기저를 이루는지를 밝히고, 이러한 통찰이 어떻게 개인의 성장과 사회의 진보로 이어질 수 있는지 고찰하는 것이다.

차례

서문 4

1부
공포 관리

1장 죽음의 공포 관리하기 15
인간은 죽을 운명임을 알고 있다. 이것은 인류사에 희극이자 비극이다

2장 사물 체계 34
죽음의 공포를 누르는 첫 번째 장치는 문화이다

3장 자존감, 굽히지 않는 용기의 토대 68
나는 소중하다라고 느낄 때 죽음의 공포는 물러난다

2부
세월을 관통하는 죽음

4장 호모 모르탈리스 107
인간은 각종 의례, 예술, 신화, 종교를 통해 불멸의 감각을 꽃피웠다

5장 실제 불멸성 135
사후 세계, 연금술, 냉동보존 등을 통해 나는 죽지 않는다

6장 상징적 불멸성 163
왜 인간은 아이를 낳고 명성을 쌓고 부를 추구하는가

3부

현대의 죽음

7장 인간 파괴 해부 201

죽음을 초월하려는 갈망은 서로를 향한 폭력을 부채질한다

8장 육체와 영혼의 불편한 동맹 236

화장, 제모, 문신, 성형은 인간의 육체성을 가리기 위한 장치이다

9장 가깝고도 먼 죽음 262

죽음을 생각할 때 '중심 방어', '말단 방어'가 동시에 작동한다

10장 방패의 틈 288

죽음의 공포를 막는 완벽한 방패는 없다. 각종 정신질환과 중독, 자살이 이를 말해준다

11장 죽음과 함께 살아가기 324

죽을 수밖에 없는 운명을 수용하는 것, 그것이 인간을 인간답게 만든다

감사의 글 347

참고 문헌 350

본문 도판 376

1부

공포 관리

인간은 자신이 존재한다는 사실을 인식하기 때문에
언젠가는 자신이 더는 존재하지 않을 것이라는 사실 역시 안다.

| 마리안 스토케, 〈소녀와 죽음〉

1 죽음의 공포 관리하기

> 요람이 심연 위에서 흔들린다. 그리고 상식은 우리에게 말해준다. 인간의 존재란 단지 어두컴컴한 두 영원의 세계 사이를 가르는 찰나의 빛에 불과하다고. — 블라디미르 나보코프, 《말하라, 기억이여》

1971년 크리스마스 전날, 열일곱 살 소녀 줄리안 케프케는 페루 리마에서 출발해 아마존 정글 위를 날고 있는 비행기 안에 있었다. 독일 출신 조류학자였던 어머니 마리아, 그리고 90명의 다른 승객들과 함께. 두 사람은 촉망받는 동물학자였던 줄리안의 아버지 한스 빌헬름 케프케와 함께 크리스마스를 보내기 위해 푸칼파로 가는 길이었다. 갑자기 강력한 번개가 비행기 연료 탱크를 강타했다. 사람이 거의 살지 않는 거대한 열대 우림의 3킬로미터 상공에서 비행기 전체가 연기 속에 동체와 재로 산산이 부서졌다.

줄리안은 훤히 트인 하늘을 날고 있는 자신을 발견했다. 사방이 조용했다. 줄리안은 비행기 좌석에 매달린 채 공중으로 떨어지는 느낌을 받았고 꼼짝없이 죽겠다고 생각하며 땅을 향해 돌진하던 중에 울창하게 우거진 정글이 자신을 향해 질주하는 모습을 본 듯했다. 운 좋게도 줄리안은 무성한 나무 덤불에 떨어졌다. 그리곤 정신을 잃었다.

의식이 돌아오자 줄리안은 여전히 자기 몸에 매달려 있는 비행기 좌석 벨트를 풀고 몸 여기저기를 더듬었다. 신발 한 짝이 없었고 안경 역시 사라졌다. 손끝에 부러진 쇄골이 느껴졌다. 다리에는 깊게 베인 상처가 있었고 팔에도 부상을 입었다. 근시인 한쪽 눈은 너무 부어서 뜰 수 없었고 다른 한쪽은 간신히 가늘게나마 뜰 수 있었다. 지독한 뇌진탕으로 어지러웠다. 그러나 쇼크 상태였기 때문에 고통을 느끼진 못했다. 줄리안은 어머니를 부르고 부르고 또 불렀다. 대답이 없었다. 그녀는 자기가 걸을 수 있다는 사실에 안도하며 발걸음을 옮겼다.

줄리안은 11일 동안 카이만(악어의 일종-옮긴이), 타란툴라(독거미의 일종-옮긴이), 독개구리, 전기뱀장어, 민물 노랑가오리(꼬리에 맹독을 지닌 가시가 있다-옮긴이)가 우글거리는 아마존 정글 속을 비틀거리며 걸었다. 그녀는 맹렬한 폭우, 질척이는 진창, 혹독한 더위, 떼지어 몰려들며 끊임없이 쏘아대는 벌레들의 맹공을 견뎠다. 마침내 줄리안은 작은 개울을 발견했다. '사람은 수로 근처에 산다'는 사실을 떠올린 그녀는 개울을 따라 걸었다. 그러다 더 큰 강에 이르렀을 때 그녀는 피라냐와 노랑가오리가 들끓는 물속으로 들어가 천천히 헤엄치며 하류로 떠내려가기 시작했다.

쇼크 상태가 줄리안을 구했다. 그녀는 별 배고픔을 느끼지 않았고 심리적으로 '솜에 감싸인' 기분을 느꼈다. 그러나 물고 쏘는 벌레들이 구름처럼 몰려들어 그녀를 괴롭혔다. 나무 밑에서 휴식을 취하려고 했지만 잠자기란 거의 불가능했다. 몸에 난 상처에는 구더기가 자리를 잡았다. 벌레에 물린 자리는 심하게 덧났다. 강을 떠내려 오는 동안 줄리안은 햇볕에 너무 심하게 탄 나머지 피가 날 지경이었다. 그러나 그녀는 감각이 마비된 채 계속 나아갔다.

마침내 줄리안은 모터보트 한 대를 발견했다. 그녀는 작은 탱크에 든 휘발유를 상처에 들이부어 거기에 꼬인 구더기를 죽일 만큼 냉정을 유지하고 있었다. 며칠 후 보트 소유주들이 작은 오두막 근처에서 줄리안을 발견했고 그곳에서 일곱 시간 거리에 있는 가장 가까운 도시로 그녀를 데려갔다.

줄리안은 그 추락 사고에서 살아남은 유일한 생존자였다.

우리는 도너 일행(Donner Party, 1846년에 미국 동부에서 캘리포니아로 향한 개척민 집단을 일컫는다. 여정 중 시에라네바다 산맥에서 눈에 갇혀 다수가 사망했고 살아남기 위해 식인에 의지하는 불상사가 발생했다-옮긴이)이나 타이타닉 호 사고 생존자, 드레스덴이나 히로시마, 나가사키

폭격 생존자와 온갖 역경을 이겨내고 죽음에 저항한 사람의 이야기를 들어 본 적이 있다. 이들 이야기는 모든 생물이 자기 보호를 위한 생체 시스템을 갖고 태어난다는 사실을 말해준다. 수십억 년에 걸쳐 다양하고 복잡한 생물 형태가 진화해 왔고, 그 각각의 생물은 번식하여 유전자를 미래 세대에 전달하기에 충분할 만큼 오래 살도록 특수하게 적응해 왔다. 예컨대, 물고기에는 아가미가 있고 장미 덤불에는 가시가 있다. 다람쥐는 도토리를 묻었다가 몇 달 후에 이를 다시 찾아간다. 흰개미는 나무를 먹는다. 생명체가 '살아남기'라는 기본 의무를 다하기 위해 사용하는 방법은 놀랍도록 무궁무진하다.

만약 당신이 옷장 안에서 박쥐를 발견하고 이를 처단하고자 테니스 라켓을 들고 그 안으로 들어간다면 분명 격렬한 전투가 벌어질 것이다. 박쥐라는 생명체가 살기 위해 싸울 것이기 때문이다. 낚싯바늘에 미끼를 끼워본 사람은 지렁이도 죽지 않으려고 맹렬하게 저항한다는 사실을 안다. 지렁이는 반으로 잘라도 끈질기게 꿈틀거린다. 바늘에 끼우려고 하면 격렬하게 몸부림친다. 일단 바늘에 찔리면 지렁이는 끼운 사람의 손에 배변을 한다.

박쥐나 지렁이와 달리 인간은 자신이 아무리 발버둥을 쳐도 머지않아 죽음과의 싸움에서 질 것이라는 사실을 안다. 이는 대단히 불안한 생각이다. 그렇다면 우리는 왜 죽음을 두려워하는가? 육체가 썩어서 악취를 풍기고 흙으로 돌아갈 것이기 때문에? 사랑하는 사람을 두고 가기 때문에? 중요한 일을 못다 이뤘기 때문에? 혹은 자애로운 하느님이 두 팔 벌리고 우리를 기다리는 일은 없으리라고 생각하기 때문에? 이 모든 불안의 이면에는 생물체의 기본적인 의무인, '살아남아야 한다'는 생각이 깔려 있다. 줄리안 케프케를 비롯한 여러 생존자들이 증언하다시피, 우리는 살아남기 위해서라면 그 어떤 일이라도 한다. 동시에 우리는 이 욕망이 필연적으로 좌절될 것이라는 사실을 알면서 살아간다.

어쩌다가 인간은 이런 곤경에 빠지게 됐을까? 인간도 다른 생명체와 마찬가지로 살아남아야 한다는 기본적인 의무를 지고 있지만 몇 가지 측면에서 여타 다른 생명체와 다른 점이 있다. 순수하게 육체적인 관점에서 보면 인간은 그다지 대단하지 않다. 인간은 특별하게 몸집이 크지도, 감각이 특출나게 예민하지도 않다. 움직임은 치타, 늑대, 말보다 느리다. 손발톱은 부서지기 쉽고 무디다. 치아는 바싹 익힌 스테이크를 간신히 씹을 수 있을 정도이다.

대신 우리의 조상인 소규모 아프리카 원시 인류 무리는 대단히 사회적인 동물이었고 그 자손들의 대뇌 피질이 진화한 덕분에 인류는 마침내 비상한 지적 능력을 갖추게 되었다. 이러한 발달은 협동과 분업을 촉진했고 궁극적으로 도구, 농경, 요리, 가옥을 비롯한 수많은 발명과 발견을 낳았다. 그들의 자손인 우리는 개체수를 늘리며 번창했고 인류 문명은 세계 곳곳에 뿌리를 내렸다.

뇌가 진화하면서 특히 중요한 인간의 지적 능력 두 가지가 생겨났다. 고도의 자기인식self-awareness과 과거, 현재, 미래를 아우르며 생각하는 능력이 바로 그것이다. 지금까지 밝혀진 바로는, 자기 자신을 특정한 시간과 장소에 존재한다고 인식하는 생명체는 인간밖에 없다. 이 사실은 인간과 그 밖의 생명체를 구분 짓는 중요한 차이점이다. 거위, 원숭이, 웜뱃(오스트레일리아에 서식하는 유대류 동물-옮긴이)과 달리 인간은 행동하기 전에 자신이 처한 현재 상황을 과거 및 미래와 함께 신중하게 들여다볼 수 있다.

이렇게 스스로의 존재를 인식할 수 있게 되면서 우리는 생존에 도움이 되는 고도의 행동 유연성을 확보할 수 있었다. 인간보다 단순한 생물들은 주변 환경에 즉각적이고 늘 똑같이 반응한다. 예컨대, 나방은 언제나 빛을 향해 날아간다. 이런 나방의 행동은 길을 찾고 포식자를 피할 때는 유용하지만 빛을 발하는 근원이 촛불이나 모닥불일 경우 치명적일 수 있다. 나방과 달리 인간은 지금 겪고 있는 감각적 체험의 흐름에서 주의를 전환할 수 있다. 우리는 본능에 따라 움직이기도 하지만 학습 및 사고 능력을 이용해 다양한 방식으로 행동을 선택할 수도 있다. 우리는 상황과 그 상황이 초래할 잠재적인 결과를 예상하고 그에 대한 대안을 심사숙고해 새로운 가능성을 탐색할 수 있다.

자기인식은 대개 우리에게 바람직한 방향으로 작용해 왔다. 자기인식은 우리가 생존하고 번식하고 유전자를 후세에 전달하는 능력을 향상시켰다. 게다가 자기인식은 기분 좋은 느낌을 선사한다. 오스트리아의 정신분석가 오토 랭크Otto Rank의 말을 빌리면, 우리 각자는 '광대한 원시적 힘을 잠시 동안 상징하는 대리인'이다. 우리 모두는 최초로 등장한 생물의 직접적인 후손이며 동시에 지금까지 지구상에서 살았고 앞으로 살아갈 모든 생명체와도 관계를 맺고 있는 독특한 존재들이다. 살아있는 동시에 살아있다는 사실을 안다는 것은 얼마나 큰 기쁨인가!

그러나 인간은 자신이 존재한다는 사실을 인식하기 때문에 언젠가는 자신이 더는 존재하지 않을 것이라는 사실 역시 안다. 죽음은 언제든지 찾아올 수 있고 우리는 이를 예측할 수도 통제할 수도 없다는 사실은 확실히 달갑지 않은 소식이다. 운 좋게 독충이나 맹수, 흉기, 총알, 비행기 추락, 자동차 사고, 암, 지진의 공격을 피한다 하더라도 자신이 영원히 살 수는 없다는 사실을 안다.

이처럼 죽음을 인식하는 현상은 인간이 지성을 갖추면서 등장한 부정적 측면이다. 죽음 인식은 인간이 처한 소름끼치는 상황을 떠올리게 한다. 심지어 거창한 농담처럼 느껴지기도 한다. 인간은 여느 생물과 마찬가지로 영속하고자 하는 강렬한 열망을 품은 한편, 이 탐색이 궁극적으로는 쓸데없다는 사실 또한 인지할 수 있다. 우리는 자기 존재를 의식하는 대가로 비싼 값을 치르고 있는 셈이다.

공포는 죽음의 숨결이 가까울 때 느끼는 당연하고도 대체로 순응적인 반응이다. 인간을 포함한 모든 포유류가 공포를 경험한다. 임팔라가 자기를 덮치려는 사자를 발견할 때 임팔라 뇌의 편도체는 변연계에 신호를 보내 투쟁, 도피, 혹은 동결 반응을 유발한다. 이와 유사한 과정이 인간에게도 일어난다. 자동차가 통제할 수 없는 상태가 되거나 칼을 휘두르는 강도를 만났을 때, 흉부가 죄여올 때나 의심스러운 혹이 발견됐을 때, 비행기가 극심한 난기류를 만났을 때, 군중 속에서 자살 폭탄 테러범이 폭탄을 터트렸을 때와 같이 생명의 위협을 느낄 때 우리는 공포라는 감정에 사로잡힌다. 그리고 싸우거나 도망가거나 얼어붙는 상황으로 내몰린다. 그리고 공황 상태가 뒤따른다.

우리가 맞이한 가장 큰 비극은 바로 이것이다. 대뇌 신피질이 확장되고 복잡하게 발달한 덕분에 오직 인간만이 위험이 닥칠 기미가 전혀 '없는'데도 이러한 공포를 경험할 수 있다는 사실이다. 벨기에의 가수 자크 브렐Jacques Brel이 언급했듯이, 죽음은 마음 속 그늘에 도사리며 "늙은 방탕아처럼 기다린다." 이렇듯 우리는 끊임없는 실존적 공포의 상황에 처한다.

시인 W. H. 오든Auden은 인간에게만 일어나는 이런 난제를 유려하게 포착했다.

> 산토끼는 아침에 행복하지.
> 사냥꾼이 일어나 무슨 생각을 하는지 읽을 수 없으니.
> 가을을 예측할 수 없는 나뭇잎은 행운이지.
> 숨 막히는 점액에 시달리며 물구덩이에서 싹을 틔우고
> 사막 모래를 빨아들이며 무성하게 자라는 풀은 참으로 행운이지.
> 그러나 노래를 외워서 휘파람으로 불 수 있고
> 죽음이 숨새의 울음소리처럼
> 언젠가 갑자기 자기 목숨을 앗아갈 것을 아는 인간은
> 어떻게 해야 하는가?
> 이런 지식으로부터 자신을 지키는 것 외에

인간은 무엇을 할 수 있는가?

이렇게 우리를 무력하게 만드는 공포가 언제든지 찾아올 수 있다는 사실은 인간 조건의 핵심에 존재하는 크나큰 고뇌이다. 죽음의 공포에 대처하기 위해 우리는 스스로를 방어해야만 한다.

우리는 어떻게 공포에 대처하는가

다행히도 인간은 영리한 종이다. 지능이 존재의 이러한 궁극적인 위기를 깨닫는 단계로까지 진화하자, 인간은 엄청난 충격을 가할 수 있는 실존적 공포를 저지하는 데 그 지능을 사용하기 시작했다. 우리가 공유하는 '문화적 세계관cultural worldview', 즉 우리가 현실의 본질을 스스로에게 설명하기 위해 만든 믿음의 체계는 의미성, 우주의 기원을 밝히는 틀, 이 세상에서 가치 있게 행동하기 위한 청사진, 그리고 불멸성이라는 약속을 우리에게 선사한다.

인류가 탄생한 이래 문화적 세계관은 죽음을 두려워하는 인간에게 한없는 안식을 제공해 왔다. 동서고금을 막론하고 대다수의 사람들이 종교에 이끌려 육체가 사망한 후에도 자신의 존재가 실제로 어떤 형태로든 존속한다고 믿어 왔다. 어떤 사람은 우리의 영혼이 하늘로 올라가 그곳에서 먼저 세상을 떠난 사랑하는 사람을 만나고 조물주로부터 나오는 사랑 충만한 빛을 온몸으로 받을 것이라고 믿는다. 죽는 순간 영혼이 새로운 형태로 환생한다고 '알고 있는' 사람도 있다. 어떤 이들은 알려지지 않은 별도의 존재 차원으로 영혼이 이동한다고 확신하기도 한다. 어찌됐든 사람들은 우리가 어떤 방식으로든 실제로 불멸한다고 믿는다.

우리 문화 또한 마찬가지이다. 문화는 우리가 어떤 위대한 존재의 일부이며 우리가 죽은 후에도 오랫동안 존재할 것이라는 상징적 불멸성의 희망을 심어준다. 이 때문에 우리는 뜻있는 집단에 속하고자 애쓰고 창조적인 예술작품 혹은 과학적 업적, 자기 이름을 딴 건물이나 사람, 자식에게 물려줄 재산과 유전자, 혹은 타인의 기억을 통해 세상에 지속적인 영향을 미치고자 노력한다. 또 우리가 사랑했고 존경했던 고인을 기억하듯이 다른 누군가도 우리를 오랫동안 기억해주기를 바란다. 우리는 자신이 이룬 업적, 알아왔던 사람들, 무덤에 세워진 묘비, 그리고 자손을 통해 상징적으로 '존속'한다.

이처럼 죽음을 초월하는 문화적 관습 덕분에 우리는 자기가 이 세계에 상당한 공헌을 하고 있다고 느낀다. 이런 문화적 관습은 죽고 나면 아무것도 아니라는 생각으로부터 우리를 보호한다. 우리는 육체적 죽음을 피할 수 없다는 사실을 인지할 때 따라오는 공포에 대처하기 위해 실제 불멸성literal immortality과 상징적 불멸성symbolic immortality을 믿는다.

공포 관리 이론에서 가장 중요한 원리는 바로 이 사실에서 도출된다. 인간은 모두 기본적인 심리적 자원 두 가지, 즉 문화적 세계관과 자존감을 통해 언젠가는 죽는다는 사실을 감당한다. 먼저, 문화적 세계관은 우리 현실 감각에 질서, 의미, 영속성을 불어넣는다. 일반적으로 우리는 문화적 세계관을 당연하게 여기지만 이는 사실 굉장히 무너지기 쉬우며 사람들이 엄청난 에너지를 들여 창출하고 유지하고 방어해 온 인간의 구성물이다. 우리는 자신의 존재가 위태롭다는 사실을 안다. 그래서 인생이 아주 특별하고 중요하며 영원하다고 보는 정부, 교육, 종교 기관, 의례를 고수한다.

그러나 인생이라는 개념을 막연히 이런 식으로 생각해서는 곤란하다. 우리는 '자기 자신'의 인생을 이런 식으로 바라보아야 한다. 실제 불멸성 및 상징적 불멸성에 이르려면 스스로가 문화 안에서 꼭 필요한 일원이라고 느껴야 한다. 따라서 공포에 대처하는 데 반드시 필요한 두 번째 자원은 '자존감self-esteem'이다. 이는 자신이 의미 있는 존재라고 느끼는 감정이다. 첫 번째 자원인 문화적 세계관이 제각각이듯이 자존감을 획득하고 유지하는 방식 역시 다양하다. 수단에 사는 딩카 족에서는 뿔이 긴 소떼를 가장 많이 거느린 남자가 가장 높이 추앙받는다. 트로브리안드 제도에서 남자의 가치는 그가 얼마나 많은 얌(뿌리채소의 일종-옮긴이)을 여자형제 집 앞에 쌓고 썩도록 내버려두는가에 따라 가늠된다. 캐나다에서는 고무 퍽을 스틱으로 쳐서 상대편 선수가 지키고 있는 골대 안으로 가장 잘 넣는 남자를 국민 영웅으로 여기는 사람들이 많다.

자존감을 높이려는 욕망은 우리 모두를 거세게 몰아간다. 자존감은 일상의 표면 아래에 존재하는 두려운 소리로부터 우리를 보호한다. 자존감 때문에 우리는 스스로를 흔적 없이 사라지는 육체적 존

> 수단의 딩카 족

재가 아닌, 영속할 존재라고 믿을 수 있다. 이렇게 우리의 세계관이 정한 기준에 부합하려는 욕구와 본인의 가치를 증명하려는 욕구가 결합하여 죽음의 공포로부터 우리를 보호한다. 그동안 인간이 성취한 모든 업적의 추진력 역시 이 두 가지였다.

자신이 죽을 운명임을 알고 있다는 사실이 인간사에서 중추적인 역할을 한다는 주장은 오래 전부터 있었다. 성서, 유대교 율법, 코란, 고대 불경에서도 이를 발견할 수 있다. 2500년 전 그리스 역사학자 투키디데스Thucydides는 《펠로폰네소스 전쟁사》에서 오랫동안 계속된 무력 충돌의 주요 원인으로 죽음의 문제를 꼽았다. 소크라테스는 철학의 과제가 '죽는 법 배우기'라고 규정했다. 헤겔에게 역사는 '사람이 죽음에 맞서 무엇을 하는가'를 집성한 기록이었다. 소포클레스부터 셰익스피어, 그리고 필립 로스에 이르는 수많은 작가들이 쓴 문학 작품은 말할 것도 없고, 지난 2세기 동안 쇠렌 키에르케고르와 프리드리히 니체와 같은 철학자, 폴 틸리히와 마르틴 부버와 같은 신학자, 지그문트 프로이트에서 오토 랭크, 로버트 제이 리프턴에 이르는 정신분석심리학자 및 실존주의 심리학자들이 이런 의견을 내놓았다.

그러나 과학 심리학 영역에서 죽음이라는 주제는 큰 주목을 끌지 못했다. 심리학자들이 무관심하기는 오늘날도 마찬가지다. 인간의 본성, 정신, 문화, 종교, 전쟁, 역사, 의식을 주제로 한 주요 사회과학 서적을 살펴보기만 해도 죽음을 중요하기는커녕 거의 존재하지 않는 것처럼 다룬다는 사실을 알게 될 것이다.

이는 아마도 인간과 죽음의 관계, 그 관계가 가진 영향력을 과학적 방식으로 이해하거나 검증할 수 없다고 생각하기 때문일 것이다. 프로이트 시대 이후 아직 심리학이 정통 과학의 지위를 인정받기 위해 고투를 벌이고 있던 시기에 심리학자들은 거창하고 지나치게 광범위한 생각, 특히 일상의 활동에 무의식적 사고 및 감정이 미치는 영향을 다룬 주장 등을 경계했다.

우리 저자들은 실험사회심리학자로서 이 점을 궁금히 여겼다. 왜 잠재의식에서 느끼는 실존적 공포에 대처하는 방법을 과학적으로 설명할 수는 없을까?

우리는 실험 참여자를 두 집단으로 나눠 실험집단에게는 그들이 언젠가 죽을 운명이라는 사실을 상기시키고 통제집단에게는 별다른 언질을 주지 않는 실험을 설계했다. 우리는 죽음을 상기시켰을 때 실험집단에 속한 사람들이 문화를 통해 갖게 된 신념을 유지하기 위해 애쓰는지 확인하고 싶었다. 1987년 애리조나 주 투손에서 지방법원 판사 22명을 대상으로 실험에 들어갔다. 가장 먼저 마이클 가너 판사의 얘기부터 시작해보자.

성매매 심판

성매매 사건을 검토하고 보석금을 결정하는 일이 그날 가너 판사가 해야 하는 일이었다. 그는 출근해서 음주운전, 들치기, 풍기문란 등 전날 밤 동안 일어난 일상적인 사건을 기록한 서류를 살펴보다가 '캐롤 앤 데니스Carol Ann Dennis 사건'의 파일철을 들추게 되었다.

경찰 조서와 검사 보고서에 따르면, 캐롤 앤 데니스라는 이름의 25세 여성은 오후 9시 30분이 조금 넘은 시각에 고급 상점가 지역에서 체포됐다. 데니스는 짧은 반바지에 하이힐, 홀터 톱을 입은 차림으로 길모퉁이에서 호객 행위를 하고 있었다. 한 삼십대 남성이 소형 트럭을 타고 가다가 차를 대더니 창문을 내렸다. 두 사람 모두 길 아래편에 숨어 있던 위장 순찰차를 보지 못했다.

그후 데니스는 수갑을 차고 경찰관의 안내에 따라 순찰차 뒷좌석에 탔다. 그리고는 시 교도소로 이송된 후 성매매 호객 행위 혐의로 기소됐다. 데니스는 주거가 일정치 않았기 때문에 보석금을 내는 조건으로 풀려날 예정이었다. 대수롭지 않은 사건이었다. 그는 이런 사례를 이전에도 보았다. 당시 이러한 위반 사례에 부과되는 보석금은 보통 50달러였다.

보석금을 결정하기 전에 그는 다른 서류철로 주의를 돌렸다. 거기에는 '성격, 태도 및 유대 관계 결정'에 관한 학술 연구에 필요한 성격 조사 설문지들이 들어 있었다. 설문지들 중 하나는 질문 두 개로 구성된 '도덕 판단 성격 조사'를 위한 것이었다. 먼저 가너 판사는 "당신 자신의 죽음을 생각할 때 느끼는 감정을 간단히 서술해달라"는 요청에 접했다.

그는 "나는 내 죽음에 관해 많이 생각해보진 않았지만 나를 그리워할 가족을 생각하면 무척 슬프다"라고 썼다.

그 다음 가너 판사는 "당신의 육체가 죽어갈 때, 그리고 당신의 육체가 죽은 이후 당신에게 어떤 일이 일어날 것이라고 생각하는지 가능한 한 구체적으로 기록해달라"는 요청을 받았다.

그는 "나는 고통의 터널 속으로 들어간 다음 빛 속에서 풀려날 것 같다. 내 육체는 땅에 묻혀 결국에는 썩을 테지만 내 영혼은 천국으로 올라가 그곳에서 구세주를 만날 것이다"라고 썼다.

가너 판사는 몇 가지 질문에 더 대답한 다음 몇 분 동안 사무원과 잡담을 나누다가 다시 업무를 시작했다.

캐롤 앤 데니스의 보석금을 결정하기 전에 자신의 죽음에 관해 생각해 보았던 가너와 다른 판사들은 과연 얼마의 보석금을 부과했을까? 설문조사를 실시하지 않았던 통제집단의 판사들은 평균 50달러의 보석금을 부과했다. 반면, 자신의 죽음을 떠올렸던 판사들이 캐롤 앤(사실 그녀는 실제 인물이 아니었다)에게 부과한 보석금은 통상적인 금액보다 9배 이상 높은 평균 455달러였다. 본인의 죽음을 생각한 판사들은 정의의 잣대를 왜곡하거나 아예 쓰러뜨렸다.

판사는 사실에 근거하여 사건을 판단하는 지극히 이성적인 전문가가 아닌가. 게다가 실험 대상 판사들은 죽음 관련 설문에 대답한 행위가 법적 판단에 어떤 영향도 미치지 않았다고 주장했다. 그렇다면 어떻게 잠시 죽음을 상기하는 행위가 본인도 모르는 새 완전히 다른 결정을 내리게 할 수 있었을까?

이 실험을 설계할 때 우리는 판사들이 옳고 그름에 확고한 의견을 가진 사람이라고 생각했다. 또 판사의 민감한 도덕의식을 고려할 때 데니스의 행동이 불쾌감을 유발하리라고 생각했다. 그러나 실험 결과에 따르면, 자신의 죽음에 관해 생각했던 판사들은 자기가 속한 문화가 규정하는 올바른 일에 따르고자 했고, 죽음을 떠올리지 않았던 동료 판사들에 비해 더 엄격한 법률을 적용했다. 다시 말해, 성매매 여성에게 극도로 높은 보석금을 부과함으로써 판사들은 그녀가 법정에 출두하여 그저 가벼운 경고를 받는 데 그치지 않고 자신이 저지른 도덕 위반에 대해 '마땅히 받아야 할' 처벌을 반드시 받도록 했다.

이 실험이 말해주듯, 죽음을 떠올리는 행위는 내가 소중하게 생각하는 가치를 따르지 않는 사람에게 부정적인 반응을 일으키지만, 반대로 이러한 가치를 옹호하는 사람에게는 긍정적인 반응을 일으킨다. 한 연구에서 죽음을 떠올린 사람들은 위험한 범죄자를 경찰에 신고한 사람에게 지급할 보상액을 3배 높게 책정했다. 또한 죽음을 상기하는 행위가 가진 효과는 우리가 부도덕하다거나 고귀하다고 판단하는 행동에 국한되지 않는다. 이는 신념과 문화가 옳다고 지지하는 믿음을 고수하는 데도 영향을 끼친다. 다시 말하면, 죽음을 떠올린 후 우리는 우리가 소중하게 여기는 신념을 강화하는 사람 혹은 대상에게 관대하게 반응하고 그러한 신념에 의문을 제기하는 쪽을 거부한다.

판사를 대상으로 실험을 한 후 우리는 한 가지 연구를 더 진행하기 위해 미국인 학생 집단을 실험실에 오도록 했다. 통제집단에 속한 학생에게는 중립적인 내용, 예컨대 음식에 관한 생각이나 먹는 행위가 불러일으키는 감정을 기술해달라고 요청했다. 실험집단에 속한 학생에게는 가너 판사에게 요청했던 것과 같은 불쾌한 죽음과 관련해 질문을 했다.

잠시 후 우리는 각 집단에게 〈계간 정치학〉에서 발췌했다고 (거짓으로) 하면서 인터뷰 두 편을 읽도록 했다. 한 편은 확고하게 미국 정치 제도를 옹호하는 교수와 나눈 인터뷰 기사였고, 다른 한 편은 미국 정치 제도를 비판하는 교수와 나눈 인터뷰 기사였다. 친미 성향 교수는 미국이 어려움을 겪고 있다고 인정하면서 경제 불균형이 문제이며 미국 정부가 잘못된 외교 정책을 펼쳤다고 지적했다. 그러나 그는 "미국에서 최종 결정권을 가진 주체는 정부가 아니라 국민이다. 그렇기 때문에 미국은 자유롭게 살기에 좋은 곳이다"라는 결론을 내렸다.

반미 성향 교수는 미국이 가진 미덕 중 일부를 인정하면서도 권력 엘리트층이 끼치는 유해한 영향과 '미국의 경제적 동기에 따른 비도덕적 행동'을 꼬집었다. 그는 "미국의 외교 정책과 도덕성은 아무 관계가 없다. 따라서 미국이 세계 민주주의와 자유의 옹호자라는 주장은 완전히 엉터리이다"라는 결론을 내렸다. 심지어 그는 현 정부를 무력으로 전복시키는 행위가 적법하다고 시사했다.

연구에 참여한 모든 학생들은 친미 성향 교수의 주장을 선호했다. 그들은 친미 성향 교수가 반미 성향 교수보다 지식이 더 풍부하고 진실하다고 생각했다. 그러나 처음에 '자신이 언젠가는 죽는다'는 사실을 상기했던 학생들은 통제집단에 속한 학생들에 비해 친미 성향 교수를 더 긍정적으로, 반미 성향 교수를 훨씬 더 부정적으로 평가했다.

우리는 이 연구를 시작한 이래 500건이 넘는 연구를 통해 문화적 세계관이 '죽을 수밖에 없는 존재'라는 사실이 주는 공포로부터 인간을 다양한 방식으로 보호한다는 점을 증명해 왔다. 실험결과가 말해주듯, 우리는 죽음을 상기시키는 대상과 만나면 신념에 맞서거나 위반하는 자들을 비판하고 처벌하며, 반대로 신념을 지지하고 지키는 사람을 찬양하고 보상으로 응답한다. 실험에 참가한 사람들은 다양한 방식으로 죽음을 떠올렸다. 죽음에 관한 질문에 응답하는 것 외에도 끔찍한 사고 장면을 보거나 죽음에 관한 글을 쓰기도 하고 장례식장이나 묘지 근처에 서 있기도 했다. 흥미롭게도 피험자가 신념을 지지하는 반응을 보일 때는 '오직' 죽음을 상기시킬 때 뿐이었다. 즉 따돌림, 불합격, 극심한 통증, 자동차 사고로 인한 수족 상실과 같은 부정적 사건을 떠올릴 때는 피험자가 신념을 지지하는 반응을 보이지 않은 것이다.

이 책은 실존적 공포에 대처하려는 노력이 인간사에 어떤 영향을 미치는지 상세히 보여줄 것이다. 실제로 '죽을 수밖에 없는 운명'에 대한 고민은 점심 식사 메뉴, 해변에서 바를 자외선 차단제의 양, 지난 선거에서 투표한 후보, 쇼핑에 대한 태도, 정신 및 신체 건강, 사람을 사랑하고 미워하는 일 등 일상사에서 중대사에 이르는 모든 일에 영향을 미친다.

그러나 이 공포는 우리 안에 내재돼 있는 것이 아니다. 젖먹이일 때 인간은 먹고 체온을 유지하는 것 외 다른 일에 주의를 기울이지 않는다. 그렇다면 아이는 왜, 어떻게 의미와 자존감의 상징 체계를 마음에 새기고 이를 옹호하게 되는 것일까? 죽음은 언제, 어떻게 심리적 영상 속에 자리 잡는 것일까?

2 사물 체계

> 사물 체계는 위계 질서이다. … 이는 자명한 진실이고 너무나 자연스럽고 무의식적으로 용인되기 때문에 그 용인 행위가 일어나고 있다는 사실조차 의식하지 못한다. … 우리가 거대한 사물 체계를 추구하는 이유는 진실을 추구하기 위해서가 아니라 체계가 포괄적일수록 두려움이 사라지기 때문이다. 광대한 체계 속에서 삶의 의미를 찾을 수 있다면 우리는 불멸을 확신하며 살게 될 것이다.
> —앨런 휠리스, 《사물 체계》

우리는 기저귀를 차고 고무젖꼭지를 빨았던 시절을 기억하지 못한다. 또한 자신의 이름은 알지만 이 이름을 얻게 된 경위는 기억하지 못한다. 그러나 대략 다섯 살 이후로는 아꼈던 애완동물, 장난감, 선생님, 친구, 숙모들의 달갑지 않은 포옹, 골을 넣은 순간, 여름 캠프, 할로윈 축제 등 삶에서 일어난 일을 상당히 잘 기억한다. 이런 과정을 통해 우리는 스스로를 단지 개인으로서뿐만 아니라 사회를 구성하는 일부로서 인식하게 된다. 우리는 의미와 상징으로 가득한 더 넓은 세계에서 브라질인, 나이지리아인, 멕시코인, 이탈리아인, 레바논인, 중국인, 네덜란드인, 일본인, 미국인이 된다.

톨스토이는 "다섯 살 때부터 지금의 나 자신까지는 한 단계에 불과하지만 갓 태어났을 때부터 다섯 살 아이가 되기까지는 어마어마한 거리가 있다"라고 말했다. 어떻게 우리는 울고 옹알이하는 신생아에서 각자가 속한 문화에서 의미를 찾는 성인으로 변모하는가? 그리고 우리는 어떻게 이러한 이행을 통해 이 세상에서 제대로 기능하는가? 어마어마한 이 거리를 어떻게 가로지르는지, 죽음에 대한 염려가 이 여정에 어떤 영향을 끼치는지, 그 후에는 어떤 일이 일어나는지 살펴보자.

심리적 안정감을 향한 욕구

어린 시절은 심리적 안정감 구축에 매우 중요하다. 어린 시절이 원만하지 않으면 성인기로 향하는 여정이 대단히 참혹할 수 있다.

1990년 4월 루마니아 카르페니스에서 태어난 건강하고 귀여운 남자아이 사이프리언의 사례를 살펴보자. 사이프리언의 생모 알린은 사실 사이프리언을 낳고 싶지 않았다. 알린에게 사이프리언은 네 번째 자식이었다. 니콜라에 차우셰스쿠Nicolae Ceauşescu 독재 정권이 권력을 쥐고 있던 루마니아 정부는 피임과 임신중절을 모두 금했고 알린 가족은 손바닥만 한 농장에서 기르는 닭과 마당 귀퉁이에서 나는 푸성귀로 근근이 살아가고 있었다. 찢어지게 가난했던 알린과 남편은 새로 태어난 아이를 기를 능력이 없다고 판단했다. 그래서 사이프리언이 태어난 직후 그들은 그를 국영 고아원에 맡기고 남은 가족은 입에 풀칠하는 암울한 일상으로 돌아갔다.

사이프리언은 동물원 같은 고아원에서 자라는 17만 명에 이르는 루마니아 아이들 중 한 명이었다. 이곳 아이들은 늘 배를 곯았고 기저귀도 아주 가끔밖에 갈아주지 않았다. 밖으로 나가 맑은 공기를 쐴 기회도 없었다. 아이들 방은 오줌 냄새와 퀘퀘한 체취로 가득 차 지독한 악취를 풍겼다. 보육사 한두 명이 수십 명의 아이를 돌봐야 하는 상황이었기에 누구도 버려진 아이들을 안아주지 못했다. 가지고 놀 장난감도 없었다. 아이들은 침대에 매여 있을 때가 많았기 때문에 기거나 걷는 법을 배우지 못했다. 아이들은 말하는 법도 배우지 못한 채 자기 머리를 침대의 금속 기둥에 들이박는 일만 반복할 뿐이었다. 1992년 여름 부쿠레슈티에서 양부모가 사이프리언을 데리러 왔을 때 그는 '성장 실패 상태', 즉 성장과 발달이 멈춘 상태였다. 당시 그는 신체적으로 쪼그라들고 영양실조 상태인 두 살배기 아기였다. 정신적으로는 더더욱 심각했다.

그러나 사이프리언은 몇 안 되는 행운아 중 한 명이었다. 양부모는 그에게 캐머런이라는 새 이름을 지어주고 그를 미국으로 데려갔다. 새 가족은 그에게 애정과 관심을 쏟아 부었다. 그를 애지중지했고 충분히 먹였다. 그는 걷는 법을 배웠고 또래 정상 체중까지 성장했다. 한동안 그는 정상적이고 건강한 듯 보였다. 그런데 네 살 무렵 그의 이상 행동이 시작됐다. 아버지 대니얼은 다음과 같이 회상했다. "캐머런은 잔디 위에서 걷기를 무서워했습니다. 그리고 에나멜가죽 구두에 집착을 보였죠. 다람쥐처럼 양쪽 볼에 음식을 가득 밀어 넣는가 하면 자주 난폭하게 행동했고 소리를 질렀습니다. 물건을 망가뜨리기도 했죠. 사회적 단서 신호도 알아채지 못했습니다. 우리는 그에게 무슨 문제가 있는지 알 수 없었습니다."

다섯 살 무렵 캐머런이 치료를 받기 시작하면서 대니얼과 그의 아내는 아들을 괴롭히는 것이 무엇인지 비로소 이해하기 시작했다. 캐머런은 '반응성 애착 장애reactive attachment disorder'라고 하는 심각한 심리적 질환을 앓고 있었다. 반응성 애착 장애는 최초의 양육자, 주로 어머니와 유대 관계를 형성하지 못해 정신적 충격을 받은 아이에게 나타나는 증상이다. 캐머런이 이 질환을 앓게 된 이유는 젖먹이일 때 충분히 누려야 할 심리적 안정감을 느끼지 못했기 때문이다.

'안정감'이라는 감정은 아기에게는 우유와 온기만큼이나 없어서는 안 될 요소이다. 그러나 아기에게 이런 감정은 저절로 생겨나지 않는다. 관상용 열대어 중의 하나인 구피는 태어날 때부터 헤엄치고 먹고 포식자로부터 몸을 피한다. 강아지와 새끼 고양이는 생후 2개월이 지나면 완전히 젖을 떼고 자립한다. 반면, 인간 신생아들은 모든 생물 중에서 가장 미숙하고 무력한 존재이다. 자궁 밖으로 나온 인간은 한동안 남의 도움 없이는 목을 가누거나 몸을 뒤집을 수도 없다. 아이는 부모와 강한 감정적 유대 관계를 형성해야만 생존하고 성장에 필요한 자원을 얻을 수 있다. 이런 과정은 어떻게 벌어질까?

20세기 내내 심리학자들은 아기가 부모를 사랑하는 이유는 단 한 가지라고 생각했다. 부모가 먹거리를 제공하기 때문이라는 것이다. 정신분석의 창시자 프로이트에 따르면, 우유는 쾌감을 낳기 때문에 그 우유를 제공하는 엄마에게 아기는 애착을 형성하고 애정을 품는다고 한다. 프로이트는 젖먹이일 때의 인간은 이 쾌감을 주는 사람을 사랑한다고 생각했다. 이후 행동심리학자 B. F. 스키너Skinner는 유아기 유대 관계 형성에서 가장 중요한 요인은 '강화reinforcement'라고 주장했다. 강화 이론은 우유를 들고 반복해서 나타나는 사람이 누구든간에 명백히 수유와 연관이 있으므로 아기의 애착과 애정을 받을 수 있다고 가정한다.

프로이트의 제자였던 오토 랭크는 유아가 애착을 형성하는 이유를 이렇게 도식적으로 보는 관점에 반대했다. 오토 랭크를 비롯하여 해리 스택 설리반Harry Stack Sullivan, 멜라니 클라인Melanie Klein과 같은 여러 정신분석학자들은 감정적 유대가 사랑받고 보호받는다는 감정에 의해 형성된다고 주장했다. 그러나 애착에 대한 이러한 관점은 해리 할로Harry Harlow가 일련의 유명한 실험을 실시하기 전인 1950년대 후반까지만 해도 널리 받아들여지지 않았다. 할로는 붉은털원숭이가 태어났을 때 생모와 격리시켜 두 종류의 무생물 '어미', 즉 나선 철망으로 만든 어미와 부드러운 테리 직물로 감싸서 만든 어미와 함께 우리에서 키웠다. 원숭이들은 나선 철망 어미에 매달린 젖병에서 영양

> 프로이트(아랫줄 맨 왼쪽)와 오토 랭크(윗줄 맨 왼쪽)

분을 공급받았지만 대부분의 시간을 테리 직물 어미에 매달린 채 보냈다.

다른 연구에서는 원숭이들을 분리해 한 집단은 나선 철망 어미로부터 우유를 받아먹도록 하고 다른 집단은 테리 직물 어미에게서 우유를 받아먹도록 했다. 두 집단은 동일한 양의 우유를 먹었고 동일한 속도로 성장했지만 낯설고 무서운 상황에 처하게 되자 전혀 다르게 반응했다. 우리 속을 돌아다니다 예기치 못하게 북 치는 곰 인형을 만났을 때 부드러운 테리 직물 어미와 함께 있던 원숭이들은 어미 쪽으로 재빨리 달려가서 찰싹 달라붙었다. 안정을 되찾은 원숭이들은 과감히 주변을 탐색하기 시작했다. 흥미롭게도 다른 집단 원숭

> 해리 할로와 붉은털원숭이

이들은 '철사 어미'쪽으로 달려가지 않았고 자기 몸을 바닥에 부딪치거나 앞뒤로 구르거나 자기 몸을 더듬고 고통 속에서 소리를 질렀다. 이는 루마니아 고아원에 방치된 아동들이 보이는 행동과 매우 비슷했다.

할로는 새끼 원숭이들에게 안정의 기반은 테리 직물 어미라고 설명했다. 부드러운 어미와 편안하게 접촉하면서 처음에 느꼈던 공포가 누그러지자 원숭이들은 자신감을 되찾았다. 할로는 우리가 부모를 사랑하는 이유는 부모가 먹을 것을 주기 때문이 아니라는 결론을 내렸다. 우리는 부모와 신체를 접촉함으로써 편안한 안정감을 얻기 때문에 부모를 사랑한다.

할로가 실험을 하는 동안 정신과의사 존 볼비John Bowlby는 이와 일맥상통하는 '애착 이론attachment theory'을 전개했다. 이 이론은 그가 그간 받았던 정신분석 훈련과 영장류 진화 및 행동학에 관한 그의 해박한 지식, 제2차 세계대전 중에 부모와 떨어지게 된 어린아이들을 대상으로 한 그의 연구에 기반을 두고 있었다. 볼비는 유아가 생존하려면 관심을 주는 양육자와 감정적으로 애착을 형성해야 한다고 주장했다. 유아는 무력하고 연약하기 때문에 불안에 유달리 취약하며, 애착 대상과의 분리는 그들에게 최악의 위협 요인이다. 볼비는 이러한 이유로 유아에게 자신이 안전하고 정상이라는 감각, 즉 '기본적 신뢰basic trust' 형성은 지극히 중요하다고 말했다. 그리고 유아는 자기에게 언제, 어디서, 무슨 일이 일어나든 보호자가 도움을 줄 때에 비로소 기본적 신뢰를 형성할 수 있다고 덧붙였다.

신뢰와 시련

오늘날 우리는 랭크, 할로, 볼비를 비롯한 여러 학자 덕분에 영아 초기에 심리적 안정감을 형성하는 데 필요한 기본적인 원천이 부모의 사랑과 보호라는 사실을 알게 됐다. 우리가 아기를 안고 부드럽게 말을 걸면 아기는 안심하고 사방을 탐험하기 시작한다. 아기들이 바닥을 기어 다니며 손닿는 구석구석을 탐색하기 시작하면 부모들은 집안 곳곳을 살피며 안전 조치를 취한다.

운 좋게도 애정이 넘치는 가정에 태어나면 신생아 노릇은 꽤 할 만한 일이다. 엄마의 따스한 품으로 파고들면 달콤한 영양분을 얻을 수 있다. 부모는 아이를 따뜻하게 감싸고 껴안고 먹이고 즐겁게 해준다. 축축한 기저귀는 금세 부드럽고 보송한 기저귀로 바뀐다. 어린 시절에는 단지 존재하는 것만으로도 감탄이 가득한 눈길로 바라봐 주는 멋진 사람들로부터 사랑과 위안을 받을 수 있다. 장난감을 잡는 데 성공하거나 음식을 먹을 때 바닥에 흘리는 양보다 입으로 들어가는 양이 많으면 부모는 더없이 행복해 한다. 또 첫걸음마를 떼거나 까르륵거리며 "엄마" 혹은 "아빠"라고 말하거나 테니스공을 튕겨 특정 물건에 맞추기라도 하면 어른 팬들이 호들갑스럽게 자랑스러움과 애정을 내보인다.

걷기 시작하면 이러한 즐거운 반응을 끌어내기란 힘들어지며 부모가 좋아하지 않는 행동을 할 때는 특히 더 그렇다. 이 시기에 아이는 흙먼지를 입에 넣기도 한다. 어항에 오줌을 눌 수도 있다. 찻길로 굴러가는 공을 쫓아가기도 한다. 이런 행동을 저지 당하거나 잘못을 지적 받는 일은 유쾌하지 않다. 엄마가 사탕을 잔뜩 움켜쥔 손을 끌어당기거나 강아지 꼬리를 당기지 못하게 하면 아이는 확실히 불쾌해진다. 그러면 소리를 지르며 울부짖는다.

부모의 기분을 거스르지 않으려면 아이는 하고 싶지 않은 일을 해야 하고, 하고 싶은 일을 하지 않는 방법을 배워야 한다. 때로는 이 일에 말 그대로 생사가 결정되기도 한다. 수영장 다이빙대에서 떨어지면 비명횡사할 수도 있다. 부모는 위험하거나 사회적으로 용인되지 않는 행동을 아이가 하지 않도록 이성적으로 설득하기에는 너무 어릴 때부터 바람직한 행동은 그냥 두고 바람직하지 않은 행동은 제재를 가한다. 부모가 원하는 대로 행동하는 자녀는 칭찬과 보상을 받는다. 또 부모의 승인을 받으면 자녀는 안전과 편안함을 느낀다. 그러나 자녀가 부적절하게 행동하면 부모는 질책, 타임아웃(time-out, 일정 시간 동안 자녀를 격리하여 바람직하지 않은 행동을 못하도록 하는 행동 수정 기법의 일종-옮긴이), 체벌, 혹은 승인의 철저한 배제 등으로 대응한다. 어른의 단호한 반응에 부딪친 아이는 속상하고 불안하고 때로 두려운 감정을 느낀다.

성장하는 자아상을 세밀하게 표현한 제임스 조이스의《젊은 예술가의 초상》에 등장하는 주인공 스티븐은 두려움을 느끼면 탁자 아래로 숨는다. 스티븐은 왜 두려움을 갖게 됐을까? "어른이 되면 자기는 아일린과 결혼할 것"이라고 선언한 스티븐에게 어른들이 부적절하게 반응했기 때문이다. 알고 보니 아일린은 이웃 신교 가정의 아이로, 엄격한 가톨릭 가정인 스티븐 가족은 그녀를 몹시 싫어했다. 심지어 스티븐의 고모 단티는 신교도와 결혼하고 싶다는 잘못된 생각을 고치지 않으면 "독수리가 날아와서 너의 눈알을 뽑을 것"이라고까지 위협한다. 겁에 질린 스티븐은 이 위협을 머릿속으로 마치 찬송가처럼 되풀이한다.

잘못을 빌어라

눈알을 뽑을 테다

눈알을 뽑을 테다

잘못을 빌어라

안정의 기반이라고 생각했던 사람으로부터 공격받거나 버림받는 일보다 더 나쁜 건 없을 것이다. 어린 나이임에도 스티븐은 가족의 기대에 어긋나면 온정과 승인이라는 보상을 받을 수 없을 뿐만 아니라 가차 없이 공격받을 것이라는 사실을 알았다.

이렇게 성장하면서 우리는 '착한' 소녀나 소년이 되는 일은 보호 및 행복과 연결되고 '나쁜' 소녀나 소년이 되는 일은 불안 및 취약성과 결부된다는 것을 알게 된다. 이 과정에서 꼭 필요한 것이 있다. 바로 자존감이다. 자신이 가치 있다고 느끼는 이 감정을 갖고 있다면 죽음의 공포에도 대처할 수 있다.

사물 체계 흡수하기

아이들은 애착과 사회성을 형성하는 동시에 문화적 사물 체계를 흡수한다. 대부분의 어린이들은 다섯 살 무렵에 완전히 자신의 세계관 속에 자리를 잡는다. 그런 점에서 캐머런은 행운아였다. 캐머런은 심리 상담을 받을 수 있었고 읽기와 쓰기, 덧셈과 뺄셈을 비롯하여 급격한 감정 변화에 대처하는 법을 가르치는 특수학교 선생님들의 도움을 받아 집중 교육 과정을 따라잡을 수 있었다.

캐머런은 사랑이 넘치는 가정 안에서 누릴 수 있는 혜택도 받고 자랐다. 캐머런의 부모는 정치적으로 온건하고 근면함을 추구하며 공동체의 가치를 중요시하고 사회적 약자를 도와야 한다고 생각하는 중산층에 속해 있었다. 캐머런의 부모는 그에게 노래를 불러 주고《잘 자요, 달님》과《벨벳 토끼 인형》 같은 동화책을 읽어 주었다. 캐머런은 친척, 선생님, 교회 사람, 친구는 물론이고 식물, 동물, 무생물의 이름을 배웠다. 그는 자기 세계를 탐색하기 시작했다. 디즈니 영화를 보고 디즈니월드에서 놀이기구를 즐겼다. 공원에서 미끄럼틀을 탔고 바닷가에서 파도와 술래잡기를 했다. 캐머런이 춤추고 노래 부를 때 가장 행복해 한다는 사실을 발견한 그의 부모는 따로 레슨도 받게 해주었다.

캐머런은 국기에 대한 맹세와 행진곡 '성조기여 영원하라'를 배웠다. 보이스카우트 유년 단원이 되면서부터는 미국 국기를 올바르게 접는 방법을 배웠다. 일요일마다 부모를 따라 교회에 출석했고 주일학교에 참석했으며 선생님은 그에게 모세와 예수 이야기를 들려주었다. 또 부활절이면 교회에 가기 전에 부활절 달걀을 받으러 다녔다. 매년 열리는 크리스마스 가장 행렬에 참가했고 산타와 함께 사진을 찍었으며, 산타는 기적처럼 그의 소원에 귀를 기울여 크리스마스 아침에 가장 원했던 장난감을 선사했다. 그는 결혼식은 축복을 받는 자리이고 장례식은 죽은 사람에게 작별인사를 고하는 자리이며, 졸업식은 교육을 마친 사람을 위한 행사라는 사실을 배웠다. 생일은 시간의 흐름을 축하하는 날이며, 시간을 초, 분, 시, 일, 월이 되풀이되는 질서정연한 연속으로 세분하는 방식으로 인지하게 됐다.

캐머런은 부모가 캐머런을 학교나 교회, 정신과의사에게 데리고 갈 때나 영화를 보거나 혹은 부모가 하는 이야기를 엿듣게 될 때마다 무엇이 옳고 그른지에 관한 암시를 받았다. 세상은 쉽게 흑과 백으로 나뉘었다. 신데렐라와 배트맨은 착했다. 〈101마리 달마시안〉에 등장하는 크루엘라 드 빌과 〈오즈의 마법사〉의 서쪽 마녀는 나빴다. 화가 날 때 숫자를 열까지 세는 행동은 바람직했다. 인내심을 잃었을 때 소리를 지르고 떼를 쓰는 행동은 부적절했다. 친척들은 선량했고 테러리스트들은 악랄했다.

캐머런은 선과 악, 옳고 그름을 구별할 수 있게 되자 좀 더 편안한 기분을 느꼈다. 부모님이 자기에게 가르치는 바를 주변 세계가 확증해주면서 자기 지식에 확신을 갖게 된 캐머런은 갈수록 스스로를 잘 통제한다고 느꼈다.

캐머런의 부모는 당신들의 아들이 성장함에 따라 본인들이 받아들인 사물 체계를 의도적으로, 때로는 무의식적으로 그에게 전달했다. 또한 본인들이 이해한 세계관과 옳고 그름의 개념을 캐머런에게 전했다. 그들의 세계관은 캐머런의 현실관에 영향을 미쳤고 캐머런은 학습 내용을 내면화하기 시작했다.

또한 캐머런은 상징, 표상, 대통령 사진을 비롯하여 미국 사회가 지니고 있는 보편적 가치를 대표하는 여러 이미지와 사물을 통해 자기가 속한 문화의 세계관을 이해했다. 그는 사람들이 국기에 경례를 하고 역사적 인물 또는 사건을 기리기 위해 세운 기념비를 보려고 찾아오는 모습에 관심을 기울였다. 선량한 시민의 이름이 도로명을 비롯해 고속도로, 정부 건물에 이르는 온갖 물리적 형태에 새겨져 있었고 이 모두가 중대한 정치적 사물 체계가 작동하고 있음을 보여주었다. 그는 공공 사물 체계를 지지하고 확증해주는 부자 후원자들의 이름을 따서 고층건물, 공원, 학교, 거리, 공공건물의 이름을 짓는다는 사실도 알았다. 그는 종교적 사물 체계를 보여주는 교회 십자가와 유대교 회당에 걸린 다윗의 별을 보았다. 이 모두가 캐머런의 현실 감각을 확고히 했다.

요컨대 캐머런의 부모를 포함해 캐머런 주변에 있는 모든 사람과 사물은 그에게 어떤 특정 현실의 모습을 보여 주었다. 캐머런 또한 다른 어린이들과 마찬가지로 이를 수동적으로 용인하는 데 그치지 않고 열렬히 받아들였다. 어린이가 그들이 속한 문화가 규정하는 대로 선량한 사람이 되는 법을 배우고 자신이 가치 있다고 느끼게 되면 부모의 사랑과 보호에서 비롯된 것과 같은 심리적 편익이 확장된다. 나이에 상관없이 이러한 안정감은 생존과 활동에 꼭 필요하다.

어린이는 어떻게 죽음을 발견하는가

어린이들은 자기가 무엇을 두려워하는지 정확히 알기 전부터 질서, 목적, 중요성을 규정하는 세계관에 의지함으로써 공포에 대처한다. 이는 죽음이라는 문제와도 전적으로 관계가 있다.

안락하고 따뜻한 자궁 밖으로 나온 아기들은 통증, 공복, 한기, 발진을 비롯해 수많은 문제에 부닥친다. 젖먹이와 이제 걸음마를 배우는 아기들은 자기가 두려워하는 대상이 무엇이고 그 이유가 무엇인지도 모르면서 생존을 위협하는 수많은 잠재적 요소에 괴로워하며 반응한다. 일반적으로 18개월에서 24개월 사이에 있는 아이는 스스로를 인식하기 시작하면서 자신의 왜소함과 취약성을 어렴풋이 파악하고 실제 및 상상 속 위험에 한층 더 큰 두려움을 느낀다. 아이들은 어둠과 낯선 사람, 커다란 개, 괴물, 유령을 무서워한다. 아이의 눈높이에서 볼 때 이런 것들은 생존을 실질적으로 위협하는 대상이다.

세 살 무렵이 되면 죽음에 대한 의식이 존재를 드러내기 시작한다. 아이들은 오솔길에서 구더기로 들끓는 다람쥐 사체와 마주치면서 죽음의 그림자를 볼 수도 있고 할머니가 하얀 천으로 덮여 집 밖으로 들려 나가는 모습을 볼 때 이를 감지할 수도 있다. 처음으로 키웠던 금붕어나 사랑하는 개가 죽어 적절한 장례 의식을 갖춰 뒤뜰에 묻어 줄 때도 마찬가지이다.

어린이가 죽음을 인식하게 되면 그들은 곧 자기도 죽을 수 있다는 사실을 깨닫게 된다. 자신의 존재를 곰곰이 생각하면서 아이들은 자기가 존재하지 않을 수도 있다는 생각에까지 다다른다. 시간이 흐르면서 큰 개, 괴물을 무서워했던 유년기의 구체적인 공포가 '더 이상 존재하지 않을 수 있다'는 보편적인 공포로 통합되면서 아이들은 꼬마 햄릿이 된다.

대부분의 사람은 어린 시절에 악몽을 꿨던 기억이 있다. 악몽을 꾸고 야경증(夜驚症, 자다가 갑자기 깨어 울부짖거나 비명을 지르는 등의 공황 상태를 보이는 질환-편집자)을 보인다는 것은 이제 이 아이도 죽음과 인간의 취약성을 알게 됐다는 사실을 보여주는 징후이다. 우리 저자 중 한 명은 다섯 살 무렵에 다음과 같은 악몽을 반복해서 꿨다는 사실을 기억한다.

> 핏발이 가득 선 외눈의 자주색 괴물이 피를 뚝뚝 흘리며 내 침대 밑에서 모습을 드러냅니다. 놀라 벌떡 일어난 나는 방문에 쾅하고 부딪치죠. 나는 겨우겨우 복도로 빠져나왔지만 외눈박이 괴물은 침을 질질 흘리며 바짝 뒤쫓아 옵니다. 나는 거실을 가로지르고 소파를 뛰어넘어 주방으로 잽싸게 들어갑니다. 격분한 괴물은 으르렁거리며 느릿느릿 점점 더 가까이 다가오면서 녹색 점액질을 내뿜고 있습니다. 나는 칼을 찾아야겠다고 생각하지만 그럴 여유가 없습니다. 공포에 질린 나는 숨을 죽이며 청소 도구를 보관하는 벽장에 숨습니다. 그때 벽장문이 벌컥 열립니다.

그는 이 꿈을 꿀 때마다 식은땀을 흘리며 공포에 질려 일어났다. 그러나 그의 곁에서 "아무 문제도 없단다. 그냥 나쁜 꿈을 꿨을 뿐이야. 넌 착한 아이고 아빠는 절대 너에게 나쁜 일이 생기지 않도록 할 거야"라고 말하는 아빠를 보거나 언제나처럼 엄마 아빠가 옆방에서 자고 있다는 사실을 확인하면 금방 안정을 찾았다. 어린 시절 우리는 누구나 이런 악몽에서 깨어나 크게 안도하곤 한다. 괴물은 이제 우리를 쫓아오지 않는다. 우리는 안전하고, 엄마 아빠는 우리를 사랑하고 아무런 문제도 없다.

악몽에서는 무엇인가가 침대 밑에 숨어 있거나 창문으로 침입하거나 난데없이 나타나는 일이 흔하다. 이러한 공포를 느끼는 것은 인생의 불안과 허무를 깨닫기 시작했다는 사실을 의미한다. 대부분의 사람들이 어린 시절에 일어났던 몇몇 무서운 사건을 기억하지만 왜소하고 취약하다는 감정, 소멸할 것이라는 공포, 죽음이 불가피하다는 깨달음, 그 뒤에 따라오는 두려움에 시달렸던 순간을 기억하는 사람은 별로 없다. 그러나 세 살배기 어린이도 죽음을 인식하고 이를 불쾌하게 여기며 공포 관리 전략의 몇몇 기본적인 형태를 적용하기 시작한다.

1960년대 후반에서 1970년대 초반에 영국의 교육심리학자 실비아 앤서니Sylvia Anthony는 아이와 엄마 사이의 대화를 살펴본 결과, 아주 어린아이라도 죽음을 염려한다는 사실을 발견했다. 세 살배기 제인이 "봄이 되면 죽은 사람도 꽃처럼 돌아오는지" 물었을 때 제인의 엄마는 사람이 죽으면 원래 그대로의 모습으로 돌아오지는 않지만 아기로 다시 태어날 수는 있다고 대답했다. 이 대답을 들은 제인은 고민에 빠졌다. 제인은 변화가 싫었고 할머니 '낸'이 점점 늙어가고 있다는 사실이 싫었기 때문이다.

제인이 엄마에게 물었다. "낸 할머니가 죽나요?"

"응."

제인은 애달프게 울음을 터트리며 "하지만 난 죽기 싫어요, 난 죽기 싫어요"라고 계속 말했다.

인지 능력이 발달함에 따라 어린아이는 죽음을 더 깊이 이해하게 되고 공포에 대처하는 방식도 더욱 정교해진다. 다섯 살배기 리처드의 엄마는 리처드가 욕조 안에서 헤엄치면서 놀다가 허우적거리며 다음과 같이 말했다고 들려주었다. "나는 죽고 싶지 않아요, 절대. 난 죽고 싶지 않아요."

여기에 앤서니가 다섯 살의 시어도어와 그의 엄마가 나눈 대화를 기록한 내용을 소개한다.

시어도어 : "동물도 죽나요?"

엄마 : "그래, 동물도 죽어. 살아있는 생물은 모두 죽는단다."

시어도어 : "나는 죽고 싶지 않아요. 나는 세상 그 누구보다도 오래 살고 싶어요."

다른 한 연구에서는 8~12세의 어린아이들을 면담하면서 무엇이 두렵고 걱정이 되는지 물었다. 연구자들은 아이들뿐만 아니라 아이들의 엄마와도 인터뷰 시간을 가졌다. 엄마들은 자기 아이는 아프거나 죽는 것보다 뱀과 나쁜 성적을 더 두려워한다고 답했지만, 아이들의 대답은 이와 달랐다. 아이들은 뱀과 형편없는 성적표보다 병과 죽음을 더 두려워한다고 답했다. 아이들은 우리가 생각하는 나이보다 훨씬 더 어릴 때부터 죽음을 걱정하는 것으로 나타났다.

죽음 회피

발달심리학자 장 피아제Jean Piaget에 따르면, 어린이가 이해하는 죽음의 개념은 일반적으로 인지 발달 단계에 따라 달라진다. 어린아이들은 처음에 죽음을 수면과 비슷한 가사假死 상태로 보는 경우가 많다. 이때의 아이들은 '나는 밤이 되면 잠이 들지만 아침이 되면 일어날 거야'라거나 '할머니는 나이가 많고 안락의자에서 조는 일이 많지만 언제나 일어나시지'라고 생각한다. 사람들이 낮잠과 밤잠에서 깨어나고 오랜 잠에서도 일어나는 모습을 봐온 아이들은 때때로 적절한 시기가 오면 죽은 생물이 다시 태어날 것이라고 기대한다. 죽은 생물에게 다시 생명을 불어넣기 위해 물을 끼얹기도 한다.

아이들 또한 단순히 죽음에 관한 생각을 물리치는 식을 비롯해 죽음을 회피하기 위한 온갖 내적 수단을 사용한다. 죽음을 인식하기 시작한 세 살배기 제인은 걱정스러운 듯 엄마에게 죽은 사람이 다시 눈을 뜨는지, 말하고 먹고 옷을 입는지 물었다. 제인의 엄마는 "제인은 울면서 이런 온갖 질문을 하다가 갑자기 '이제 난 다시 차를 마실 테야'라고 말했어요"라고 전했다. 이와 비슷한 경우로 다섯 살배기 리처드는 앞으로 오랫동안 죽지 않을 거라고 엄마가 말했을 때 미소를 지으며 이렇게 말했다. "그렇구나. 그동안 걱정했는데 이제 마음을 놓을 수 있겠어요." 그러고는 "쇼핑하러 가서 물건을 사는" 꿈을 꾸고 싶다고 말했다.

이처럼 주의를 돌리는 아이들의 전략은 성인이 자신의 죽음을 생각할 때 보이는 행동 양상과 매우 유사하다. 성인들은 보통 죽음에 관한 생각을 멈추고 일상적인 걱정거리로 주의를 돌린다. 연구에 따르면, 죽음을 떠올린 뒤에는 성인들 역시 '걱정은 그만하고 행복하자'는 생각에 집중하려고 한다. 음식이나 사치품에 관심을 돌리는 것은 죽음에 관한 생각에 대응하는 매우 흔한 방법이다. "점심 먹고 쇼핑하러 가자!"

때로 어린아이들은 영원히 어린이로 머무르겠다고 다짐하기도 한다. "죽는 사람은 노인들뿐이야. 난 늙지 않았어. 언제까지나 어린이일 수 있다면 난 죽지 않을 거야." 결코 어른이 되지 않는 피터팬은 아이들의 이런 소망을 보여주는 전형적인 인물이다. 팝스타 마이클 잭슨, 자기가 세운 네버랜드에 살면서 결코 어른이 되지 않았던 이 소년은 그러한 바람을 현실로 만들고자 했다.

많은 동화에서 악역은 죽음을 상징한다. 사악한 마녀, 마귀, 괴물, 도깨비는 외모만 봐도 죽음의 공포가 느껴진다. 이들 악당은 죽음이라는 추상적이고 상상하기 어려운 개념을 구체적이고 감당 가능한 수준으로 만든다. 죽음에 인간의 형태를 부여하면 이를 피하기가 쉬워진다. 인간화된 죽음은 설득하거나 홍정하거나 속임수를 쓰거나 누군가의 기발한 재치와 힘이 작용하거나 마력을 지닌 중재자의 개입에 의해 제압될 수 있다. 5~9세 사이의 어린이는 재빠르거나 영리하다면 죽음을 피할 수 있다고 생각한다.

실제로 많은 동화에서 어린이 영웅들은 종종 영리한 방법으로 죽음을 모면한다. 그림 형제와 안데르센 동화를 생각해 보자. 목숨을 노리는 위험이 아무리 닥쳐도 어린이들이 이에 굴복하는 일은 거의 없다. 〈오즈의 마법사〉에서 도로시는 사악한 마녀에게 거의 죽을 뻔했지만 결국 도망친다. 피노키오는 나무 인형에서 진짜 인간 소년으로 변하고, 해리포터는 번득이는 마법으로 철천지원수인 볼드모트 경(그의 이름 자체가 '죽음으로부터 달아나다'를 의미하는 프랑스어 구절 '볼 드 모르vol de mort'를 떠올리게 한다)의 공격에서 스스로를 지킨다.

죽음을 부정하는 또 다른 전략은 개인적이고 인간의 모습을 한 구세주를 믿는 것이다. 아이의 눈에 부모는 육체적, 정서적 욕구를 충족시켜주는 거대하고 전능한 존재이다. 아이들이 생사의 문제를 중재하는 전능한 존재가 등장하는 이야기를 믿는 것도 이 때문이다. 백설 공주와 잠자는 숲속의 공주는 둘 다 진짜 죽은 것이 아니다. 이 두 공주는 자기를 지켜주고 구해주는 아버지 같은 구원자를 통해 구원받기를 기다리고 있을 뿐이다. 예수는 십자가에서 지독한 고통을 겪었지만 실은 죽지 않았다. 하느님이 나서서 예수를 천국으로 데려갔다. 하느님은 당신과 당신의 엄마와 아빠, 할머니와 할아버지를 비롯하여 당신이 사랑하는 모든 사람을 영원한 죽음에서 구한다. 그리고 그들은 천국에서 다시 만나게 된다.

부모가 주는 위로와 전래 동화에서 얻은 격려를 통해 어린이는 자신이 신성한 존재라고 확신하게 된다. 어린아이들이 뜬금없이 자기는 결코 죽지 않는다고 외치는 모습은 그리 드물지 않다. 우리 저자들의 아이 중 한 명은 여섯 살 때 희망에 찬 목소리로 "내 세 가지 소원은 말이야. 절대 죽지 않는 것, 세상에서 가장 큰 부자가 되는 것, 그리고 모든 비디오 게임을 갖는 거야"라고 선언했다.

눈물 흘리기엔
너무나 심오한

아이들은 철이 들면서 결국 죽음이란 피할 수 없고 돌이킬 수 없다는 사실을 깨닫게 된다. 어느 날 아이들은 길가의 지렁이가 꿈틀거리지 않는다는 사실을 안다. 관 속에 누워 있는 할아버지는 거실 의자에서 그랬듯이 낮잠을 자고 있는 것이 아니다. 어느 날 개는 잠에서 깨지 않는다.

갑자기 우리는 소름끼치는 진실을 마주한다. 죽음이란 노인, 불운한 사람, 악한 사람에게 이따금씩 닥치는 불행한 사고가 아닌 것이다. 죽음은 조만간 나를 포함한 모든 사람에게 찾아온다. 우리가 세상이라는 무대 위를 걷고 있는 동안 막은 반드시 내려오며, 우리의 궁극적인 운명은 내장을 드러낸 채 길가에 널브러져 있던 다람쥐나 그토록 두려워하는 해골과 같다.

이런 깨달음은 중요하다. 시인 윌리엄 워즈워스William Wordsworth는 "어린 시절, 죽음이라는 개념이 나와 무관하지 않다는 사실을 받아들이기란 그 무엇보다도 어려운 일이었다"라고 썼다. 이는 "때때로 눈물 흘리기엔 너무나 심오한 생각"이었다. 이런 순간에 우리는 완전한 인간이 된다.

일단 아이가 자신뿐만 아니라 부모 역시 약하고 결국에는 유한한 존재임을 깨닫고 나면 심리적 평정을 얻는 기본 원천을 부모에서 자기가 속한 문화로 전환한다. 이제 아이는 부모, 할머니, 할아버지, 애완동물보다 신, 사회적 권위, 관습이 더 안정적이고 지속적인 대상이라고 느낀다.

동료인 고故 빅터 플로리안Victor Florian과 마리오 미쿨린서Mario Mikulincer가 실시한 연구 또한 어린이가 죽음을 인식하기 시작하면서부터 부모에서 문화로 주의를 옮겨간다는 주장을 뒷받침한다. 두 사람은 이스라엘에서 7세 아동 집단과 11세 아동 집단을 구성한 뒤 각 집단의 절반에게만 죽음과 관련된 질문을 했다. 질문 중에는 "죽은 사람은 자신에게 무슨 일이 일어나고 있는지 알까요?", "사람은 언젠가 모두 죽을까요?"와 같은 항목이 있었다.

그리고는 모든 어린이들에게 연령과 성별이 같은 다른 어린이의 사진을 보여주었다. 각 사진마다 어린이의 이름과 출생지가 함께 제시되었다. 일부는 이스라엘에서 태어난 아이들이었고 일부는 러시아 이민자 아이들이었다(이스라엘에는 러시아 이민자가 문화적 이방인이라는 고정관념이 있다). 각 사진을 보며 아이들은 사진 속 아이와 얼마나 기꺼이 놀고 싶으며 얼마나 그 아이와 친한 친구가 되고 싶은지 점수를 매겼다.

이 연구결과에 따르면, 7세 아동은 아직 심리적 평정을 문화에서 찾지 않았다. 죽음에 관한 질문을 받은 7세 아동들은 이스라엘과 러시아의 어린이 사진 모두에 부정적인 반응을 보였다. 그들은 죽음을 두려워했지만 그 공포에 대처하는 방법으로 문화를 끌어들이진 않았다.

그러나 11세 아동의 경우는 달랐다. 죽음에 관한 질문을 받은 11세 아동들은 자기와 같은 이스라엘 어린이와는 친구가 되고 싶어 했지만 러시아 이민자 어린이와 친구가 되고 싶어 하지는 않았다. 다시 말해, 11세 아동들은 자신의 죽음을 상기시키는 자극에 성인과 같은 방식으로 반응했다. 죽음은 피할 수 없으며 되돌릴 수 없다는 사실을 인지했던 11세 아동들은 자기가 속한 문화가 규정한 대로 행동했다.

국기를 따르라

11세 이스라엘 아동의 행동양식은 다양한 국가 출신의 성인에게서도 발견된다. 1장에서 살펴봤듯이, 죽음을 떠올린 미국인은 미국을 찬양한 사람에게 긍정적인 반응을 보이고 미국을 비판한 사람에게 부정적인 반응을 보였다. 이와 비슷하게 죽음을 상기한 이탈리아인은 모국 이탈리아를 더 호의적으로 보았고 같은 이탈리아 국민에게 더 강한 유대감을 느꼈다. 또한 소매점 앞에서 인터뷰를 나눈 독일인은 독일 관련 물건에 특별한 선호도를 보이지 않았지만, 묘지 앞에서 인터뷰를 나눈 독일인은 독일 음식, 독일 자동차, 독일 여행지를 외국의 음식, 자동차, 여행지에 비해 더 선호했다.

사회에 완전히 동화된 미국의 한 젊은이 스티브를 떠올려 보자. 그는 다양한 역할을 수행한다. 가정에서는 좋은 아들이자 조카, 형, 손자이면서 음악 밴드에서는 록 기타리스트로 활동하고 있다. 고등학교를 졸업했고 모든 사람에게 평등한 권리가 있다고 믿는 독립적인 투표자이며 대학에 다니면서 장래 교사를 꿈꾼다. 대부분의 청년들처럼 스티브 또한 부모를 떠나 주변 문화에 순응하는 단계를 거쳤고 신념 체계를 굳혔으며, 최근에는 자기가 속하고 싶은 집단에 전념하면서 기존의 신념 체계를 확고히 하고 있다. 이런 식으로 스티브는 어린 시절 이래 계속 커져가는 실존적 공포에 대항하는 심리적 갑옷을 더 단단히 여며 왔다.

이제 당신이 스티브이고 미국의 일류대학에서 심리학을 공부하고 있다고 가정해 보자. 그리고 한 강의를 수강하면서 어떤 연구에 참가하게 됐다고 해보자. 당신이 실험실에 나타나자 연구자가 해당 실험의 주제가 성격과 창조성의 관련성을 알아보는 것이라고 하면서 다음과 같이 말한다. "우리는 군인을 대상으로 많은 성격 연구를 실시해 왔습니다. 그중에는 캘리포니아 사막에서 군사 훈련 중인 장병들이 일상적인 군용 물품을 창조적인 방식으로 재사용하는 사례를 연구한 것도 있습니다. 군인 대상으로 우리가 한 연구를 종합해 보면, 성격과 창조성 사이에는 밀접한 관련이 있었습니다. 이를 바탕으로 우리는 이 데이터를 보통 사람을 대상으로 일반화하는 작업에 관심을 쏟고 있습니다."

그러고는 당신에게 서류를 건네며 말을 잇는다. "이걸 받으세요.

이 설문지를 작성하시고 끝나면 복도로 나오세요."

설문지에는 성격에 관한 간단한 질문도 있지만 "죽음을 생각할 때 당신이 느끼는 감정을 서술하세요", "당신의 육체가 죽어갈 때 그리고 당신의 육체가 죽었을 때 어떤 일이 일어날 것이라고 생각하는지 쓰시오"와 같이 앞서 등장한 판사들이 만난 고역스러운 질문도 있다.

설문지 작성을 마치면 실험자가 당신을 다른 방으로 안내한다. 들어간 그곳에는 테이블이 있고 그 위에는 코코아 믹스, 플라스틱 튜브 2개, 가는 밧줄, 종이 집게, 나침반 시계, 고무 밴드, 투망, 유리병, 검은색 염료가 들어 있는 컵, 모래가 들어 있는 컵, 천으로 만든 작은 국기, 단단한 재질의 십자가 등이 놓여 있다.

실험자는 검은색 염료를 모래에 부은 다음 당신이 해야 할 과제를 말한다. "군인들은 염료와 모래를 분리할 때 주변에서 흔히 구할 수 있는 도구를 사용합니다. 당신도 그들처럼 이 테이블 위에 있는 평범한 도구를 이용해 모래를 분리해보세요. 그리고 망치를 사용하지 말고 벽에 못을 박아보세요."

아마도 당신은 모래에서 염료를 걸러낼 때 거름망 대용으로 국기를 사용하면 된다는 것과 못을 박을 때 망치 대신 십자가를 사용할 수 있다는 사실을 깨달을지도 모른다. 그런데 이런 일에 국기와 십자가를 사용하자니 뭔가 꺼림칙한 기분이 든다. 어렸을 때부터 이러한 상징적 물건을 어떻게 다뤄야 하는지 배운 당신으로서는 이런 식으로 국기와 십자가를 사용하는 것이 신성 모독처럼 느껴진다. 그러나 다른 선택지는 없다. 당신은 국기를 유리병 입구에 대고 그 위에 검게 물든 모래를 부어 잉크를 걸러낸다. 6분이 걸렸다.

그 다음 당신은 십자가와 못을 들고 벽 쪽으로 걸어간다. 당신은 '이 성스러운 물건을 이렇게 하찮은 문제해결에 사용해도 될까'라고 생각하며 잠시 망설인다. 당신은 "신성 모독이야"라고 읊조리며 깊은 한숨을 내쉰다. 그러고는 십자가로 벽에 못을 박기 시작한다. 역시 6분이 걸렸다.

또 다른 형태의 세 가지 실험도 실행됐다. 한 실험에서는 학생들에게 죽음에 관한 질문은 하지 않고 텔레비전 시청에 관한 악의 없는 질문을 했다. 다른 두 실험에서는 죽음에 관한 질문 혹은 텔레비전 시청에 관한 질문을 했고 테이블 위에 국기 대신 무늬 없는 하얀 천, 십자가 대신 단단한 나무토막을 놓아두었다. 이 조건에서 학생들은 문화적 상징물을 부적절하게 사용하지 않고 문제를 해결했다.

예상대로 하얀 천과 나무토막은 걸러내기 문제와 못 박기 문제를 빠르고 쉽게, 미묘한 스트레스 없이 처리해주었다. 사전에 죽음을 상기시키는 질문을 받았던 학생들 역시 전혀 어려움을 겪지 않았다. 악의 없는 질문에 답하고 국기와 십자가를 사용해야 했던 집단 역시 양호하게 과제를 수행했다. 통제조건에서는 피험자들이 각 작업을 완료하기까지 평균 3분이 걸렸다. 그러나 스티브처럼 사전에 죽음에 관해 생각했고 본인이 속한 문화권에서 성스럽게 여겨지는 대상을 훼손해야 했던 집단은 작업 완료까지 두 배 이상 시간이 소요됐다. 또한 그들은 과제가 매우 어려웠고 푸는 과정에서 상당한 긴장감을 느꼈다고 말했다.

이 연구는 문화적 상징물이 죽음의 공포를 가라앉히는 데 도움이 된다는 사실을 말해준다. 실제로 특별한 의미를 지닌 가시적 상징과 성상이 없다면 문화적 신념은 일시적인 믿음에 불과하다. 윌리엄 카니 사례는 이를 잘 보여준다. 그는 사우스캐롤라이나 주 찰스턴에서 1863년 7월 18일에 개시된 와그너 요새 공격 당시 제54 매사추세츠 지원 보병 연대에 복무 중에 그만 전투에서 부상을 입는 불운을 겪었다. 이후 카니는 훈장을 수여받았는데, 공로인즉슨 북군이 돌격할 동안 미국 국기가 땅에 닿지 않도록 들고 있었다는 것이다. 이에 대해 카니는 "여러분, 저는 단지 제 의무를 다했을 뿐입니다. 군기는 단 한 번도 땅에 닿지 않았습니다!"라고 말했다.

핵심에 존재하는 고뇌를 깨우다

문화적 사물 체계는 죽음의 공포를 누르는 데 도움이 된다. 그렇다면 지켜온 신념이 의심을 받는 상황에서는 어떤 일이 일어날까? 죽음에 관한 생각이 한층 더 의식에 가까워질까?

어느 쾌청한 여름날 당신이 친구와 점심을 먹기 위해 길을 걷는 중이라고 생각해 보자. 걸어가면서 당신은 주변 풍경과 소리를 즐기고 있다. 밖에 판매대를 내놓은 여성의류 매장, 낭독회를 알리는 서점, 약국, 보험회사, 스타벅스 커피숍을 지나친다. 스타벅스를 지나면서 당신은 향기로운 커피 향을 잠시 맡았지만 금세 이를 잊는다.

잠시 후 당신은 어린아이를 안은 여성을 보았고 아이를 보며 미소를 짓는다. 계속 걸으면서 당신은 대화 중인 두 사람을 보았고 그 중 한 명은 클립보드를 들고 있다. 당신은 그곳을 지나치면서 그들의 대화 내용을 살짝 듣는다.

클립보드를 들고 있는 여성이 "머릿속에 처음으로 떠오르는 단어로 빈칸을 채우시면 됩니다"라고 말하면서 듣고 있는 상대방에게 클립보드를 건넸다.

당신은 발걸음을 멈추고 그가 답을 적은 후 클립보드를 여성에게 돌려주는 모습을 지켜본다. 그녀는 "고맙습니다!"라고 말한다.

호기심을 느낀 당신은 그녀에게 "지금 무슨 일을 하고 계세요?"라고 가볍게 묻는다.

그녀는 쾌활하게 "저는 연상적 사고 연구를 돕고 있는 대학원 학생입니다. 저희는 지나가는 사람에게 다음 단어를 완성해 달라고 부탁하고 있습니다. 도와주시겠어요?"라고 말한다.

당신은 "기꺼이요"라고 말한다.

다음과 같은 단어가 등장한다.

COFF_ _

SK_ _L

GR_ _ _

어떤 특정한 순간에 다른 생각들보다 더 쉽게 머릿속에 떠오르는 생각이 있다. 최근에 겪은 경험과 관련된 생각들이 바로 그렇다. 쉽게 접근할 수 있는 생각은 쉽게 머릿속에 떠오른다. 말하자면, 이런 생각은 의식 가까이에 존재한다. 당신은 스타벅스를 지나쳤으므로 다음과 같이 단어를 완성할 가능성이 높다.

COFFEE

SKILL

GRIND

그러나 당신이 스타벅스가 아닌 장례식장을 지나쳤다고 하면 그때는 다음과 같이 단어를 완성할 가능성이 높다.

COFFIN

SKULL

GRAVE

우리는 20개의 예상 단어 목록을 작성했고 그중 6개는 죽음과 관련된 단어 혹은 죽음과 무관한 단어로 구성했다. 우리는 죽음과 관련된 단어로 완성하는 비율이 높을수록 죽음과 관련된 생각이 그 사람의 의식을 더 많이 잠식하고 있으리라고 예상했다. 그리고 이 예상이 유효한지 알아보기 위해 사람들에게 죽음 관련 질문에 답하도록 한 후 단어를 완성하도록 요청했다. 말할 것도 없이 자신의 죽음에 관한 글을 쓴 사람은 통제조건에 있는 사람에 비해 죽음 관련 단어를 더 많이 만들어냈다.

그렇다면 지켜온 신념이 위협받는 경우에도 죽음과 관련된 생각이 의식에 떠오를까? 이를 알아보기 위해 앨버타 대학의 제프 쉬멜 Jeff Schimel과 그의 동료들은 다른 신념 체계를 지닌 두 집단, 즉 캐나다의 창조론자와 진화론자를 연구실로 초청했다. 그리고는 참여자 전원에게 진화생물학자 스티븐 제이 굴드Stephen Jay Gould가 쓴 논문의 일부 구절을 읽도록 했다.

논문에서 굴드는 창조론 관점을 정면으로 반박하는 화석 기록상의 증거를 인용했다. 구체적으로 그는 5천만 년 전에 살았던 암불로세투스ambulocetus, 즉 '걸어 다니는 고래'를 언급했다. 암불로세투스는 헤엄 칠 수 있는 동시에 걸을 수도 있는 생물로, 이는 고래가 육지와 바다를 오가는 포유류에서 진화했음을 증명한다. 굴드는 "암불로세투스보다 더 확실한 이론상의 중간 생물은 없을 것이다. 그 무엇으로도 독단론자들을 납득시킬 수 없겠지만 암불로세투스는 창조론자들이 이론상 불가능하다고 자신했던 바로 그런 동물이다"라고 썼다. 굴드의 논문은 '다양한 종을 연결하는 과도기적 형태가 없고 잃어버린 고리(missing link, 생물 진화과정에서 중간에 해당하는 생명체가 존재했음에도 화석으로 발견되지 않은 것-편집자) 문제가 있기 때문에 진화론은 틀렸다'고 주장하는 창조론의 입장을 정면으로 반박한 것이었다.

굴드의 논문을 읽은 후 참가자 전원은 단어 채우기 테스트를 받았다. 그 결과 자기가 믿고 있던 원칙을 반박하는 증거를 접한 창조론자들은 죽음 관련 단어를 더 많이 만들어냈다.

이런 결과는 비단 종교적 신념에 국한되지 않는다. 한 연구에서는 캐나다인으로 하여금 캐나다 혹은 오스트레일리아 사회 일반의 가치를 비하하는 글을 읽게 했다. 그 글 중 한 제목은 '캐나다를 타도하자'였고 "모든 사람이 캐나다를 싫어한다. 여기에 내가 캐나다를 싫어하는 몇 가지 이유를 제시하고자 한다"라는 문장으로 시작해 캐나다 음식, 의료서비스, 스포츠를 장황하게 조롱한다. 이 글의 저자는 "미국에서 하키는 몬스터 트러킹(monster trucking, 개조한 픽업트럭을 이용하는 스포츠 경기-옮긴이)과 비슷한 정도의 관심과 팬 층을 확보하고 있다. … 오직 캐나다인만이 하키에 관심을 갖는다. 물론 미국에도 하키팀이 있다. 하키팀뿐만 아니라 프로 볼링 선수, 당구 선수, 스포츠 낚시꾼, 포커 선수도 있다. 미국에는 '하키'처럼 하찮은 스포츠에 뛰어든 수많은 프로 선수들이 있다"라고 지적했다.

그렇다면 캐나다를 비하하는 글을 읽은 후 단어 채우기 테스트를 받은 캐나다인은 어떤 반응을 보였을까? 예상대로, 모국을 모욕한 글을 읽은 캐나다인은 오스트레일리아를 비하하는 글을 읽은 캐나다인에 비해 죽음 관련 단어를 더 많이 만들었다. 결국 자기 세계관의 중심을 이루는 믿음에 의혹이 제기됐을 때 죽음은 의식 가까이로 다가갔다.

무시무시한 거리

지금까지 우리는 아이가 어떻게 의미와 상징으로 가득 찬 세상에서 사회에 동화되어 한 사람으로 성장하는지 살펴보았다. 아이들은 어른이 묘사하는 만큼만 세계를 인식한다. 사람들이 자신의 속한 문화의 현실 판version에 맞춰 자신의 환경을 수정하기 위해 얼마나 애쓰는지 생각하면 이는 당연한 얘기다. 실제로 문화적 신념, 가치, 이상은 십자가와 공공건물에 걸린 국기에서부터 가면을 쓴 영웅이 지구를 위협하는 악당을 물리치는 영화에 이르기까지, 기호와 상징을 통해 실제 눈에 보이는 형태로 강화하지 않으면 유지되기 어렵다.

사실, 사물 체계는 우리 속에 깊이 뿌리 내리고 있으며 우리가 생각하고 느끼고 행하는 모든 것을 관장한다. 사물 체계는 각자가 지닌 세계에 대한 지식과 논리를 규정할 뿐만 아니라 의식 경험의 본질과 관련된 구조를 만든다. 2014년 10월 10일 금요일 오후 1시 55분 현재 이 책의 저자는 미국에 있는 연구실에 앉아 이 책을 쓰고 있다. 그보다 더 중대한 일이 무엇이겠는가? 그러나 그가 속한 문화적 세계관 밖에서 생각하면 그의 행위는 달리 보인다. 그저 한 온혈 동물이 조만간 필연적으로 심장마비, 암, 자동차 사고, 혹은 노환으로 끊어질 획일적인 경험을 하는 가운데 플라스틱 조각(=키보드)을 두드리고 있을 뿐이다. 당신이 이 책을 읽고 있는 지금은 언제인가? 몇 년, 몇 월, 며칠이라는 사실이 무슨 의미가 있는가? 이 모두가 혼란스럽고 덧없는 어떤 대상에 질서와 영속성을 부여하고자 당신이 속한 문화가 의식 경험을 구조화한 환상에 불과하지 않는가? 오늘이 목요일이라면 다시 목요일이 돌아올 것이고 그 다음에도 목요일이 돌아올 것이라는 환상은 얼마나 위안을 주는가?

문화적 제약을 모두 제거하면 우리는 그저 감각, 감정, 사건의 연속 상에서 가끔씩 찾아오는 실존적 공포의 물결에 흔들리다가 갑작스럽게 그런 경험을 끝내는 생물에 불과하다. 그러나 의미가 스며든 세계에서 우리는 그보다 훨씬 더 중요한 존재이다. 물론 사물 체계를 갖추고 있는 것만으로는 충분하지 않다. 인간은 자기 자신이 이 세계에 가치 있는 공헌을 하고 있다고 생각해야만 안심한다.

이제 이러한 자존감을 얻기 위한 필사적인 분투를 자세히 들여다보자.

3 자존감, 굽히지 않는 용기의 토대

진부해 보이는 '자존감'이라는 단어는 인간 적응의 핵심을 이룬다. 자존감은 지나친 방종, 혹은 단순한 허영심이 아니라 생사의 문제를 상징한다. 자기 가치라는 감정은 인간 행동을 단정짓는 기본적인 속성이다. … 오직 음식만을 질리도록 먹는 개코원숭이와 달리 인간은 자존감에서 대부분의 영양분을 얻는다. — 어니스트 베커, 《의미의 탄생과 죽음》

샌프란시스코 소재 발보아 고등학교 1학년인 프란시스코 벨라스케스는 점심시간 즈음이면 위가 뚫리는 듯한 배고픔을 느꼈다. 급식실에서 치즈와 페퍼로니를 올린 오레가노 향을 풍기는 피자와 짭짤하고 기름진 프렌치프라이 냄새가 퍼지기라도 하면 배고픔이 더 심해지곤 했다.

그러나 안타깝게도 그는 이런 음식을 사 먹을 수 있는 형편이 아니었다. 그는 치킨 양념구이를 주식으로 내놓는 정부의 무료 급식 대상자였다. 하지만 그와 그의 친구 대부분은 점심시간에 아무것도 먹지 않는 쪽을 택했다.

그런데 무료 급식을 먹지 않는 학생은 프란시스코만이 아니다. 샌프란시스코 소재 학교에서 무료 급식 대상 학생들 중 무료 점심 급식을 먹는 비율은 37퍼센트밖에 되지 않았다. 그 이유는 무엇일까?

'보조금으로 제공하는 급식은 영양가가 있어야 한다'고 규정한 영 방법 조항 때문이다. 그래서 피자, 프렌치프라이, 탄산음료, 사탕 같은 정크 푸드는 급식실에서 별도로 판매한다. 이런 법적 조치로 무료 급식 대상 학생들은 건강을 유지하는 대신에 쉽게 다른 학생들과 구분되고 학우들에게 낙인이 찍힌다.

발보아 고등학교 학생회장 루이스 가이스트가 설명하듯이, 점심시간은 "동급생에게 깊은 인상을 심어주기에 가장 좋은 시간"이다. 특히 "좋은 신발을 신고 옷을 입는 아이들은 '식비를 낼 수 없는' 열악한 가정 형편을 드러내는 무료 음식에는 손대지 않기"때문에 정부가 제공하는 급식을 먹는다는 것은 '스스로를 비하'하는 것밖에 안 된다.

프란시스코와 그의 친구들에게 자아상을 지키는 일은 몸에 영양분을 공급하는 일보다 더 중요했다.

그들이 굶으면서까지 자존심을 지키려는 이유는 무엇일까? 자존감의 본질은 무엇인가?

자존감이란 무엇인가

자존감이란 스스로에게 만족하고 본인이 가치 있는 사람이라고 믿는 감정이다. 이 정의가 실제로 의미하는 바는 무엇일까? 당신은 "나는 내가 하는 일에서 높은 평가를 받고 있고 충실하고 헌신적인 배우자이자 부모이며, 대부분의 경우 옳은 일을 하고자 노력하기 때문에 스스로에게 만족한다"고 말할지도 모른다. 하지만 자존감은 어느 날 갑자기 쑥 튀어나오지 않는다. 자존감은 당신이 속한 문화의 사물 체계가 규정하는 역할과 가치를 반영한 모습을 띠기 마련이다. 당신이 생각하는 '옳은' 행동, 가치 있는 사회적 역할, 자기 소임을 다하는 방법이 무엇인지는 당신이 지닌 세계관에 달려 있다. 따라서 자존감이란 자신이 의미 있는 세계에 기여하고 있는 가치 있는 참여자라는 느낌을 말한다. '나는 소중하다'는 이러한 느낌은 우리가 갖고 있는 가장 극심한 공포를 다스린다.

특정 시간과 공간에서 자존감을 높여주었던 행동이 다른 시간과 공간에서는 반대의 결과를 낳을 수도 있다. 문화에 따라 가치 판단 기준도 다르기 때문이다. 예를 들면, 미국의 유대인 소년들은 열세 살이 되면 고대 율법의 한 구절을 암송하고 뒤이어 힙합 음악에 맞춰 춤을 추고 디저트를 실컷 먹으며 축하하는 바르미츠바(bar mitzvah, 유대교에서 13세가 된 소년이 치르는 성인식-옮긴이) 행사를 통해 성인의 인증을 받는다. 한편, 파푸아뉴기니에 사는 삼비아 족 소년들은 의례에서 피리를 연주하고 부족에서 자기보다 나이가 많은 소년과 연장자들을 대상으로 구강성교를 행함으로써 성인으로 인정받는다. 삼비아 족 소년과 미국 유대인 소년이 사는 곳을 바꾼다면 무슨 일이 일어날까? 어떤 문화에서는 자존심을 높이는 행위가 다른 문화에서는 아무 의미가 없거나 수치스러운 행위가 될 수 있다는 사실을 알게 될 것이다. 결국 자존감을 높여주는 행동과 성취는 문화적 세계관이 가치 있다고 여기는 범위 안에서 결정된다.

우리가 무엇이 '옳고' '적절'한지 명확히 알 수 있는 이유는 우리가 그러한 인식을 공유하고 있기 때문이다. 주변 사람들 모두 피리 의례가 중요하다고 생각하면 그것의 당위성을 의심할 이유가 없다. 내가 한 행동에 다른 사람이 어떻게 반응하는지를 살펴보면 자신이 자신이 속한 문화 기준에 얼마나 잘 부합하는지, 나아가 자신이 정말 스스로가 되고 싶은 그런 인간인지 알 수 있다.

앞장에서 보았듯이, 자존감과 심리적 안정감 사이에 존재하는 연결 고리는 유아기 때부터 생겨난다. 착한 아이가 되고 착한 행동을 하는 것은 부모의 사랑 및 보호와 관련이 있는 반면, 나쁜 아이와 나쁜 행동은 불안 및 불안정과 연관된다. 문화는 살아있는 동안은 물론이고 죽은 뒤의 세상에서도 옳은 행동을 하는 이에게는 보상을, 잘못된 행동을 하는 이에게는 처벌을 약속함으로써 삶의 전 과정에서 이런 연관성을 강화한다.

의사, 변호사, 건축가, 예술가, 사랑하는 어머니를 포함해 모든 인간은 문화적 역할과 가치에 부합함으로써 덧없는 생물학적 존재라는 인간 한계를 초월하는 상징적 현실 속에 안착한다. 그리고 이러한 문화적 영향을 받는 자존감은 우리 모두에게 심리적으로 굽히지 않는 용기의 토대가 되어준다.

자존감은 어떻게 불안을 잠재우는가

자존감이 높은 사람은 그렇지 못한 사람에 비해 신체적, 정신적으로 더 건강하다는 사실이 수많은 연구를 통해 밝혀졌다. 자존감이 결여된 사람은 불안을 느끼는 것은 물론이고 신체, 심리, 대인관계와 관련된 많은 문제들을 안고 있다. 자존감이 심리적 안정감의 토대라는 사실에는 이견이 없으나, 자존감과 불안 등 설문 문항이 서로 연관된 경우 인과관계가 어떻게 되는지에 대해서는 확실한 대답이 없다. 과연 낮은 자존감이 불안을 초래할까, 아니면 불안이 낮은 자존감을 초래할까?

1970년대에 사회심리학자들은 자존감이 약해졌을 때 어떤 일이 생기는지 살펴보았다. 몇몇 연구결과는 지능검사 결과에 부정적인 영향을 끼쳤다고 보고했다. 또한 낮아진 자존감은 불안, 방어적 성향, 적대감을 증가시키는 것으로 나타났다. 이는 놀라운 일이 아니다. 그렇다면 반대의 가정 역시 사실일까? 즉 자존감이 높아지면 불안으로부터 자유로울 수 있을까?

이를 알아보기 위해 우리는 '감정이 실린 자극에 대한 반응과 성격 간 관계 연구'라는 실험을 계획했다. 우리는 모든 참여자를 대상으로 설문조사를 실시한 후 몇 주 후 참여자들에게 당신이 응답한 설문지 내용을 토대로 개인맞춤형 심리 분석표를 만들었다고 하면서 그 결과를 건네주었다. 그러나 사실 이 분석표는 응답자의 성격을 매우 긍정적으로 혹은 중립적으로 평가하도록 의도적으로 작성된 것에 불과했다. 예를 들어, 분석표 문구 중에 '당신은 성격상 약점을 지니고 있으나 대부분 이를 상쇄할 수 있다' 또는 '당신이 지닌 열망 중 일부는 다소 비현실적이다' 같은 경우는 중립적인 평가에 해당된다. 또 '당신은 성격상 약점을 갖고 있다고 느낄 수도 있지만 기본적으로 당신의 성격은 강인하다', '당신이 지닌 열망의 대부분은 상당히 현실적이다' 같은 경우는 일시적으로나마 자존감을 높이기 위해 고안된 긍정적인 평가문이다.

우리는 불안의 감정을 끌어내고자 참여자 중 절반에게 〈죽음의 얼굴*Faces of Death*〉이라고 하는 소름끼치는 다큐멘터리의 일부분을 보여주었다. 40개가 넘는 나라에서 상영 금지된 이 작품은 베트남에서 일어난 네이팜탄 폭격, 제2차 세계대전 중 일어난 전투, 부검, 사형수 전기 감전사 등 충격적인 장면을 담고 있다. 나머지 절반의 참여자에게는 자연 경관을 찍은 평온한 동영상을 보여주었다.

그런 다음 참여자 전원에게 불안과 자존감을 측정하는 설문지를 작성하도록 했다. 예상대로, 긍정적인 성격 평가를 받은 참여자가 중성적인 평가를 받은 참여자에 비해 높은 자존감을 나타냈다. 그리고 중성적인 평가를 받은 참여자 중에서 〈죽음의 얼굴〉을 본 집단은 평온한 동영상을 본 집단에 비해 높은 불안감을 나타냈다. 그러나 자존감이 일시적으로 증가한 집단은 죽음을 생생하게 묘사한 장면을 본 후에도 자연 경관을 본 경우와 비교했을 때 높은 수준의 불안을 나타내지 않았다.

만약 자존감이 정말로 불안을 차단한다면 불안에 동반되는 '생리적' 반응 역시 감소시킬까?

그럴듯하게 보이는 하얀 실험복을 입은 마크가 실험에 참여하는 조지에게 "오늘 와주셔서 감사합니다"라고 인사하며 다음과 같이 말한다. "이 연구에서는 기분, 인지 및 신체적 자극과 생리적 반응 사이의 관계를 살펴봅니다. 당신은 곧 인지 및 신체적 자극에 노출될 것이고 우리는 그에 따른 생리적 반응을 측정할 것입니다."

마크는 생리적 각성을 측정하는 생체반응측정기physiograph쪽으로 다가가 작은 전극 두 개를 조지의 손가락에, 그보다 조금 큰 금속판을 손목에 붙였다. 그리고는 조지에게 설문 책자를 주고 이제 녹음된 실험 지시를 듣게 될 것이라고 말한 뒤 실험실에서 나갔다.

녹음된 음성은 이러했다. "저는 심리학과 소속 셸던 솔로몬입니다. 이 연구에서 사용할 인지 자극은 손다이크 단어 구성 검사를 통해 전달될 것입니다. 손다이크 단어 구성 검사는 언어지능을 측정하는 도구로서 믿을 수 있습니다. 최근 데이터에 따르면, 손다이크 검사 점수를 통해 향후 직업 성공을 예측해볼 수 있다고 합니다. 손다이크 검사는 20개의 단어 구성 문제로 설계되어 있습니다. 앞으로 5분 동안 가능한 많은 문제를 풀어 주십시오"

처음 몇 문제는 꽤 쉬웠다. 조지는 "LELB는 BELL이 될 수 있고 FIRTU는 FRUIT이 될 수 있지. BLTAE와 NORGA는 확실히 모르겠지만 KASTE는 분명히 STEAK야"라고 말했다.

5분 후 다시 음성이 흘러나왔다. "멈추십시오. 이제 실험자가 돌아와 두 번째 실험을 준비할 것입니다."

마크가 실험실에 들어와 조지의 답을 채점했다. "조지, 아주 잘하셨네요. 18문제 맞추셨습니다. 지금까지 연구에 참여한 분 중 16문제 이상 맞춘 사람은 없었습니다. 이는 상위 90퍼센트에 들어가는 결과입니다."

"심리학 전공자로서 기본은 했네!" 조지는 실험자가 다음 연구를 진행하기 위해 통제실로 가는 동안 이렇게 말했다.

녹음된 지시문이 다시 흘러나왔다. "이 지시문이 끝나면 당신 앞에 설치된 노란색 전구가 90초간 켜질 것이고 그 시간 동안 우리는 물리적 자극이 없는 상태에서 당신의 생리적 반응을 측정할 겁니다. 90초가 끝나면 당신 앞에 설치된 빨간색 전구가 켜지면서 실험이 이어질 테고 당신 손목에 부착된 금속판을 통해 전기 충격이 가해질 것입니다. 통증이 있을 수 있지만 영구적인 조직 손상은 없습니다."

'영문학을 전공할 걸 그랬나봐. 그랬다면 이딴 연구에 참여하지 않아도 됐을 텐데.' 조지는 불안해지면서 이런 생각이 들었다.

녹음 내용이 이어졌다. "당신은 1과 6 사이의 전기 충격을 받게 될 것입니다. 충격은 무작위로 발생하기 때문에 실험 시간 중 어느 때라도 전달될 수 있습니다. 초기에 전달될 수도 있고 뒤에 전달될 수도 있으며 전체에 걸쳐 동일한 간격으로 전달될 수도 있습니다. 이제부터 90초 대기를 알리는 노란색 전구가 켜집니다."

조지는 노란색 전구가 켜지자 손에 땀이 나기 시작하는 것을 느꼈다. 그는 서명한 동의서의 내용 중 본인이 원하면 언제든지 실험을 그만 둘 수 있고 그만두더라도 여전히 연구에 참여했음을 인정한다는 항목이 떠올랐다. 그는 '견딜 수 있어'라고 생각할 때쯤 빨간색 전구가 들어왔고 90초간 지속됐다.

그에게 이 1분 30초는 영원처럼 느껴졌다. 당시 아무 충격도 받지 않았음에도 불구하고 빨간색 전구가 꺼지고 실험이 끝났다는 안내가 나오자 조지는 안도하는 동시에 조금 놀라기도 했다. 그는 '충격 발생기가 고장났나봐. 아니면 마크가 나 대신 통제실에서 충격을 받았을지도 몰라. 그랬다면 재미있었을 텐데'라고 생각했다.

마크는 조지의 손가락에 부착한 전극을 떼어내면서 그에게 이 연구의 목적은 자존감이 커짐에 따라 위협에 반응하는 생리적 불안 지표가 어떻게 변화하는지 알아보기 위한 것이었다고 말했다. 마크는 "땀은 불안의 정도를 보여주는 생리적 지표 중 하나입니다. 일반적으로 사람은 불안할수록 땀을 더 많이 흘리지요. 손가락에 부착했던 전극은 피부를 통해 미량의 전류가 흐르는 속도를 측정합니다. 땀은 전기 전도 속도를 높이기 때문에 땀을 많이 흘릴수록 피부를 통해 흐르는 전류 속도가 빨라집니다"라고 설명했다.

이해를 위해 우리가 실행한 두 실험에 대해 조금 더 살펴보자. 실험에 참여한 사람 중 절반은 손다이크 단어 구성 검사(연구를 위해 우리가 고안했다) 결과에 대한 피드백을 받지 않았기 때문에 자존감에 전혀 변화가 없었다. 조지를 포함한 나머지 절반은 언어지능 검사에서 탁월한 성적을 받았다는 피드백을 받았다. 조지는 18점을 받았지만 다른 사람들 역시 마찬가지로 평균 점수는 16점에서 18점 사이였다. 18점이 검사에서 가장 높은 성적이었다든가 조지가 상위 90퍼센트에 속했다는 말은 사실이 아니었다. 조지의 자존감을 일시적으로 높이기 위한 장치일 뿐이었다.

두 번째 실험에서 참여자 중 절반은 물리적 자극이 빨간색 전구에서 나오는 광파에서 비롯된다는 설명을 들었다. 조지를 비롯한 나머지 절반은 전기 충격을 받게 되리라고 예측했다. 마크는 이렇게 말했다. “우리가 예상하기로, 유색 전구를 단순히 보는 행위는 불안을 불러오지 않지만, 유색 전구가 켜지면 전기 충격이 오리라고 짐작하는 경우에는 손다이크 단어 구성 검사에서 높은 점수를 받았다는 이야기를 들은 참여자 외에는 모두 상당한 불안을 느끼리라고 봤습니다. 그런데 한 가지 기억할 것은 우리는 실제로 누구에게도 전기 충격을 가하지 않았다는 사실입니다. 이 실험은, 인간은 충격을 예측하는 것만으로도 실제 충격을 받았을 때만큼 위협을 느낀다는 것을 말해 줍니다.”

그렇다면 실험결과는 어땠을까? 실제 결과는 놀라웠다. 단어 구성 검사에 대한 피드백을 받지 않은 참여자들은 (누구나 예상하듯이) 유색 전구를 보리라는 예상을 할 때보다 전기 충격을 받을 거라는 예상을 할 때 더 많은 땀을 흘렸다. 반면, 조지처럼 자존감을 높이는 피드백을 받은 사람은 전기 충격이 예상될 때에도 땀을 적게 흘렸고 단순히 유색 전구를 본 참여자와 비교해봐도 땀을 더 많이 흘리지 않았다.

이는 자존감이 불안과 관련된 생리적 각성을 억제한다는 강력한 증거이다. 자존감은 단순한 정신적 추상 개념이 아니다. 자존감은 우리 신체 깊은 곳에서 느껴진다. 여러 다른 연구결과도 자부심이 죽음에 대한 방어적 반응 역시 감소시킨다는 사실을 말해준다. 1장에서 살펴보았듯이, 죽음을 떠올린 사람은 보통 자기가 속한 문화를 비판하는 사람에게 유독 가혹한 태도를 취한다. 이것은 본인의 세계관을 방어하는 한 가지 방법이다. 그러나 선천적으로 자존감이 높거나 자존감을 북돋우는 환경에서 자란 사람은 자신이 속한 문화에 부정적인 사람을 만나도 적대적으로 대하지 않는다. 자존감은 자신의 신념이나 가치와 충돌하는 사람 및 사상을 접했을 때 보이는 적대적인 반응을 약화시킨다. 따라서 자존감이 높은 사람은 자존감이 낮은 사람이라면 기분이 팍 상했을 상황에서 훨씬 더 침착하게 대응한다.

나아가 자존감이 떨어지면 죽음과 관련된 생각이 더 쉽게 떠오른다. 기독교 근본주의자들은 진화론을 뒷받침하는 강력한 증거와 대면했을 때 자신을 떠받치던 종교적 자존감이 흔들리면서 죽음 관련 단어를 더 많이 생성해냈다. 캐나다인들 또한 누군가가 모국을 비하했을 때 자존감에 상처를 입었고 죽음 관련 단어를 더 많이 만들어냈다. 따라서 누군가의 자존감을 위협하는 행위는 그 사람이 죽음 관련 단어를 떠올리도록 부추기는 것과 같다.

또 다른 연구에서는 최악의 자기 모습을 묘사해달라는 요청을 받은 사람은 최고의 자기 모습을 묘사해달라는 요청을 받은 사람에 비해 죽음 관련 단어를 더 많이 만들었다. 가상 지능 검사에서 낮은 점수를 받은 사람과 직업 목표가 비현실적이라는 말을 들은 사람 또한 죽음 관련 단어를 더 많이 떠올렸다. 이런 연구들을 종합해보면, 자존감은 뿌리 깊은 육체적 및 실존적 공포로부터 우리 자신을 보호한다는 사실을 알 수 있다.

죽음과 자존감 분투

상원의원 에드워드(테드) 케네디는 형들만큼 뛰어나지 않았다. 그는 사형제 중 가장 장래성이 없었다. 형들은 모두 영웅과 희생자로 이름을 남기고 눈을 감았다. 해군 조종사였던 조지프 케네디 주니어는 1944년 8월 12일 스물아홉의 나이로 유럽 상공에서 전사했다. 테드의 멘토이자 미국 대통령이었던 존은 1963년 11월 22일 마흔여섯의 나이로 댈러스에서 암살됐다. 그리고 민주당 대통령 선거 후보 당내 경선에 출마한 로버트는 1968년 6월 6일 마흔둘의 나이로 로스앤젤레스에서 암살됐다.

로버트가 사망한 지 일 년이 흐른 1969년 7월 19일 테드는 운전을 하다가 실수로 다리에서 떨어져 매사추세츠 주 차파퀴딕 섬 아래

> (왼쪽부터) 로버트 케네디, 테드 케네디, 존 F. 케네디

대양 운하로 떨어졌다. 함께 타고 있던 메리 조 코페크니Mary Jo Kopechne는 익사했고 테드 케네디는 사고 현장을 떠난 책임을 추궁받으면서 이미지가 실추됐다.

그후 1979년 테드 케네디는 민주당 소속 현직 대통령 지미 카터에 맞서 민주당 대통령 후보로 당내 경선에 나가기로 결심했다. 그는 앞서 죽은 형들이 완수하지 못한 일을 자신이 맡을 준비가 됐다고 느꼈다. 그러나 1969년 발생한 차파퀴딕 스캔들이 그의 발목을 잡았고 결국 당내 경선에서 패하고 말았다.

쉰 살을 눈앞에 둔 테드 케네디는 자신이 처한 상황의 열세에도 불구하고 사회 소외층의 입장을 옹호하며 자기가 해야 할 역할을 충실히 해나가기 시작했다. 그는 '상원의 사자lion of the Senate'로 불리며 가난한 사람, 보험이 없는 사람, 노인, 장애인, 어린이, 이민자, 난민을 비롯하여 미국 사회에서 '불가촉천민'으로 취급 받는 이들을 위해 지칠 줄 모르고 싸웠다. 그는 생애 마지막 순간까지 사회적 약자들을 위해 외치고 싸웠으며 이렇게 하는 과정에서 형들보다 더 많은 업적을 일구었다.

2008년 5월 테드 케네디는 악성 뇌종양 판정을 받았다. 그때부터 2009년 사망할 때까지 그는 의료서비스 개혁에 헌신했다. 그는 2008년 민주당 전당대회에서 "역사를 위해 의료서비스를 바로 잡아야 합니다"라고 주장하면서 "이것은 제 일생의 목표입니다"라고 말했다. 상원의원으로서 케네디는 생애 마지막 15개월 동안 모든 미국인이 적정 비용의 의료서비스를 받을 수 있도록 의회를 설득하는 일에 총력을 기울였다.

테드 케네디는 인간의 삶에서 중요한 원칙이 무엇인지를 잘 보여준다. 우리는 의미를 알기 위해 노력하면서 죽을 운명과 싸운다. 한 연구결과는 우리가 죽을 운명임에도 더 높은 자존감을 얻기 위해 분투한다는 사실을 말해준다. 운전 실력과 자존감의 상관관계가 깊은 이스라엘 군인의 경우 자신의 죽음을 생각한 뒤에는 더 빠르게 차를 모는 것으로 시뮬레이션 실험결과 나타났다. 또 다른 연구는 자존감의 근거를 체력에서 찾는 사람의 경우 죽음을 생각하고서 악수할 때 더 강하게 손을 잡는 경향이 있으며, 자존감의 근거를 신체적 건강에서 찾는 사람의 경우 운동에 대한 의지가 더 강해졌다고 보고

한다. 또한 자존감의 근거를 아름다움에서 찾는 사람은 외모에 관한 관심이 커졌다.

물론 사람들이 체육관에서 운동을 할 때나 거울 앞에서 머리를 손질할 때 자기가 지금 자신만의 가치를 추구하고 있다고 생각하지는 않는다. 그저 운동 기구나 헤어스타일에 집중할 뿐이다. 그러나 자존감 추구의 욕구는 공포에 대항하는 보호막을 지키라고 충고하면서 의식의 표면 아래에서 끊임없이 작동하고 있다.

박쥐, 지렁이와 마찬가지로 인간 또한 육체적 죽음과 직면할 때 죽을힘을 다해 싸운다. 그러나 인간이 이들과 다른 점이 있다. 인간은 죽을 운명임이 아주 살짝만 암시돼도 자신이 살았던 흔적을 세상에 남기기 위해 고군분투한다는 사실이다. 우리는 어떤 식으로든 자신의 가치를 증명하기 위해 싸운다. 상사의 인정, 친구의 칭찬, 타인이 건네는 목례조차도 자존감을 높이는 수단이 될 수 있다. 반면, 반감이나 비판, 무시는 우리를 불안의 쳇바퀴로 밀어버릴 수 있다. 시인 딜런 토마스Dylan Thomas는 자기 가치를 증명하기 위한 부단한 노력을 "꺼져가는 빛에 분노"하는 방법 중 하나라고 표현했다.

낮은 자존감이 주는 괴로움

어니스트 베커는 "자존감이 인간을 움직이는 지배적인 동기라는 사실이 미심쩍다면 이를 불식시킬 한 가지 확실한 방법이 있다. 사람이 자존감을 느끼지 못할 때 얼마나 무기력해지고 망가지는지를 보여주는 것이다"라고 말했다. 자존감을 찾고 유지하기가 어려운 이유는 무엇일까? 그리고 자존감이 결핍되면 무슨 일이 생길까?

자존감이 무너지는 이유는 크게 두 가지이다. 우선, 본인이 속한 문화적 세계관을 더는 신뢰할 수 없을 때 자존감은 무너진다. 문화에 대한 환멸을 부르는 원인은 다양하다. 경제적 동요, 기술·과학 혁신, 환경 재해, 전쟁, 전염병, 다른 문화로부터의 침략 등을 들 수 있다. 예를 들어, 알래스카에 유럽인이 오기 전까지 유피크 족은 오랜 관습, 전통, 영적 믿음을 따르는 문화에 익숙해 있었다. 부족과 개인들의 행동은 그들이 유우야라크(Yuuyaraq, 인간이 되는 길)라고 부르는 관례에 따라 규정되며, 이는 부족의 일원이 어떤 상황에서 어떻게 행동해야 할지를 말해주었다. 유럽인이 총, 균, 쇠를 들고 나타나 유피크 족을 학살하고 기독교 세계관을 강요했을 때 원주민들은 정체성을 잃었다. 치료 주술사들은 병들어 죽었고 대대로 내려온 에스키모 정신과 유우야라크 관례도 그들과 함께 사라졌다. 유피크 족이 믿어왔던 모든 것이 소멸했고 그들의 세계 전체가 무너졌다.

이러한 참사는 토착 문화가 식민지 지배를 받게 되는 어느 곳에서든 발생한다. 강제적 침략 외에도 문화적 신념 체계를 무너뜨릴 수 있는 상황은 많다. 초강대국 미국조차도 경제적 불확실성, 교회 및 스포츠 스캔들, 정치적 양극화가 심화되면 이러한 붕괴를 겪을 수 있다. 2015년 현재 미국인 10명 가운데 7명은 미국이 잘못된 방향으로 가고 있다고 생각한다. 또 10명 가운데 8명은 국가의 통치

방식에 동의하지 않는다. 독실한 기독교 국가인 미국에서조차 교회에 출석하는 신도의 수는 꾸준히 감소하고 있다. 공립학교, 특히 도시 지역 공립학교는 엉망진창이다. 웨스턴 뉴잉글랜드 대학의 사회학과 교수 로라 핸슨Laura Hansen은 〈애틀랜틱*The Atlantic*〉지 기자들에게 이렇게 말했다. "우리는 숭배할 대상을 잃었습니다. 우리는 언론에 대한 신뢰를 잃었습니다. 우리 문화에 대한 믿음도 잃었습니다. 우리에게 영감을 줄 영화배우도 찾을 수 없습니다. 영화배우에 관해 너무 많이 알고 있기 때문이죠. 정치 또한 마찬가지입니다. 우리는 모든 것에서 기본적인 신뢰와 확신을 잃었습니다."

핵심 믿음core belief에 대한 신뢰를 잃을 때 우리는 말 그대로 '환상에서 깨어난다.' 현실적으로 작동하는 청사진이 없기 때문이다. 핵심 믿음이란 한 사람이 살아오면서 경험하고 확인하고 긍정해온 믿음이나 신념 등을 말한다. 따라서 핵심 믿음이 없으면 어떤 행동이 바람직한지 판단할 수 없으며 자존감을 어떻게 가질 수 있는지도 알 수 없다.

설령 문화적 사물 체계에 대한 믿음이 온전하다고 하더라도 개인 스스로 그 체계 안에서 가치 있는 일원이라고 느끼지 못하면 별 소용이 없다. 자존감이 무너지는 두 번째 이유는 타고난 사회적 지위나 자신의 결점, 비현실적인 문화적 기대에 따른 자격 미달에서 비롯된다. 대표적인 예로, 인도의 카스트 제도를 들 수 있다. 최소 1500년 전에 비롯된 힌두교 믿음에 따르면, '가촉可觸' 카스트는 원시 인간의 특정 신체 부위에서 출현했다고 한다. 성직자와 교육자 계급인

브라만은 입에서 나왔고, 통치자 및 군인 계급인 크샤트리아는 팔에서 나왔다. 상인 계급을 일컫는 바이샤는 허벅지에서 나왔고, 노예 계급인 수드라는 발에서 나왔다. 아츄타Achuta, 즉 '불가촉천민'은 원시 인간에게 거부당한 계급으로서 더럽고 불순하다고 여겨져 피, 배설물, 동물 사체, 쓰레기 등의 '불순'한 것을 몸으로 직접 다루는 일을 맡아야 했다.

불가촉천민은 상위 계층의 카스트에 속한 사람과 자신의 그림자만 닿아도 매를 맞았다. 그들은 땅을 더럽히지 않기 위해 침을 뱉을 통을 소지해야 했고 자신이 접근하고 있음을 알리는 종을 달고 다녔다. 현재 불가촉천민에 대한 차별은 법적으로 금지됐으나 그들에 대한 편견과 냉대는 여전하다. 2003년 지르다리랄 마우리아Girdharilal Maurya가 마을 우물을 사용할 수 있는 법적 권리를 행사하려고 했을 때 그의 농장은 약탈당했고 집은 잿더미가 됐으며 아내와 딸은 두들겨 맞았다. 마우리아는 "사람들은 우리보다 동물에게 더 상냥하게 대합니다. 이것은 정상이 아닙니다. … 왜 신들은 나를 이런 나라에 태어나게 했나요?"라고 말했다.

지배층에서 부정적으로 생각하는 사회적 역할을 맡고 있을 때는 누구라도 자존감을 갖기 어렵다. 불가촉천민은 이를 단적으로 보여주는 사례겠지만 미국에만도 낙인찍힌 집단은 수없이 많다. 백인 미국인은 아직도 아프리카계 미국인이 범죄를 저지르고 게으르다고 생각한다. 많은 남자들이 지금도 여성을 지나치게 감정적인 성적 대상으로 인식한다. 공화당을 지지하는 주와 민주당을 지지하는 주에 사는 사람들은 서로를 폄하한다. 모든 문화에는 정해진 열등 계급이 전적으로 맡는 사회적 역할이 존재하는 듯하다. 만약 차별을 받아도 무방한 집단이 있다면 사회적 지위가 높은 사람들이야 심리적 행복감을 얻겠지만, 당연히 차별 받는 입장에서는 스스로에게 만족감을 느끼기가 힘들 것이다.

덧붙여, 한 문화의 가치 기준이 너무 높아서 일반 시민이 도저히 따라갈 수 없을 때에도 자존감은 현격히 무너진다. 현대 미국 사회에서 그다지 좋은 대접을 받지 못하는 직업들을 생각해 보라. 만약 당신이 미국의 슈퍼마켓 체인업체 세이프웨이에서 일하는 제빵사라면 자신이 푸드 네트워크(음식 전문 텔레비전 채널-옮긴이)에 출연하는 유명 디저트 요리사와는 처지가 다르다는 사실을 잘 알 것이다. 전국에는 당신과 똑같은 유니폼을 입고 똑같은 요리법을 사용하는 수많은 세이프웨이 제빵사가 있기 때문에 특별한 대접을 받지는 못할 것이다. 그러나 만일 당신이 17세기 유럽의 제빵사였다면 일용할 양식을 만드는 기술을 보유했다는 이유로 사람들로부터 감사의 인사를 받았을 것이다. 당신이 달콤한 향을 풍기는 식빵이나 맛있는 버터롤을 특별히 잘 만든다면 마을 최고 제빵사라는 명성이 주변 마을에까지 퍼질 것이고 당신은 자연스레 주인의식과 자부심을 갖게 될 것이다. 그러나 오늘날 세이프웨이에서 일하는 평범한 제빵사가 장인정신이나 창조성을 발휘할 여지는 별로 없다. 고객들은 그들의 케이크 장식 솜씨에 그다지 감탄하지 않는다. 고객들은 전문 제빵사를 허드레꾼처럼 대한다. 급여 역시 높지 않다.

특히나 미국 사회는 보통 사람들이 도달할 수 없는 자질과 성취에 큰 가치를 부여한다. 일례로, 상업주의가 숭상하는 부富 또한 그렇다. 대개 가난은 굴욕감으로 연결되며 수많은 사람들에게 불안감을 안겨주기 마련이다.

1990년대 당시 아메리칸 익스프레스 카드가 텔레비전 광고를 통해 전달하려는 메시지를 한번 살펴보자. 광고에는 딸의 학예회를 보기 위해 항공권을 예약한 부유한 사업가가 주인공으로 등장한다. 우천으로 항공편이 취소되자 주인공은 유유히 아메리칸 익스프레스 카드로 다른 항공편의 일등석을 예약한다. 다른 탑승객들이 체념한 상태로 공항에 발이 묶인 상황과는 대조적이다. 다음 장면에서 부유한 사업가는 목적지 공항에서 대기하고 있는 리무진에 올라타 학예회 시작 전 학교에 도착한다. 광고는 "멤버십에는 특권이 있습니다"라는 말로 끝을 맺는다. 메시지는 단순하다. '가고 싶은 곳 어디든 데려다주는 고급 운송 수단을 구입하기에 충분한 돈이 있다면 당신은 특별한 사람이 될 수 있다. 그리고 이를 달성하려면 반드시 아메리칸 익스프레스 카드를 가져야 한다.'

1949년 극작가 아서 밀러는 이러한 문화의 슬픈 이면을 희곡《세일즈맨의 죽음》에서 보여주었다. 이 희곡에 등장하는 주인공 윌리 로먼은 성공한 외판원이 되기 위해 평생 노력해 왔다. 그러나 나이가 들고 질병에 시달리면서 그의 정체성은 사라지기 시작한다. 윌리를 고용했던 사장의 뒤를 이어 대표 자리에 앉은 2세 아들은 그에게 해고를 통보한다. 윌리는 한때 훌륭한 운동선수가 되길 기대했던 아들 비프에게 희망을 걸어보지만 비프 역시 실패한다. 자존감을 회복하기 위해 필사적이었던 윌리는 자기가 자살을 하면 본인의 가치와 자기 가족의 순자산이 증가하고 비프에게 생명보험금 2만 달러가 떨어질 거라고 생각한다.

윌리는 "2만 달러가 비프의 주머니에 들어 있다면 얼마나 대단할지 상상이 가는가?"라고 행복하게 상상한다. 결국 그는 스스로 초래한 자동차 사고로 비극적인 결말을 맞는다.

아직도 미국 여성에게 싱싱한 아름다움은 자존감을 좌우하는 주된 요인이다. 특히 젊은 여성은 바비인형이나 뮤직 비디오, 잡지에 등장하는 마르고 가슴 풍만한 여성과 자신을 비교한다. 최근 '미디어와 자기 개념'에 관한 한 연구에서 어떤 여고생은 이렇게 말했다. "그들은 정말 아름답고 다 가졌어요. 몸매가 끝내주고 완벽한 머리, 완벽한 남자친구, 완벽한 삶을 가진데다가 부유하기까지 해요. 다 가졌죠." 실제로 여성 모델들은 일반 여성에 비해 체중이 약 23퍼센트 적게 나가며, 연령과 신장을 고려한 건강 체중과 비교했을 때는 20퍼센트 적게 나간다. 이들을 모델로 쓴 사진의 경우 흔히 눈을 키우고 귀를 줄이고 헤어라인을 다듬고 치아를 교정하거나 미백효과를 주며 목, 허리, 다리길이를 수정함으로써 비인간적인 비율로 그려진다. 이러한 불가능한 기준이 표준이 되면 대부분의 여성은 기준에 미치지 못하고 결국 스스로를 폄하하기 시작한다.

모델처럼 날씬한 여성은 극히 드물다. 젊음을 영원히 유지할 수 있는 사람은 아무도 없다. 도널드 트럼프나 빌 게이츠처럼 엄청난 자산을 가진 남자도 극히 드물다. 또한 극소수의 남성, 여성, 어린이가 유명한 작가, 영화배우, 음악가, 운동선수가 될 뿐이다. 그러니 가치 기준이 지극히 비현실적인 미국에서 자존감이 위태로운 사람이 많다는 건 당연하다. 미국인 10명 가운데 1명이 우울증 진단을 받을 정도이며 수많은 사람이 불안, 섭식장애, 약물 남용으로 고통을 겪고 있다. 이러한 현상은 자존감을 세우는 데 터무니없이 높은 기준을 들이대는 우리 문화에 일정 부분 책임이 있다.

자존감은 내면 가장 깊숙한 곳에 있는 어떤 공포로부터 우리를 지켜준다. 인간은 이런 자존감을 얻기 위해서라면 무엇이든 한다. 사실 자존감 추구는 우리가 원하는 거의 모든 것의 이면에 존재하는 원동력이다. 윌리엄 제임스는 이를 다음과 같이 설명한다.

> 남성의 자아는 자신의 육체와 심리적 힘을 비롯해 의복, 집, 아내, 자녀, 조상, 친구, 평판, 업적, 토지, 말, 요트, 은행계좌에 이르기까지 '내 것'이라고 부를 수 있는 모든 대상의 총계이다. 이 모든 것이 그에게 동일한 감정을 불러일으킨다. 이들이 많아지고 번성하면 그는 승리감을 느낀다. 이들이 줄고 사라지면 그는 낙담한다.

유감스럽게도 세상일은 우리 뜻대로만 흘러가지 않는다. 우리 모두는 긍정적인 자아상에 흠집을 내는 실패, 비판, 거부, 낭패를 경험한다. 그럴 때 우리는 스스로에게 소소한 선의의 거짓말을 함으로써 이러한 부정적인 사건이 몰고 올 불안으로부터 자기 존엄성을 지킨다. 이를테면, '내가 시험에서 낮은 점수를 받은 이유는 교수님이 사악하게 기만적인 문제를 냈기 때문이야', '내가 데이트 신청을 거절당한 이유는 그 애가 천박한 취향을 가졌기 때문이지'라고 생각하는 것이다. 나아가 우리는 우리가 가질 수 없는 대상은 사실 그렇게 원하지도 않았고, 연봉이 높은 일자리는 우리에게 자신의 원칙을 굽히도록 요구했을 것이고, 그 상을 받았다면 지루한 시상식 연회를 끝까지 보면서 줄줄이 이어지는 잘난 척하는 연설을 참았어야 했다고 자위한다.

때로 자존감 욕구는 성공 욕구를 능가한다. 우리는 실패로 자존감이 상처 입을 경우를 대비해 실패에 대한 변명거리를 미리 준비해놓기도 한다. '오늘 아침에 한 프레젠테이션은 당연히 망했지. 어제 밤새도록 친구들이랑 놀았거든.' '그 시험에서 D학점을 받은 건 당연해. 수업은 반이나 빼먹었고 독서 과제는 할 생각도 안했으니까.' 자존감이 위협 받는 상황을 피하고자 성공을 포기하는 셈이다.

대부분의 사람들은 좀 더 신중하게 자기 기만을 이용한다. 그들은 당장에는 자신의 결점으로 인한 사태에 변명을 늘어놓지만 나중에는 한 걸음 물러나 상황을 조정하고자 한다. 인생을 헤쳐 나가려면 자기 연민과 솔직한 객관성 사이에서 정교한 균형을 잡아야 한다.

그러나 안정적 애착을 경험하지 못한 사람에게 이러한 균형 잡기는 요원한 일이다. 자녀와 거리를 두거나 반응이 없거나 요구가 과도하게 많은 부모는 자녀의 자존감 형성에 장벽을 만들어 평생 무력하게 만들 수 있다. 내부인과 승리자를 우대하는 문화에서 외부인 혹은 패배자로 간주되면 학교나 직장에서 적응하기 힘들게 된다. 그리고 이로 인해 실직 또는 인간관계의 상실 같은 비극을 경험할 경우 자기 개념조차 흔들릴 수 있다.

낮은 자존감이 치르는 비용

낮은 자존감이 문제되는 경우는 허약한 신체, 우울, 분노, 적대감, 자살 생각, 정신병, 알코올 및 약물 남용, 청소년 흡연, 위험한 성적 행위, 자살 시도, 섭식 장애, 자해, 상습 도박, 충동구매, 사기에 이르기까지 셀 수 없이 많다. 자존감이 손상된 경위나 이유와 상관없이 그 결과는 동일하다. 자존감이 낮은 사람은 큰 불안에 시달리며 이 수위를 낮추기 위해 갖은 애를 쓴다.

어떤 사람은 완전히 새로운 세계관을 받아들임으로써 의미와 자존감 상실을 상쇄한다. 마이클 존은 복음주의 기독교인이 됨으로써 완전히 새로운 정체성을 찾았다. 유대인 가정에서 자란 마이클은 고등학교 시절 머리를 길렀고 캘리포니아 주 험볼트 카운티로 이사를 갔다. 그는 마리화나를 대량으로 재배하다가 마약 혐의로 투옥됐으며 감옥에서 성서와 예수를 발견하면서 말 그대로 '다시 태어났다.' 출소 후 마이클은 오하이오에 있는 기독교 공동체에 합류했고 그곳에 계속 머무르면서 안정감을 느끼고 있다. “나는 지금 주님의 사랑 안에서 매우 만족합니다”라고 그는 말한다. 마이클을 포함해 다수의 사람들이 개종 후 삶에서 더 큰 의미를 발견했고 자존감이 높아졌으며 죽음을 덜 두려워하게 됐다고 말한다.

또 어떤 사람은 반항적인 태도를 취함으로써 낮은 자존감에 대처하기도 한다. 이런 사람은 대개 폭력단, 사이비 종교 집단, 과격파 집단에서 위안을 구한다. 그들은 주류에서 떨어져나와 추방자를 자처한다. 그러나 자세히 들여다보면, 반체제 집단 및 사이비 종교 집단은 자체적으로 정교한 신념 및 가치 체계를 갖고 있는 경우가 많다. 그들은 ‘주류’를 초월하지 않을 정도의 일정 수위를 유지하면서 ‘정통한’ 사람들이 그들의 진실을 알아볼 수 있을 정도의 공감대를 형성한다. 그들은 부패했거나 부당하거나 속박하는 체계를 거부한 데서 오는 남다른 고결함을 소중히 생각한다. 이들 집단의 이러한 성향은 대개 무해하고 때로 사회 변동에 긍정적으로 작용하기도 하지만 예상치 못한 엄청난 피해를 낳기도 한다. 블러즈(Bloods, 1972년에 로스앤젤레스에서 생겨난 범죄 조직-옮긴이), 크립스(Crips, 1969년 로스앤젤레스에서 생겨난 범죄 조직으로 블러즈와 경쟁 관계에 있다-옮긴이), 인민 사원(People's Temple, 짐 존스가 교주였던 사이비 종교 집단-옮긴이), 천국의 문(Heaven's Gate, 마셜 애플화이트가 교주였던 사이비 종교 집단-옮긴이), 오움진리교(1984년 아사하라 쇼코가 창설한 일본의 신흥 종교 단체-옮긴이)를 떠올려 보라.

한국에서 태어나 오랫동안 정신 건강 문제를 앓고 사회적으로 고립된 이력을 지녔던 조승희는 손상된 자존감을 잘못 다루었을 때 어떤 문제가 발생하는지 단적으로 보여주었다. 버지니아 주에 살았던 조승희는 중고등학교 시절 자주 따돌림과 놀림을 받았다. 영어 수업 시간에 책읽기를 시키면 조승희는 한국어 억양으로 주저하며 책을 읽었다. 한 동급생은 "그가 책을 읽기 시작하면 반 전체가 웃고 손가락질하면서 '중국으로 돌아가'라고 말했죠"라고 회상했다.

2007년 4월 16일 아침, 조승희는 재학중인 버지니아 공과대학 기숙사로 들어갔다. 그는 스토킹 대상이었던 것으로 추정되는 에밀리 힐스처와 힐스처를 도우려고 했던 기숙사 사감 라이언 클라크를 죽였다. 그리고는 자기 방으로 돌아가 자기 생각을 담은 일련의 동영상과 서면 기록, 총과 탄약을 추가로 챙겼다. 그는 버지니아 공대에서 나와 근처 우체국에서 동영상과 서면 기록을 NBC 뉴스로 보낸 뒤 학교로 돌아와 공대 건물로 들어간 다음 교실 안에 있던 교수와 학생 30명을 총으로 살해하고 자신도 총으로 자살했다.

> 누군가가 얼굴에 침을 뱉고 목구멍에 쓰레기를 밀어 넣는 기분이 어떤지 아는가? … 모욕 받는 기분이 어떤지 아는가? 너는 원하는 모든 것을 가졌다. 벤츠로는 충분하지 않았지, 이 새끼들아. 금목걸이로는 충분하지 않았지, 이 속물들아. 신탁자금으로는 충분하지 않았지. 보드카와 코냑으로는 충분하지 않았지. … 넌 다 가졌잖아.

방송을 통해 자기 생각을 모든 사람에게 알리려던 조승희의 노력은 그의 인정 욕구를 대변한다. 하지만 그는 그 이상을 원했다. 자기 자신을 예수와 비교하거나 순교자로 포장함으로써 자존감은 물론 영원한 명성(뒤에서 다시 논의할 것이다)을 얻고 싶어 했다. 또한 그는 역사상 가장 많은 희생자를 낸 교내 총기 난사 사건의 범인으로 영원히 기억되길 바랐다.

자존감이 낮은 사람들 대부분이 대량 살인범이 되지는 않지만, 연구에 따르면 낮은 자존감은 비행 및 폭력적인 반사회적 행동과 연관이 있다. 뉴질랜드 청소년 다수를 대상으로 실시한 한 대규모 연구 결과는 11세 때 낮은 자존감을 보인 아이는 13세 때 반항, 거짓말, 학교 폭력, 싸움을 일으킬 가능성이 높다는 사실을 보여주었다.

참된 자존감과 거짓 자존감

자존감이 높다고 해서 반드시 인생에서 성공하거나 위대한 업적을 이룰 수 있는 것은 아니다. 타고난 능력, 우수한 교육, 높은 수준의 동기부여와 헌신, 꾸준한 노력이 어우러져야 가능한 일이다. 하지만 어떤 삶을 살든 자존감은 심리적 안정감에 필요한 핵심 요소임은 분명하다. 앞에서 살펴봤듯이, 자존감은 불안을 가라앉히고 죽음을 떠올릴 때 나타나는 방어적 반응을 약화시키며 회복력을 높이고 신체적, 심리적 행복과 건강한 인간관계 형성을 촉진한다.

참되고 확고한 자존감을 지닌 사람들은 어떻게 행동할까? 우선, 그들은 한결같다. 그들은 오랜 시간에 걸쳐 높은 자존감을 유지한다. 어느 날은 높은 자존감을 보이다가 다음날은 낮은 자존감을 나타내는 일이 그들에게는 없다. 일반적으로 긍정적인 자기관은 쉽게 흔들리지 않고 하루하루 심하게 동요하지 않는다. 자존감이 높은 사람은 변화를 있는 그대로 받아들이며 자신을 남과 비교하느라 시간을 허비하지 않는다. 이들을 만나보면 감정적으로 차분하고 충족감을 느끼고 있으며, 자신감이 넘치면서 겸손하고 타인 혹은 대의를 위한 일에 적극적으로 참여하는 경우가 많다.

첼리스트 요요마Yo-Yo Ma는 참된 자존감을 지닌 사람의 전형을 보여준다. 그는 존경과 사랑을 받고 있지만 결코 자아도취에 빠지진 않는다. 그는 스스로를 음악 또는 첼로 같은 악기가 통과하는 '그릇' 쯤으로 여기는 듯하다. 그는 행복한 웨이터인냥 "저는 일이 있어서 기쁩니다. 어딘가에서 저를 원하고 필요로 한다는 사실에 매일 감사함을 느낍니다"라고 말한다.

참된 자존감을 가진 사람은 유명을 떨치기 위해 또는 주목 받기 위해 굳이 애쓰지 않기 때문에 사람들 눈에 띄지 않을 수도 있지만, 그들을 자세히 잘 관찰하면 그들이 크고 단단한 참나무나 삼나무를 닮았다는 사실을 알게 된다. 그들은 땅에 단단히 뿌리를 내리고 바람에 따라 몸을 구부린다. 그들은 정직하게 사랑하고 자신을 놀림감 삼으며 순간을 즐긴다. 또한 자기가 많은 실수를 저질러 왔고 결점이 있다는 것을 알지만 이를 곱씹지 않는다. 그들은 실수를 배울 수

> 첼리스트 요요마

있는 기회로 받아들일 정도로 충분한 자기 연민도 갖고 있다. 비행기를 놓쳤을 때 그들은 다른 사람을 탓하지 않고 조용히 다른 표를 구매하고는 다음 비행기를 기다린다. 대화할 때는 자신에 관한 이야기보다 상대방의 이야기에 더 많은 관심을 기울인다.

이들과는 달리 어떤 사람은 어린 시절에 안정적인 자존감을 형성하지 못한 채 실존적 공포에 대응하고자 과도한 자랑을 일삼고 극단적이고 방어적인 왜곡에 의존한다. 이는 일시적으로는 안정감을 제공하긴 하나 아주 사소한 문제만 만나도 깨어지기 쉬운 자아상을 만들 뿐이다.

과장되고 비현실적인 자기 개념을 가리켜 일반적으로 '자아도취narcissism'라고 한다. 프로이트는 그리스 신화에 나오는 나르키소스의 이름을 따서 이 용어를 만들었다. 나르키소스는 대단한 미남으로 모두가 그를 사랑하고 갈망했지만 그는 너무 오만해서 타인을 사랑하지 않았다. 어느 날 나르키소스는 맑은 연못에 다가가 무릎을 꿇고 물을 마시다가 수면에 비친 자기 모습을 보게 되었다. 그 순간 그는 자기 모습과 사랑에 빠졌다. 그때까지 그는 어딘가에 비친 자기 모습을 한 번도 본 적이 없었다. 그러나 그는 자기 사랑은 결코 보답을 받지 못할 것이라는 사실을 깨달았고 결국 연못에 비친 자기 모습 옆에 꼼짝 않고 붙어 있다가 굶어 죽었다.

그렇다면 높고 단단한 자존감을 지닌 사람과 자기애성 성격 장애를 지닌 사람을 구분하는 기준은 무엇일까? 심리학자들이 자존감 측정 도구로 가장 높이 평가하고 널리 사용하는 로젠버그 자존감 척도Rosenberg Self-esteem Scale에는 '나는 나 자신이 가치 있는 사람 또는 적어도 다른 사람과 대등한 입장에 있다고 느낀다', '나는 내가 좋은 자질을 많이 갖고 있다고 생각한다', '나는 전반적으로 나 자신에게 만족한다'와 같은 문장이 나온다. 이런 진술에 더 많이 동의할수록 자존감이 높다는 증거이다.

그렇다고 자존감이 높은 사람들이 타인에 비해 우월감을 더 많이 드러내거나 칭찬받고 싶은 욕구를 더 많이 표출하지는 않는다. 이는 자아도취의 성향이다. 그래서 자기애성 성격 검사에는 '나는 정말로 사람들의 관심을 받고 싶다', '내게는 기회만 있으면 과시하려는 경향이 있다', '나는 받아야 하는 존중은 반드시 요구한다', '나는 마음만 먹으면 누군가가 무엇을 믿도록 만들 수 있다', '나는 사람들을 좌우하는 권위를 갖고 싶다'와 같은 진술이 들어 있다. 이러한 진술에 더 많이 동의할수록 자기도취가 강하다는 증거이다. 자기애성 성격 검사에서 높은 점수를 기록하는 사람들은 '완벽한', '영예로운', '천재'와 같은 단어가 자신을 정확하게 묘사한다고 생각하는 경향이 있다.

자신을 높게 평가하는 나르시스트(=자아도취자)의 내면을 실제 들여다보면, 그들의 자존감은 심하게 동요하며 '나', '나 자신'과 같은 단어를 '증오', '사악', '쓰레기' 같은 단어와 연결시키는 등 뜻밖의 풍경이 보인다. 이런 단어들은 심리학자들이 '내재' 혹은 무의식적 자존감의 척도로 사용하는 것이다. 그에 반해, 참된 자존감을 지닌 사람은 의식적, 무의식적 자존감 척도 모두에서 높은 점수를 기록한다. 따라서 자아도취자는 의식적으로는 스스로가 '자기 자신의 마음속 전설'이지만 심리적, 무의식 기반 깊은 곳에서는 자기 자신을 좋아하지 않는다. 그들의 이면에는 뿌리 깊은 자기 회의와 무력감이 숨어 있다.

자아도취자는 비현실적으로 격앙된 당당함과 낮은 수준의 자존감을 보이기 때문에 자기관自己觀이 위협받을 때 폭력성 및 공격성을 나타내기 쉽다. 자기관이 위협받는 상황에 대처하려면 자기 가치에서 비롯된 일련의 자원이 필요한데, 이런 자원이 부족한 그들은 상처 입은 자존심을 회복하기 위해 타인을 몰아세운다. 연구에 따르면, 심한 자아도취에 자존감이 낮은 사람은 자기를 모욕한다고 느끼는 사람을 특히 공격적으로 대한다. 또 다른 연구는, 자아도취적 자존감

> 존 윌리엄 워터하우스의 〈에코와 나르키소스〉

은 왕따를 비롯한 여러 형태의 반사회적 행동과 관련이 있음을 보여준다.

또한 자아도취자는 지나치게 경쟁적이고, 같은 분야에서 성공한 다른 사람들을 몹시 싫어하며 누군가가 어떤 점에서 확실히 우월한 경우 당혹감을 느낀다. 그리고 그들은 부풀린 자아상을 위협하는 상황을 회피함으로써 비현실적인 자아상에 필사적으로 매달린다. 예를 들어, 자신이 위대한 달리기 선수라고 믿는 자아도취자는 가볍게 조깅을 하는 이웃 사람들과 매일 달리기를 할지도 모른다. 그는 자기가 이웃 사람들보다 빨리 달릴 수 있다는 사실을 확실히 인식시키고 그들에게서 감탄을 자아내기 위해서라면 무슨 일이든 열심히 할 것이다. 하지만 올림픽에 나갈 선수들이 트랙을 돌 때면 어디에서도 그를 볼 수 없을 것이다. 더 재능 있는 경쟁자를 마주하면 자신의 기량이 돋보이지 않을 테고, 그렇게 되면 이웃 사람들로부터의 찬사를 더는 들을 수 없기 때문이다.

반면, 안정적인 자존감을 가진 달리기 선수는 자기가 성취한 바를 자랑스러워 하지만 승리보다는 자기 발전에 더 관심이 있다. 그는 올림픽 선수들과 기꺼이 함께 달리고자 할 것이다. 이러한 경험을 통해 그는 영감을 얻고 선수들로부터 배우며 자기 기량을 정확하게 가늠할 것이다.

음식이 맛있어요

죽음이 불가피하다는 사실을 알 만큼 자의식이 강한 인간이라는 동물은 말 그대로 빵만으로는 살 수 없다. 자존감에서 얻는 심리적 자양분은 육체적 영양분 못지않게 인간에게 중요하다.

자존감을 잃은 사람은 앞서 해리 할로 실험에 등장한, 고립 상태에서 철사 어미에게 길러진 불쌍한 원숭이와 같다. 다시 말해, 끊임없이 불안을 느끼고 새롭고 갑작스러운 사건을 두려워하며 자기 파괴적이고 공격적인 폭발을 일으키기 쉽다. 이때는 신체 건강 상태 또한 악화되기 마련이다. 반대로 자존감이 우리를 받쳐 줄 때 우리에겐 용기가 생기고 무언가에 집중할 수 있으며 그 결과 육체적, 심리적 어려움을 극복할 수 있다.

앞서 우리는 전기 충격 실험에서 심리적 수준뿐만 아니라 생리적 수준에서도 자존감이 공포를 완화하는 강력한 백신 역할을 한다는 사실을 살펴봤다. 그렇다면 자존감을 얻기 위해 우리는 무엇을 할 수 있을까?

우선, 개인이 다양한 자기 개념을 갖도록 장려할 수 있다. 우리 각자는 다양한 역할을 맡고 있다. 한 사람이 미국인이면서 기독교인, 변호사, 공화당 지지자, 아버지, 골퍼, 인디애나 주민 후원자, 자원 봉사 소방대원이기도 한 것이다. 다양한 정체성은 다양한 사회적 역할과 부합하며, 각각의 정체성에는 나름의 고유 기준이 존재한다. 그래서 누군가는 다른 사람에 비해 이들 정체성을 더 쉽게 달성하기도 한다. 우리 중 누군가는 같은 직급의 다른 직원에 비해 영업실적은 낮고 골프 실력도 형편 없지만 누구보다 훌륭한 아버지이자 신실한 교회 신자일 수 있다. 우리는 모두 어떤 면에서는 다른 사람보다 더 훌륭하다. 심리적 달걀을 여러 바구니에 나눠 담음으로써 우리는 스스로에 대한 만족도를 높인다. 물론 어떤 바구니가 우리에게 적합한지를 아는 것도 중요하다. 음치라면 직업으로 오페라 가수를 꿈꾸어서는 곤란하다.

자존감을 높이는 문제를 생각하면, 소외된 사람의 사회적 역할을 확대하고 그들에게 기회를 더 많이 주기 위한 방법을 모색할 필요도 있다. 뇌성마비로 인지 장애와 함께 자폐증을 앓고 있는 열아홉 살 켄들 베일리 사례를 생각해 보자. 켄들은 일반 학교에 적응하지 못했고 단체 운동에도 잘 끼지 못했다. 그러나 수영을 시작하면서 켄들의 일상은 바뀌기 시작했다. 그는 평영을 열심히 연습했고 국제 장애인 올림픽 경기에 출전해 성과를 내기 시작하면서 그의 자존감은 급격히 높아졌다. 그리고 종국에는 세계에서 가장 빠른 장애인 평영 선수가 됐다. 켄들은 2008년 9월 베이징 장애인 올림픽에 출전했다. 장애인 올림픽은 켄들을 비롯한 수많은 신체 장애인들에게 자존감을 높일 기회를 제공한다. 이런 일은 이전 세대 장애인들에게는 없던 것이었다.

100세 이상의 장수 인구가 가장 많이 모여 있는 공동체를 관찰한 한 연구에 따르면, 이곳의 노인들은 자신이 존중 받는 공동체 일원이라고 느낀다. 아마도 노인들로부터 배울 점이 많다고 보는 공동체일 것이다. 그러나 젊은이들에게도 역시 배울 점이 많다.

발보아 고등학교로 돌아가 보자. 프란시스코 벨라스케스와 그의 친구들은 무료 치킨 양념구이를 먹느니 굶주림을 택했다. 반면, 태국이나 인도, 미얀마, 홍콩 출신 학생을 비롯해 미국에서 태어난 중국인 학생들은 무료 치킨 양념구이를 거리낌 없이 먹는다. 미얀마 출신 친구와 함께 앉아 있던 인도 출신의 암루타 바사르는 무료 치킨 양념구이를 먹는 데 아무런 수치심도 느끼지 않는다고 말했다. "그건 별로 중요하지 않아요. 음식이 맛있거든요."

결국 심리적 안정은 자신이 이 세상에서 쓸모 있는 존재라는 자각을 얼마나 유지하느냐에 달려 있다. 그렇다면 우리 인간은 어떻게 이런 보호 자원protective resource에 의지하게 됐을까? 또 우리의 세계관은 어떻게 우리 자신이 죽을 수밖에 없는 운명이라는 엄청난 문제에 대처하도록 발달해 왔을까? 다음에 이어지는 장에서 인간의 진화와 역사를 검토함으로써 이 문제를 생각해 보자.

2부

세월을 관통하는 죽음

우리는 어떤 흔적을 남기고 싶어 한다.
육체가 죽은 뒤에도 자신의 일부분이 계속 살아남으리라고 믿고 싶어 한다.

| 존 에버렛 밀레이, 〈오필리아〉

4 호모 모르탈리스

> 문화, 역사, 종교, 과학은 우리가 알고 있는 이 우주 안의 그 어떤 것과도 분명히 다르다. 일정한 시점에 이르기까지는 모든 생명체가 함께 진화했지만 인류만 갑자기 방향을 90도로 틀어 전혀 다르게 진화한 것 같다. — 줄리언 제인스, 《의식의 기원》

인간은 어떻게 지금처럼 자존감을 추구하는 문화적 동물이 됐을까? 인간의 DNA가 침팬지의 것과 98.4퍼센트 일치한다는 사실로 봤을 때 영장류에서 인간으로 가는 진화 과정에서 뭔가 근본적인 변화가 일어났음이 분명하다. 종교, 예술, 과학, 기술과 같은 인간 특유의 문화적 창조물을 발달시키기 위해 필요한 의식과 영장류의 지능 사이에는 심리학자 줄리언 제인스Jullian Jaynes의 말대로 '깊디깊은 차이'가 존재한다. 인간의 진화 궤적을 재구성하려는 시도는 추측에 근거할 수밖에 없지만 공포 관리의 초기 형태가 인간 역사의 진로를 바꿨다는 주장을 펼치기 위한 증거는 충분히 있다.

죽음의 인식은 인간의 초기 발달 단계에서 자의식이 급성장할 때 부산물로 생겼다. 죽음을 초월하기 위한 동시 적응simultaneous adaption 구조가 없는 상황에서 겁먹고 의기소침해진 우리 조상들은 정신적 괴로움에 시달렸고, 존립 가능한 정신 구조 형태로서의 의식의 기반은 약해졌다. 그러나 우리 조상들은 삶과 죽음을 통제하는 감각을 느낄 수 있는 초자연적 우주를 창조하여 영리하게 현실을 부정하는 전략을 사용함으로써 '깊디깊은 차이'를 뛰어넘었고 인류의 급진적 진화를 재촉할 수 있었다.

인간 인지의 여명

진화론자들은 인류의 혈통이 450만 년에서 600만 년 전에 영장류에서 분화됐다고 주장한다. 진화 과정에서 일어난 한 가지 중대한 혁신이 두발 보행이었다. 유명한 화석 유골인 루시Lucy와 같은 오스트랄로피테쿠스는 350만 년 전에 직립 보행했지만 뇌가 여전히 작았고 도구를 사용하지 않았다. 인류가 두발 보행을 시작한 덕분에 원인들은 다양한 지형을 돌아다닐 수 있게 됐고 자원 접근성 역시 높아졌다. 두발 보행이 가져온 가장 큰 변화는 손이 자유로워지면서 주변을 탐색하고 조작할 수 있게 됐다는 점일 것이다.

250만 년 전, 루시의 후손들은 석기를 만들기 시작했다. 이 덕분에 200만 년 전, 오스트랄로피테쿠스에 비해 뇌가 1.5배 큰 호모 하빌리스Homo habilis가 출현할 수 있었다. 고고학자 스티븐 미슨Steven Mithen은 이후 사람과科 및 사회 구조의 변화가 뒤따랐다고 설명한다. 미숙한 유아를 안고 모유를 먹여야 하는 어머니는 사냥을 하거나 혼자서 몸집이 큰 동물을 피할 수 없었다. 따라서 우리 조상들은 포식 동물을 피하고 고기 같은 식량을 더 효율적으로 획득하기 위해 큰 무리를 지어 살기 시작했다. 그러나 조잡한 무기를 가진 그들로서는 무리를 보호하고 고기를 마련하려면 서로 협력해야 했고 동물의 사체를 노리는 청소 동물(독수리, 하이에나 등 죽은 동물을 먹는 동물-옮긴이)과도 경쟁해야 했다.

우월한 지위를 차지한 수컷이 암컷에 대한 성적 독점권을 가진 영장류 공동체에서는 이러한 협력이 아마도 쉽지 않았을 것이다. 그런데 어떻게 가능했을까? 생물 인류학자 테렌스 디컨Terrence Deacon은 우리 조상들이 원시 형태의 결혼반지 같은 표식을 사용했을 것이라고 상정한다. 이러한 표식을 사용함으로써 성적 욕구가 큰 남성은 다른 남성들과 사냥을 다니면서도 자기 여자와 자식도 돌볼 수 있었다. 이 덕분에 심하면 죽음도 불사하는 성적인 갈등을 최소화하고 사회 화합도 꾀할 수 있었다.

상징과 함께 특히 언어는 독특한 인지적 장점을 지닌다. 침팬지는 인간과 가장 가까운 동물이지만 개울 옆에서 본 사자 무리에 대해 다른 침팬지와 논의할 수는 없다. 다음 목요일 해질 무렵에 어디로 이동할지도 상의할 수 없다. 반면, 우리 조상들은 상징(특히 언어)을 이용하여 과거로부터 더 잘 배우고 미래를 준비하는 계획을 세울 수 있었다.

또한 인류는 상징 덕분에 직접적인 접촉을 넘어서는 사회적 유대를 구축할 수 있었다. 영장류처럼 인류의 조상들도 유대감을 형성하기 위해 서로에게서 각질, 벌레, 먼지를 털어주는 사교적 그루밍(social grooming, 집단 내에서 한 개체가 다른 개체의 신체나 외모를 다듬고 유지하는 활동–옮긴이)을 행했다. 사교적 그루밍은 서로의 건강에도 유익했지만 집단 응집력과 협력을 강화하는 데도 기여했다. 그러나 집단이 커지면서 '네가 내 등을 긁어 주면 나도 네 등을 긁어 줄게' 같은 상호적 그루밍을 실천하기가 어려워졌다. 짐작컨대, 초창기 언어는 처음에는 주로 사회적 기능을 담당하면서 신체 그루밍을 대신하는 대체물로 생겨났을 것이다.

미슨은 상징과 기초적인 언어가 결과적으로 자기 개념의 출현을 촉진했다고 주장한다(니체가 한 세기 전에 《즐거운 학문*The Gay Science*》에서 언급하기도 했다). 의사소통을 할 때 집단 내 다른 구성원을 언급해야 하는 경우가 많았으므로 타인과 자신을 구별하기 위한 방법이 필요했을 것이다. 따라서 '나를', '그녀를', '그를', '당신을', '나는'과 같은 대명사 비슷한 개념이 생기기 시작했다. 베커는 인칭대명사 '나'의 역할에 주목했다. 그는 '나'가 각 개인을 '정확하게 지칭'함으로써 자의식의 '상징적인 집합 지점' 역할을 했다고 말했다. 이렇게 언어가 발달함에 따라 완전한 자의식을 지닌 인류가 탄생했다.

심리학자 니콜라스 험프리Nicholas Humphrey는 자의식은 사회생활에 적응한 결과로 나타난다고 주장한다. 본인이 어떻게 느끼는지 아는 사람은 결국 다른 사람이 어떻게 느끼는지 짐작할 수 있기 때문에 자신의 의사를 전달하고 주변 사람들의 행동을 예측하는 데 유리한 위치를 차지했으리라는 것을 짐작할 수 있다. 또한 언어를 통한 의사소통 능력이 발달하면서 우리 조상들은 점점 자기를 더 잘 인식할 수 있게 됐다. 니체는 "상징을 발명하는 인간은 동시에 자기 자신을 한층 더 예민하게 의식하게 된다"라고 말했다. 자신을 더 알게 될수록 언어 개발 또한 탄력을 받았다. 이른바 언어와 자의식의 역동적인 순환이 가능해진 것이다.

이러한 사회적 행동과 인지 능력의 변화는 거의 200만 년에 이르는 기간에 걸쳐 일어났고 약 50만 년 전에 다시 한 번 뇌 크기가 증가했다. 이후 10만 년에서 25만 년 전에 우리 인류의 조상이 현대의 호모 사피엔스로 기적 같은 도약을 이뤘다. 호모 사피엔스는 수준 높은 개념을 고안하고 전달하며 복잡한 이야기를 할 수 있을 정도로 발달된 언어 능력을 갖춘 새로운 종이었다.

상징을 이용하고 자기를 인식하며 언어를 노련하게 사용하고 해부학적으로 현대인과 같아진 호모 사피엔스는 이제 사회적 상호 작용, 자연사, 전문 기술에 관한 지식을 통합할 수 있게 되었다. 또한 질문을 하고 다른 사람들과 생각을 교환하며 그에 따라 자기 의견을 조정함은 물론, 과거 경험을 돌아보고 미래 가능성 역시 예견할 수도 있었다. 그뿐만이 아니다. 이제 인간은 아직 존재하지 않는 사물을 상상하면서 대담하게 꿈을 현실로 바꿔놓기에 이르렀다. 이처럼 전략을 짜고 결정을 내리고 언어와 상징으로 나타난 상상 속 미래를 바탕으로 설계하고 계획하는 능력은 지구상 그 어떤 다른 생명체들도 할 수 없던 일이다.

우리 조상들은 두 발로 걷고 스스로를 돌아보고 풍부한 상상력을 발휘하면서 오토 랭크의 말처럼, '비현실을 실현'할 수 있는 영장류가 됐다. 살아있고 또 그것을 안다는 것은 얼마나 멋진 일인가. 그러나 인간의 심기를 불편하게 하는 것들은 여전히 남아 있었다. 가뭄, 기아, 전염병, 배고픈 사자에게 물어뜯기는 일이 그런 것들이었다. 익사와 참수도 마찬가지였다. 운이 좋아 이 모든 재해를 피했다 하더라도 죽음의 그림자를 피할 수 없다는 생각은 이들을 더더욱 불편하게 했다. 생생했던 가족이 세월과 함께 육체적, 정신적으로 허물어지는 과정을 옆에서 지켜보면서 자신 또한 이 운명을 피할 수 없다고 생각하는 일은 영 못마땅했다.

즉, 죽음이 못마땅했다.

죽음의 공포와 초자연 현상 발명

상징, 자의식, 미래를 고려하는 능력은 우리 선조들에게 대단히 유용했다. 그러나 이처럼 뛰어난 인지 능력 때문에 죽음의 공포가 존재한다는 사실도 알게 됐다. 기필코 살아남고자 분투하면서 수십 억 년에 걸쳐 진화를 거듭한 인류가 결국 죽을 수밖에 없는 운명임을 알았을 때 과연 어땠을까?

철학자 수잔 랭거Susanne Langer는 이렇게 말했다. "그 사실을 있는 그대로 받아들일 수는 없다. 당연하게도 인간은 죽음이라는 개념을 이 세상에서 보낸 삶을 접어야 하는 피할 수 없는 종결로 선뜻 받아들이지 못하고 거부하고 싶어 한다." 우리 조상들은 실존적 공포를 억누르는 데도 상상력과 독창성을 발휘했다. 그들은 이미 세상 이치를 따지는 높은 수준의 지적 능력을 발휘했다. 그러나 일상생활의 지혜가 죽음의 문제를 해결할 수는 없었다. 우리 조상들은 산과 별은 영원하지만 통제할 수 없는 힘의 지배를 받는 생명체들은 모두 그 끝을 맞이한다는 사실을 분명히 알고 있었다.

생물학자 아지트 바르키Ajit Varki(유전학자 고故 대니 브라우어Danny Brower와 공동으로 연구했다)는 저항할 수 없는 죽음의 공포가 "생존과 번식 적합성에 필요한 활동 및 인지 기능을 방해하는 막다른 진화 장벽"이라고 주장한다. 자기가 죽을지도 모른다는 생각에 주눅이 든 사람은 대형 사냥감을 잡기 위해 열심을 내거나 짝짓기 경쟁에 뛰어들거나 자식을 먹이고자 사냥에서 위험을 무릅쓸 확률이 낮을 것이다. 그렇다면 그들은 어떻게 이 상황을 헤쳐나갔을까? 우리 조상들은 적응성, 독창성, 상상력을 발휘해서 죽음을 피할 수 있고 번복할 수 있는 초자연적 세계를 만드는 것으로 대처했다. 가장 흥미진진한 초자연적 이야기를 만들어낸 집단이 죽음의 공포에 가장 잘 대처해나갔다. 그 결과 인간은 자기가 처한 환경에서 가장 효과적으로 활동할 수 있게 됐고, 자신의 유전자를 미래 세대에까지 남길 가능성도 높일 수 있었다.

인간이 자기가 죽을 운명임을 알기 전에 발달한 초자연적 믿음도 있을 수 있다. 파스칼 보이어Pascal Boyer와 폴 블룸Paul Bloom 같은 진화론자는 초자연적 믿음이 발생한 이유는 인간이 마음과 의도가 생명체에서 기인했다고 생각하기 때문이라고 주장한다. 이들에 따르면, 우리 선조들은 느끼고 원하고 의도하는 주관적인 경험을 주변에 투사했다. 그래서 그들이 보기에 나무와 바위는 어떤 힘과 목적을 갖고 말을 하고 비와 번개는 보이지 않는 신의 언어이자 장난이었다. 그러나 점차 자신이 죽을 운명임을 깨닫기 시작하면서 이러한 초자연적 개념은 영속의 느낌을 일깨웠고 나중에는 죽음의 공포를 잠재울 수 있는 신념 체계의 기초를 확립했다.

러시아 블라디미르 외곽에 위치한 고적지 숭기르Sungir를 생각해 보자. 2800년 전에 사람들이 거주했던 이곳에는 집, 난로, 저장 구덩이, 도구 생산 지역이 존재했다. 그곳에서는 정교하게 조성된 매장지 유적 다수가 발견됐으며, 그 중에는 젊은이 2명과 60세 남성의 무덤도 있다. 각 시체는 펜던트, 팔찌, 조개 목걸이로 장식되어 있고 4천 개가 넘는 상아 구슬로 장식한 옷을 입고 있다. 장인이 구슬 하나를 만드는 데만도 한 시간은 족히 걸렸을 것이다. 젊은이들은 머리를 맞댄 채 묻혀 있고 옆에는 매머드 송곳니 두 개가 놓여 있었다. 왜 숭기르 거주민들은 정교한 매장지 건축에 그렇게 과도한 시간과 노력

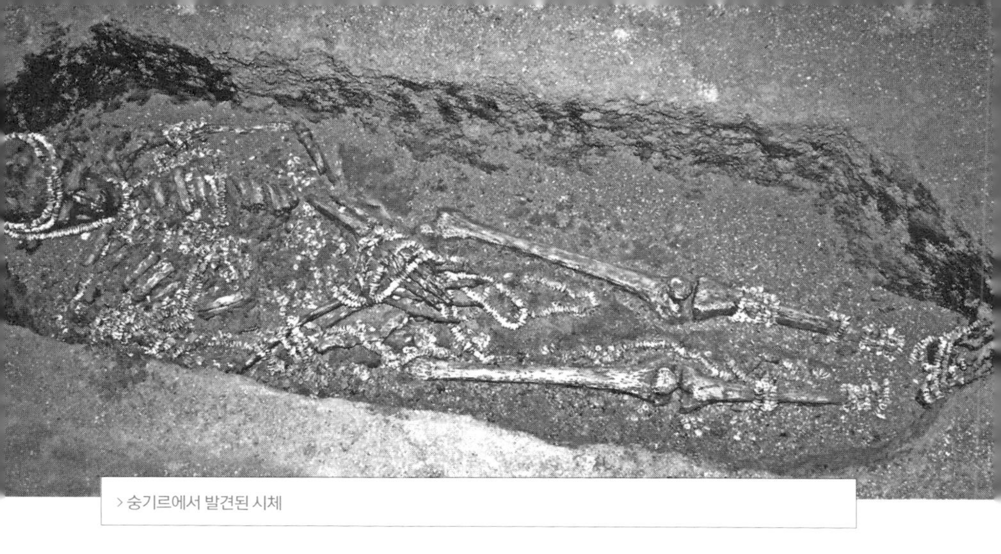

> 숭기르에서 발견된 시체

을 쏟아부었을까? 아마도 그들은 자기들이 창조한 상징적이고 초자연적인 세계가 지금 이곳의 일상적인 현실보다 더 중요하다고 생각하지 않았을까? 실제로 이 묘지를 보면 숭기르 사람들이 사후 세계를 믿었음을 알 수 있다. 그것이 아니라면 죽음으로 가는 여행길에 나서면서 그렇게 차려 입는 이유가 무엇이겠는가?

초자연적 세계라는 개념은 인류학자들이 후기 구석기 혁명 혹은 창작 폭발이라고 부르는 시기의 등장과 함께 아마도 약 4천 년 전부터 있었던 듯하다. 이 시대에는 여러 다양한 사회에서 예술, 신체 장식, 매장, 정교한 부장품과 더불어 복잡한 기술이 동시에 나타났다. 야영지와 주거지는 한층 더 복잡해졌다. 전문적인 돌칼과 뼈도구가 흔해졌다. 초자연적 믿음을 구체적인 물건으로 나타내는 우상화와 급격한 기술 진보가 동시에 발생한 이 상황이 의미하는 것은 무엇일까? 그것은 죽음을 미연에 방지할 수 있고 궁극적으로 초월할 수 있는 초자연적 우주가 존재한다는 확신이 있을 때 비로소 의식과 관련된 수준 높은 인지 능력이 인간이 처한 상황에 도움이 될 수 있다는 것을 의미한다.

의례는 희망 사항을 구현한다

우리 조상들은 보이지 않는 세계의 존재를 믿었지만 이를 확증해 줄 결정적인 표상을 필요로 했다. 의례, 예술, 신화, 종교 등 우리가 알고 있는 다양한 문화 요소 덕분에 우리는 초자연적 현실 개념을 구성하고 유지하고 구체화할 수 있었다. 베커 또한 인간은 믿을 수 없는 대상을 믿을 수 있게 만듦으로써 "물질 세계를 확실히 통제하고 있다고 상상"하고 "이로써 물질의 부패와 죽음을 초월한다"고 설명했다.

일부 학자들은 의례가 먼저 생겨났고 그 결과 예술, 신화, 종교가 발달하게 됐다고 주장한다. 그렇다면 의례는 어떻게 발달했을까? 의례 혹은 의식을 가리키는 그리스어는 '행하여진 일'이라는 뜻을 지닌 드로메논dromenon이다. 이 의미대로라면 목적 달성에 필요한 수단을 이미 가지고 있는 경우에는 의례를 치를 필요가 없었다. 목이 마른데 물이 흐르는 강둑에 있다면 비를 내려달라고 춤을 출 필요가 없다. 그저 몸을 구부려 물을 마시면 된다. 음식이 풍족한 곳에서는 나무나 덤불에서 채집하기만 하면 된다. 그러나 자연이 늘 필요를 채워주었던 것은 아니다. 우리가 있던 곳은 언제라도 포식 동물이 덮쳐 올 수 있었다. 이러한 자연의 무심함 앞에서 인간은 생존 가능성을 높이기 위해 '어떤 조치'든 취해야 했다.

서양고전학자 제인 엘런 해리슨Jane Ellen Harrison은 열악한 상황에서 인간이 나아갈 방향에 대해서 이렇게 말한다. "짐승처럼 몸을 움직이고 울부짖는 척박한 조건에 처하더라도 인간은 근심과 비탄을 덜기 위해 행동해야 한다." 이렇게 즉흥적이고 기이한 감정 반응이 아마도 초기 형태 의례의 바탕이었을 것이다. 그러나 의례로 자리잡으려면 한 개인이 드러내는 감정 분출이 일정한 형식에 담겨야 한다. 그래서 다른 사람이 이를 따라할 수 있어야 한다. 예컨대, 경쟁 관계에 있는 다른 부족 남성에게 남편을 잃은 한 여성이 주먹을 쥐고는 마구 팔을 뻗으며 자신의 슬픔을 표출했다고 치자. 그리고 그녀의 친구가 그 행동을 보고 따라하면서 팔을 흔들어 호를 그리는 동작으로 가다듬었다. 이제 두 여성은 서로의 동작을 보고 따라하며 함께 움직이는 단계로 나아간다. 이렇듯 어떤 강렬한 감정을 밖으로 분출하고자 하는 한 여성의 절박한 욕망이 구체적인 몸짓으로 드러났을 때 이 행위는 두 사람이 함께 추는 춤으로 변화할 수 있다. 또 두 사람을 지켜보던 다른 사람들도 춤으로 전달되는 그들의 감정에 공감하면서(이때 자신의 감정도 함께 분출되는 것은 말할 것도 없다) 춤의 대열에 합류할 수 있다. 춤뿐만 아니라 노래도 마찬가지이다. 기억하기 쉽거나 위로가 되는 애절한 신음의 한 구절을 강조하기 위해 끝부분에 높은 음이나 낮은 음을 덧붙이면 울먹이는 통곡이 복수의 노래로 바뀐다.

춤과 노래를 결합한 어떤 행위가 결과적으로 가장 초기의 의례를 만들었을 가능성이 크다. 미슨은 원숭이들이 갈등을 해결하고 감정을 표현하는 소리에 리듬과 멜로디가 있다는 사실에 주목하고 초기 인류가 무력하고 미숙한 유아와 어머니 사이의 유대를 강화하기 위해 이러한 특성을 발전시켰으리라고 주장하기도 했다. 우리 조상들은 역동적인 움직임과 음악과 적절한 활동으로 빚어진 사회 통합이 인간에게 큰 위로가 된다는 사실을 깨달았다. 비록 그 움직임과 소리가 당면한 사건과 직접적, 논리적으로 무관하고 상황 해결에도 아무런 도움이 되지 않는다고 하더라도 말이다.

의례는 단순히 위안에 그치지 않았다. 의례는 끔찍한 상황을 바꾸는 힘도 있었다. 결국 의례의 본질은 '희망 사항 구현'이기 때문이다. 우리는 일어나길 바라는 바를 행동에 옮긴다. 일상생활에서도 이러한 의례는 쉽게 눈에 띈다. 가령, 풋내기가 운전하는 자동차의 조수석에 앉으면 자기도 모르게 발에 힘을 줘 가상의 브레이크와 액셀 페달을 밟는 행위를 한다.

20세기에 들어설 당시 유럽에서는 주술 성격의 춤을 자주 볼 수 있었다. 트란실바니아 지역의 농부들은 삼이 잘 자라기를 기원하며 밭에서 높이 뛰었다. 독일과 오스트리아 농부들은 아마가 길게 자라기를 바라며 춤을 추거나 테이블에서 뒤로 뛰어내렸다. 마케도니아 농부들은 밭에 파종한 뒤에 삽을 허공에 던지고 받으며 이렇게 외쳤다. "삽이 올라간 곳까지 작물이 자라기를."

의례가 과거의 성공에서 발전했다는 추측은 거의 확실하다. 양손 가득 먹이를 가져온 사냥꾼이나 전쟁에서 이기고 돌아온 전사는 모닥불 주위에 모여 감탄하는 무리에게 자기가 경험한 바를 실감나게 재연했을 것이다. 그리고 이는 점차 사냥이나 전쟁을 하러 가기 전 두둑한 포획과 압도적인 승리를 기원하는 사전 의례를 거행하는 단계로 발전했을 것이다. 커다란 곰을 잡을 때까지 기다렸다가 곰처럼 춤을 추면서 축하하는 대신 이제 사람들은 사냥을 떠나기 전에 빈손으로 돌아오지 않기를 바라며 곰처럼 춤을 췄다.

희생과 죽음 의례

노래, 춤, 상징적 사전 의례는 소원 성취에 도움이 됐지만 때때로 정말 곤란한 상황일 때면 극단적인 형태로 표출되기도 했다. 고고학자들은 이른바 희생 의례라고 칭하는 관습이 초기 문화공동체에서 중심을 차지했을 것이라고 말한다. 이 희생 의례에는 성수, 포도주, 즙이 풍부한 음식, 성스러운 동물, 심지어 인간도 상징적 혹은 실질적 가치를 지닌 도구로 사용되곤 했다.

큰 폭풍이나 홍수가 마을을 덮치면 우리 조상들은 자연과 초자연 세계를 다스리는 신이 우리가 잘못한 것이 있어 화를 내고 있고 실제로 자기들이 잘못을 했다고 생각했다. 신들이 화가 난 경우 더 이상의 죽음을 방지하려면 희생이 필요했다. 고대 사람들은 신이 인간처럼 바람과 감정을 갖고 있다고 믿었기 때문에 그들은 소중한 무언가를 신에게 바치는 것으로 용서를 빌고 겸손을 표시했다. 희생은 기본적으로 거래이다. 신이 사냥감을 많이 잡게 해주거나 건강한 아이를 보내주는 등의 친절을 베풀었다면 그 친절에 감사의 표시를 함으로써 앞으로도 도움을 받을 수 있는 관계를 유지해야 하는 것이다.

한편, 소중히 여기는 것들을 아끼지 않고 희생하는 행위는 능력과 권위를 과시하는 상징이기도 했다. 인간은 제물을 바쳐 신을 접대하는 책임을 다함으로써 삶과 죽음을 통제하는 기분을 느꼈고, 신이 이 세상에서 그들을 보호하고 다음 세상에서 환영할 것이라고 생각했다. 베커는 "생명체를 희생시키는 행위는 삶에 생명력을 더한다. 제물은 보이지 않는 세계와 교감하기 위한 수단으로, 권력이 흘러 지나갈 수 있는 다리를 만든다"라고 설명했다. 제물을 바치는 행위는 다수가 생존하기 위해 소수를 희생하는 의식이었다.

초기 인류는 계절에 따라 여러 식물과 동물이 나타났다가 사라진다는 자연의 흐름을 간파하고 이에 맞게 생명의 탄생을 축하하고 죽음을 막기 위한 의례를 준비했다. 이를테면, 기독교를 받아들이기 전 유럽에서는 다음 해를 위해 작물을 파종할 때 오월제를 지냈다. 어린 소년이나 소녀가 싹이 잔뜩 달린 나뭇가지를 들고 마을로 들어와 푸른 잎사귀와 생명의 혼을 마을에 불어넣었다. 중부 독일에 있는 튀링겐에서는 전통적으로 '죽음 몰아내기'라고 하는 의례를 3월 1일에 치렀다. 청소년들이 밀짚으로 만든 사람에게 낡은 옷을 입혀 강에 던진 후 마을로 돌아가면 달걀을 포함해 몇 가지를 선물로 받았다. 보헤미아에서는 어린이들이 이와 비슷한 밀짚 인형을 마을에서 멀리 가져가 태웠다. 밀짚 인형이 타는 동안 어린이들은 노래를 불렀다. "우리는 죽음을 멀리 내보내고 삶을 다시 가져갑니다." 이런 의례들은 오락이 아니라 생존과 직결된 것이었다.

죽음 의례는 특히 중요하다. 가나의 판테 부족은 이를 잘 보여준다. 성인 남성이 사망한 경우 아부수아파니인(abusuapanyin, 고인 가족의 모계 친족 중 최고 연장자 남성)이 이를 공식적으로 발표한 다음 수피(supi, 고인 가족의 부계 친족 책임자)에게 '통지주通知酒'를 건넨다. 수피는 그 술을 마시고 키에레마(kyerema, 우두머리 북 연주자)를 불러 전체 공동체에게 부고 소식을 널리 알리라고 요청한다. 그 다음 가족의 부계 친족 남성이 모두 모여 고인의 업적을 이야기하고 세부적인 장례 절차를 논의한다. 그러는 동안 아부수아파니인이 가족의 집에 안치된 시신 염습을 감독한다. 그 다음 키에레마가 남성 행렬을 이끌어 가족의 집으로 들어오고 고인을 찬양하는 연설을 한 다음 관에 깃발을 덮는다. 매장을 하는 날에는 노래를 하고 춤을 추고 북을 치고 제주를 올린다. 매장한 지 8일이 지나면 고인을 우주 최고 권력자와 살아있는 친족들 사이를 연결할 중재자 격의 조상으로 받들기 위해 추가로 실시할 의례 일정을 발표한다.

역사적으로 사람들은 이러한 의례를 통해 사랑하는 사람을 잃은 상실감을 견디고 누구든 맞이할 죽음에 깃든 공포를 일상생활이 가능한 수준까지 억눌렀다.

의례는 인류 문화의 행동 기반이다. 의례는 삶을 이어가고 죽음을 미리 방지하고 세상을 헤쳐갈 힘을 준다. 또한 의례는 사랑과 전쟁에서의 성공을 보장하며 우리의 정체성까지도 결정한다. 우리는 의례를 거쳐 성인으로 인정받기 전까지는 성인이 아니며 기혼자로 인정받기 위해서도 의례를 거쳐야 한다. 심지어 죽음조차도 의사, 검시관, 목사와 같은 공식적 의례 인도자의 사망 선언 없이는 죽은 것으로 간주되지 않는다.

삶에서 무언가가 잘못됐을 때 우리가 자주 대는 핑계가 있다. "상황이 이렇게 된 것은 바람과 기도가 제대로 전달되지 않았기 때문이야." 흔히 우리는 바람이나 기도가 엉뚱한 방향으로 갔거나 길을 잘못 들었기 때문이라는 핑계를 댄다. 어쩌면 의례를 부적절하게 치른 탓일 수도 있고 기존 의례에 단계를 추가해야 하거나 완전히 새로운 의례를 만들어야 할 수도 있다. 이렇게 재정립된 의례는 자연적 과정을 대체하고 우리에게 자연을 통제한다는 환상을 심어줌으로써 실존적 공포에 대처하도록 돕는다.

예술과 초자연

1994년 12월 어느 일요일 저녁, 세 명의 아마추어 동굴 탐험가 겸 고고학자인 엘리에트 브루넬Eliette Brunel, 크리스티안 힐레르Christian Hillaire, 장 마리 쇼베Jean-Marie Chauvet는 프랑스 남부 아르데슈 협곡의 동굴을 탐사하고 있었다. 그들은 우연히 한 동굴의 입구를 발견하고 그 주변을 파기 시작했다. 그러다 갑자기 동굴 안에서 약하게 불어오는 틈새 바람이 느껴졌다. 그들은 연기를 이용하여 바람이 새어 나오는 작은 구멍을 발견했고 여성으로 몸집이 작은 브루넬이 기어서 통과할 수 있을 정도로 파헤쳤다. 그후 브루넬은 바닥에서 더 큰 구멍을 발견했다. 남성 두 명은 바위를 파내서 브루넬과 합류한 뒤 더 큰 구멍으로 체인 사다리를 내렸다. 9미터 아래로 내려간 그들은 둥근 천장에 석순이 떨어지는 넓고 습한 공간을 발견했다. 손전등으로 주변을 둘러본 그들은 눈앞에 보이는 광경에 놀랐다.

동굴 벽 전체에는 갈기가 짧은 말이 달리고 있는 아름다운 그림이 그려져 있었다. 짙은 회색, 적갈색, 황토색으로 너무나 정교하게 그린 말들은 손전등 불빛 아래에서 마치 3차원 입체처럼 보였다. 그림 속 사자 무리는 우르르 몰려 있는 들소 떼를 사냥했다. 환각처럼 느껴지는 코뿔소, 곰, 사자, 매머드 등 무시무시한 야수들이 굴곡진 석회암 벽을 따라 춤을 췄다. 한 구석에서는 짙은 음부를 지닌 여성처럼 보이는 형상이 발기한 남근 위로 다리를 벌리고 있었다. 바닥에는 인간의 맨발 자국과 지금은 멸종한 동물들의 화석 잔해가 널려 있었다.

쇼베 동굴이라고 불리는 이곳에서 발견된 300여 점에 달하는 판화와 그림은 3만 년에서 3만 2천 년 전 작품으로, 현재 알려진 것 중 세계 최고最古의 동굴 벽화이다. 이 벽화를 그린 예술가(혹은 예술가들)는 동굴 벽 표면의 만곡을 능숙하게 활용하여 말을 비롯한 여러

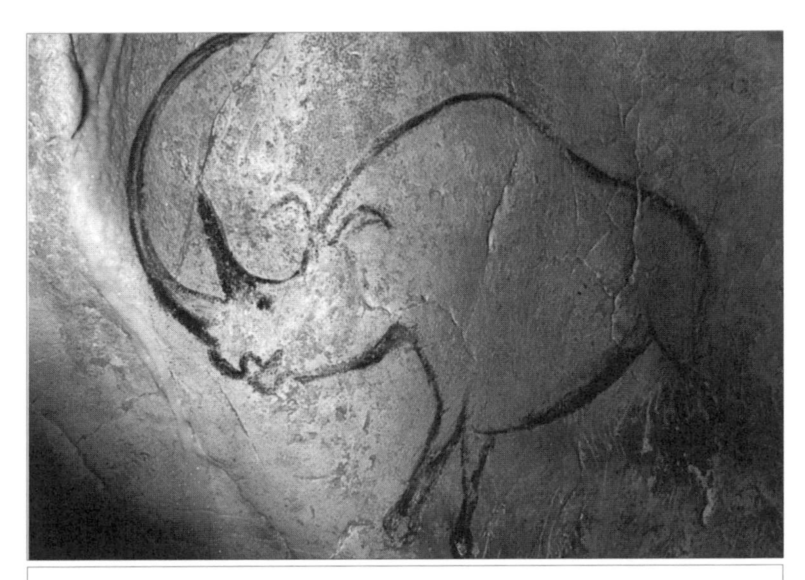

> 쇼베 동굴에 그려진 코뿔소

동물들의 목덜미를 팽팽한 근육질로 표현했다. 선사시대 예술 전문가인 장 클로트Jean Clottes는 "이 벽화들을 연구하면서 나는 위대한 예술가의 작품을 보고 있다는 사실을 깨달았다. 이는 마치 무명의 레오나르도 다빈치의 작품을 발견한 것과 같았다"라고 평했다.

쇼베 동굴은 기록 역사가 시작되기 한참 전 인간의 아주 초기 조상들의 눈을 통해 직접 바라보는 듯한, 무언가 장엄한 느낌을 준다. 쇼베 동물 벽화를 본 오스트레일리아 원주민들은 이 벽화가 중대한 의례의 기능을 했을 것이라고 생각했다. 고고학자 데이비드 루이스윌리엄스David Lewis-William에 따르면, 벽화와 벽화가 그려진 동굴 모두 초자연적이고 죽음을 초월하는 특성을 띠며, 인간의 다양한 의식 상태를 보여주는 우주를 묘사한다.

우리 조상들은 지금의 우리와 마찬가지로 구름은 때때로 말, 새, 곰, 토끼의 모습을 띠고 달 표면에는 얼굴이 있다는 점에 주목했다. 또 의례 절차에 수반되는 북치기, 노래, 춤을 통해서 새로운 감각을 즐겼다. 기진맥진할 때까지 춤추고 노래함으로써 그들은 일종의 격렬한 행복감을 느꼈다. 향정신성 물질을 섭취함으로써 환각을 느끼기도 했다.

과학적 사고가 없던 시절 우리 조상들은 어떻게 놀랍고 신비롭고 불가사의하고 두렵기까지 한 이런 경험과 감각을 이해할 수 있었을까? 초기 인류는 이러한 현상을 이해하기 위해 주술사에게 의지했다. 이런 주술사들 중 다수가 직접 그림을 그렸을 수도 있고 교황 율리오 2세가 미켈란젤로에게 지시했던 것처럼 예술가들에게 쇼베를 비롯한 여러 동굴 벽화에 천국과 지상의 모습을 그리라고 했을 수도 있다.

그림의 아래쪽에는 도망가고 추락하는 꿈이나 환각에 근거한 어둡고 축축한 지하 세계가 그려져 있었다. 위쪽에는 천국의 영혼 세계가 날아다니거나 떠다니는 이미지가 묘사되어 있었다. 동굴 벽화에는 반복되는 점과 평행하여 굽이지는 선, 특이한 혼성 생명체(반인반수), 공중을 맴돌거나 바위 표면을 들락날락하는 동물이 등장한다. 또한 "우리가 여기 있었다"고 말하는 듯 손바닥 자국이 벽면 여기저기에 흩어져 있어 보는 사람으로 하여금 손자국을 따라 저세상에 있는 영혼의 세계로 가고 싶은 충동을 느끼게 한다. 아마도 우리 조상들은 길고 빙빙 도는 동굴 길을 가면서 그림에 시선을 사로잡히고 때때로 어떤 노래나 연호를 듣기도 했을 것이다. 루이스 윌리엄스는 우리 조상들이 이런 경험을 통해 "초자연적 존재에 물질성을 부여하고 이를 우주론적으로 정확하게 자리매김 했으리라"고 추정한다. 동굴에 와본 사람들은 이른바 시간과 우주를 가로지르는 '여행'을 했고 죽음 너머에 있는 초자연적 세계를 경험했다.

이를 뒷받침하듯이, 최근 연구들에서 이와 같은 파격적인 초자연적 행위가 실존적 공포에 대처하는 한 가지 방법이었다는 사실이 밝혀졌다.

죽을 수밖에 없는 운명에 대해 깊이 생각한 사람들은 비상飛上의 가능성에 더 큰 환상을 품는다. 실제로 초목이 무성한 산 위를 비행하는 자신의 모습을 그려본 뒤 본인의 죽음을 떠올린 사람은 죽음에 관한 생각을 더 적게 했다.

의례와 마찬가지로 예술 역시 초자연적 세계가 존재한다는 구체적인 표상을 보여줌으로써 믿을 수 없는 대상을 믿도록 유도한다. 이를 두고 조지 버나드 쇼는 이렇게 말했다. "예술이 없다면 현실의 상스러움에 이 세상을 견딜 수 없을 것이다."

모든 문화 장르가 그렇듯 예술 또한 초자연적이며, 죽음을 초월하는 현실 개념을 구성하고 유지하는 역할을 담당한다.

괴베클리 테페의 수수께끼

동굴에 그림을 그린 지 수천 년이 지나서야 인간은 기념 건축물을 세우기 시작했다. 이 중에서 가장 황홀하고 오래됐다고 알려진 것은 터키 남동부에 위치한 괴베클리 테페Göbekli Tepe라는 곳에 있다. 연대를 고려할 때 이는 기적과도 같은 건축물이며 고대 사람들에게 죽음과 내세가 대단히 중요했다는 사실을 증명한다. 대략 1만 2천 년 전 수렵채집인들이 언덕 위에 석조 동심원 7개를 세웠다. 이 유적지에는 스톤헨지(Stonehenge, 영국 솔즈베리 평원에 있는 고대 환상 열석 기념물-옮긴이)에서 찾아볼 수 있는 것과 유사한 원으로 배열된 조각 기둥들이 있다. 멧돼지, 여우, 파충류, 사자, 악어, 독수리는 물론 곤충과 거미 같은 동물들을 아름답고 세밀하게 3차원으로 새긴 조각이 9미터에서 30미터에 이르는 T자형 석회암 기둥 20개를 장식하고 있다. 이 건축물은 바퀴가 발명되기 이전, 심지어 농경이 시작되기도 전에 세워졌다.

고고학자들은 괴베클리 테페에서 인간이 살았던 흔적이나 농경의 자취를 찾지는 못했다. 단지 독수리 날개의 잔해와 섞인 인간의 뼈를 발굴했을 뿐이다(동물 조각 중에는 독수리가 특히 많았다). 발굴된 뼈는 적갈색 안료가 칠해져 있었고 의례 매장과 관련된 것처럼 보였다. 이 외에도 벌거벗은 여성의 판화, 독수리에 둘러싸인 목이 없는

> 괴베클리 테페의 돌기둥 중 하나

시체도 발견됐다.

고고학자들은 조각 기둥 각각의 무게가 10톤에서 20톤 사이라는 점을 감안할 때 거대한 기둥을 잘라서 목적지까지 끌고 와 세우려면 적어도 500명이 필요했으리라고 추측한다. 선사시대에 이런 일이 어떻게 가능했을까? 그리고 그들은 왜 괴베클리 테페를 만들었을까? 어떻게 일꾼을 동원하고 먹였을까? 이 기둥들과 거기에 새긴 동물은 무엇을 의미할까? 이 기묘한 장소를 우리는 어떤 식으로 이해해야 할까?

독일의 고고학자 클라우스 슈미트Klaus Schmidt는 괴베클리 테페에 농경의 단서나 사람이 살았던 흔적이 전혀 없다는 사실로 미루어봤을 때, 이곳은 죽음 의례의 중심지일 가능성이 크다고 말했다. 다시 말해 괴베클리 테페는 죽은 사람이 쉬는 장소로, 망자는 기둥에 새겨진 동물들(이들은 신, 사후 세계 망령, 수호자 역할을 한다) 사이에서 휴식을 취한다고 보았다.

슈미트는 "처음에 사원이 생겼고 그 다음 도시가 생겼다"고 주장한다. 이전에 과학자들은 인류가 식량 확보에 의존해 진보했다고 가정했었다. 즉, 인간은 수렵채집인에서 농부로 발전했고 그 과정에서 식물과 동물을 길렀으며 이후 집단 농장 주변으로 마을과 도시를 세웠다고 보았다. 이 진보의 중심에는 늘 식량 문제가 있었다. 그런데 괴베클리 테페의 발견으로 죽음이라는 문제가 먹고사는 관심사와 무관한 건축술 발달을 촉진했다는 사실이 밝혀지면서 이 가정에 의문이 제기됐다. 이 종교적 기념비는 농경이 등장하기 전에 세워졌으며 어쩌면 심지어 농경 발달을 자극했을지도 모른다는 것이다.

괴베클리 테페 근처에 위치한 또 다른 고고학 유적인 차탈회위크Çatalhöyük는 이런 주장에 신빙성을 더한다. 연구에 따르면, 농경 발달을 암시하는 최초의 증거보다 천 년 이전 시대인 9천 년 전에 약 1만 명의 사람들이 이곳에 거주했다고 한다. 차탈회위크 주민들은 아파트와 같은 벌집 모양으로 다닥다닥 붙게 지은 진흙 벽돌집을 깔끔하게 청소하며 살았다. 그들은 상당히 흥미로운 장례 관습을 갖고 있었다. 인류학자들은 그곳에서 목이 잘리고 황토가 칠해져 있는 해골을 발견했다. 또한 괴베클리 테페 조각들 사이에서도 다수 나타났던 독수리 상이 여기서도 발견된다는 점 역시 흥미로웠다.

이 모든 사실은 농경이 시작되면서 소규모 반半유목 수렵채집인 집단에서 대규모 마을 거주자 집단으로 이행했다는 일반적인 추측과 분명 어긋난다. 슈미트가 의심하듯이, 이는 어쩌면 정반대의 가능성을 시사하는 것인지도 모른다. 의례 및 종교 목적으로 건설한 기념 장소와 그 주변에서 생활하다보니 사람들은 농사짓는 법을 배우게 됐을 수도 있다. 유목하는 생활양식이 계속 유지됐더라면 농경은 그렇게 쉽게 발생하지 않았을지도 모른다.

또 다른 가능성으로, 장례 풍습이 의도치 않게 농경 발생을 초래했다고 볼 수도 있다. 과학 저술가이자 소설가인 그랜트 앨런Grant Allen이 1897년에 발표한《신이라는 개념의 진화*The Evolution of the Idea of God*》에 따르면, 무덤을 파는 과정에서 땅이 갈리고 잡초가 제거됐고, 다양한 부장품과 함께 가장 좋은 곡물을 시체와 함께 매장하는 행위가 최초의 파종이었을 수도 있다. 또 시체가 썩으면서 종자가 자라는 데 필요한 비료 성분을 발견했을 수도 있다. 다음 해에 묘지에서 새로 식물이 자라면 아마도 사람들은 조상이나 신들이 베푼 선의의 결과라고 여겼을 것이다. 그러다가 시체를 묻지 않고 씨만 묻더라도 식량이 충분히 자란다는 사실을 알았을 것이다.

지금까지 드러난 증거로 미루어볼 때, 죽음과 내세를 둘러싼 의례가 농경 및 기타 문화 발달의 원인으로 꼽히는 대규모 군집과 기술 발달로 이어졌음은 분명한 듯하다.

신화와 종교

언어가 진화함에 따라 우리 조상들은 자의식을 지닌 존재만 떠올릴 수 있고 또 필연적으로 떠올리게 되는 질문을 고민하기 시작했다. 나는 누구인가? 나는 어디에서 왔는가? 인생의 의미는 무엇인가? 사는 동안 나는 무엇을 해야 하는가? 내가 죽은 뒤에는 어떤 일이 일어나는가? 이런 질문에 대답하려는 노력의 결과 초자연적 현실 구상을 이야기로 묘사할 수 있게 됐고 또 필요하게 됐다. 이 과정에서 생겨난 신화는 예술 및 의례와 마찬가지로 영혼 혹은 불멸의 개념에 형태를 부여한다. 인지심리학자 멀린 도널드Merlin Donald에 따르면, 언어의 기능은 '내가 어떻게 이 염소의 젖을 짤 수 있을까'와 같은 실용적인 질문에 대답하기 위해서가 아니라 신화를 만들기 위한 것이었다. 실제로 모든 인간 사회, 심지어 가장 원시적이고 기술 수준이 낮은 사회에도 정교한 창조 신화, 우주의 구조에 관한 개념, 사후에 어떤 일이 일어나는가에 관한 이야기가 존재한다.

뉴멕시코 주 리오그란데 밸리에 거주하는 테와Tewa 인디언들은 그들의 조상이 맨 처음에 북쪽 샌디 플레이스 레이크 기슭의 어둡고 죽음이 없는 세계에서 영혼 및 동물들과 함께 살았다고 생각한다. 모든 테와 족의 첫 번째 어머니는 '여름에 가까운 파란 옥수수 여성Blue Corn Woman Near to Summer'과 '얼음에 가까운 하얀 옥수수 아가씨White Corn Maiden Near to Ice'라는 두 영혼이었다. 이 두 영혼은 한 남성에게 '지상으로 가서 테와 족이 지하 호수를 떠날 방법을 찾으라'고 명했다. 지상으로 간 남성은 처음에 맹금과 맹수에게 공격을 받았다. 그러나 나중에는 그를 공격했던 새와 동물은 친구가 되어 주었고 그가 '사냥 추장'으로 돌아가도록 무기와 의복을 마련해주었다.

지하로 돌아간 사냥 추장은 여름(파란 옥수수) 추장과 겨울(하얀 옥수수) 추장을 지명하고 테와 족을 두 무리로 나눴다. 이후 테와 족은 호수 아래에서 땅위로 올라와 각각의 추장이 이끄는 대로 리오그란데 강 양쪽을 따라 남쪽에 있는 그들의 땅으로 향했다. 그들은 이 장대한 여정 동안 열두 차례 멈춰 주기적으로 호수와 그 주변의 성스러운 산을 참배했다. 타와 족은 죽으면 영혼들과 함께 살기 위해 돌아와 '매미가 끝없이 노래하는' 장소에서 행복하게 지낸다.

신화는 의례를 설명함으로써 이를 정당화하고 예술로 미화하며, 사회 행동의 모든 면을 규제하는 역할을 담당하는 종교를 만든다. 종교는 '육체가 죽어도 영혼은 살아서 존재하는 삶'이라는 의미심장한 개념을 심어줬으며 이러한 존재들이 어떻게 소통하고 서로를 대해야 하는지에 대한 지침을 주었다. 또한 종교는 지금도 마찬가지지만 우리 조상들에게 공동체 의식, 현실 공유 의식, 세계관을 심어주었다. 종교가 없다면 대규모 인간 집단에서 조화롭게 협력하는 일은 유지하기 어렵거나 심지어 불가능할 것이다.

사회학자 에밀 뒤르켐Emile Durkheim과 생물학자 데이비드 슬론 윌슨David Sloan Wilson은 종교가 발생하고 번창하는 유일한 이유는 종교가 사회 통합과 조화를 꾀하기 때문이라고 주장한다. 과학 저술가 니콜라스 웨이드Nicholas Wade는 이러한 관점을 요약하여 이렇게 단언한다. "종교적 행위는 '인류의 생존을 촉진한다'는 단 한 가지 목적을 위해 발달했다." 실제로 종교는 현존하는 사회 구조와 인간 관계를 강화함으로써 인류의 생존에 기여해왔다. 그러나 우리 저자들이 보기에, 종교가 애초에 사회적 접착제 역할을 할 수 있었던 이유는 종교에 내재된 심리적 매력 때문이었다. 다시 말해, 종교적 신념 체계가 존속할 수 있었던 이유는 존재 공포를 평정하기 때문이었다(다음 장에서 이 주장을 지지하는 증거를 살펴볼 것이다).

깊디깊은 차이 뛰어 넘기

의례, 예술, 신화, 종교는 대략 순차적으로 발달했을 가능성이 높다. 그러나 일단 각각 자리를 잡은 이후에는 서로 유기적으로 영향을 끼치며 상승 작용을 일으키기 시작했다. 신화는 초자연적 현상을 이야기로 설명한다. 예술과 의례는 신화를 구현하고 재연하는 역할을 한다. 전체적으로 봤을 때 이 4가지는 문화적 세계관의 발달을 설명하고 어떻게 그것이 인간 삶의 중심 요소가 됐는지 보여주는 핵심들이다.

의례, 예술, 신화, 종교는 우리가 생각하는 이상으로 인간사에서 중대한 역할을 수행한다. 그럼에도 많은 진화론자들이 예술과 종교를 그 자체로 어떤 적응적 의미adaptive significance나 영속적인 가치를 지니지 않는, 그저 다른 인지 적응 형태가 낳은 불필요한 부산물로 본다. 그러나 이런 관점은 완전히 틀렸다. 인간의 독창성과 상상력이 낳은 이 산물들은 초기 인류가 '죽음 인식'이라는 인간 고유의 문제에 대응하는 데 반드시 필요했다. 모든 문화에서 보편적으로 나타나는 불멸을 향한 분투는 공포와 절망을 미연에 방지한다. 따라서 인류는 의례, 예술, 신화, 종교가 있는데도 불구하고 농경, 기술, 과학을 발전시킨 것이 아니다. 오히려 의례, 예술, 신화, 종교가 있었기 때문에 농경, 기술, 과학을 발전시킬 수 있었다. 정신분석학자 수잔 아이작스Susan Isaacs는 이를 한마디로 정리했다. "고도로 정제된 환상 사고와 현실 사고는 확연히 다르지만, 환상이 뒷받침되지 않고는 현실 사고는 작동할 수 없다." 부장품이 없었다면 미적분학은 없었고 치아의 요정이 없었다면 치의학은 없었을지도 모른다.

인지 능력은 인간의 대규모 집단 생활을 가능하게 했고 정교한 도구를 발명하게 했으며 복잡한 사냥과 수렵채집을 계획하고 실행할 수 있도록 한 것은 물론이고 자의식을 갖도록 이끌었다. 그러나 이 인지 능력 탓에 인간은 죽음의 인식에도 눈을 떴다. 죽음에 대한 인식은 멸망으로 가는 무력감을 낳기 마련이지만 인류는 다행히 이 함정에 빠지지 않았다. 초기 인류는 실존적 절망에 굴복하는 대신 특별하고 초월적이며 영원한 우주 한가운데 자리 잡았다. 의례, 예술, 신화, 종교가 주는 보호 및 불멸의 감각으로 마음을 무장한 우리 조상들은 수준 높은 정신 능력을 한껏 활용할 수 있었다. 그 결과 그들은 현대 세계를 이끈 신념 체계, 기술, 과학을 발달시켰다.

5 실제 불멸성

> 역사의 매력과 그 불가사의한 교훈은 대대로 그 무엇도 변하지 않는 동시에 모두가 완전히 다르다는 사실에 있다. — 올더스 헉슬리, 《루덩의 악마》

현재 알려진 최초의 이야기인 '길가메시 서사시'는 고대 수메르의 서사시를 토대로 불멸을 향한 강렬한 열정을 다루고 있다. 평판에 새겨져 있는 이 이야기의 주인공 길가메시는 괴베클리 테페와 차탈회위크에서 멀지 않은 고대 도시 우루크에 살았던 기백 넘치는 젊은 왕이었다. 힘세고 매력 있고 오만하며 혈기왕성한 길가메시는 우루크의 젊은 남자들을 마구 때리고 젊은 여자들을 유혹하는 나쁜 버릇이 있었다. 궁지에 몰린 시민들이 이 젊은 왕의 폭압으로부터 벗어

> 길가메시 서사시

나게 해달라고 신들에게 호소하자 신들은 길가메시를 대적할 수 있는 괴력의 엔키두를 만들었다. 길가메시와 엔키두는 맹렬하게 싸웠다. 이 싸움에서 길가메시가 이겼지만 둘은 서로의 힘과 기술을 인정하고 존중하게 되면서 금세 친구가 됐다.

이후 길가메시와 엔키두는 모험과 명성을 찾아 나섰다. 그 과정에서 길가메시는 여신 이슈타르의 유혹을 뿌리쳤다. 분노한 이슈타르는 복수하기 위해 하늘의 황소를 보낸다. 길가메시와 엔키두는 이 성스러운 동물을 죽임으로써 신의 계율을 거역한다. 이에 응하여 신들이 엔키두를 죽이기로 결정함에 따라 엔키두는 병에 걸려 고통스러워 하다가 세상을 떠났다. 절친한 친구가 죽는 모습을 보며 자신도 언젠가 죽게 될 것이라는 사실을 깨달은 길가메시는 엄청난 충격에 빠져 흐느끼고 탄식하면서 사막을 방랑했다. "내가 어찌 쉴 수 있으며, 내가 어찌 안심할 수 있겠는가? 내 마음에는 절망이 가득하다. 나도 죽으면 지금의 내 형제처럼 되겠지. … 나는 죽음이 두렵다."

불멸의 이상에 사로잡힌 길가메시는 신들에게 영생을 부여받은 우트나피시팀을 찾아 나선다. 고된 여정 끝에 길가메시는 우트나피시팀이 있는 곳을 찾아냈고 그는 길가메시가 엿새 낮, 이레 밤 동안 잠들지 않고 깨어 있다면 불멸의 비밀을 알려주겠다고 약속한다. 여행에 지친 길가메시는 잠이 들었지만 우트나피시팀은 바다 밑에서 자라는 가시가 있는 어떤 식물을 먹으면 회춘한다는 사실을 알려줌으로써 길가메시에게 한 번 더 기회를 준다. 길가메시는 그 식물을 발견했고 우루크의 노인들과 나눠 먹고자 한다. 그러나 집으로 가는 길에 길가메시가 차가운 물웅덩이에서 몸을 씻는 동안 뱀이 나타나 그 마법의 식물을 먹었다. 길가메시는 긴 여정이 헛수고였다는 사실에 비통한 눈물을 흘렸다.

부장품이 사치스럽고 죽음에 대한 예가 지극했던 후기 구석기 시대 매장 풍습으로 짐작하건대, 우리 조상들은 사후 세계에 대해 나름의 희망이 있었던 것 같다. 길가메시 서사시는 최소 5천 년 전 작품이며 구약성서에 지대한 영향을 미쳤다고 평가받는다. 중국의 화

> 당인의 〈몽선초당도〉

가 당인唐寅, T'ang Yin이 그린 16세기 작품 〈몽선초당도夢仙草堂圖〉에는 탁상에 기대어 잠든 군자가 풍경 위를 떠다니는 불멸의 존재가 된 자신을 상상한 모습이 나온다. 이러한 바람은 21세기라고 다르지 않다. 2002년에 설립된 '영속 협회Immortality Institute'의 강령에 따르면, 이 협회의 주요 목표는 '원치 않는 죽음의 병폐를 정복하는 것'이다.

죽음을 초월하려는 노력에 관한 한 지난 4만 년 동안 별로 변한 것이 없다. 이 야망은 모든 위대한 인물과 평범한 인물들을 사로잡아왔다. 불멸을 추구하는 기발한 접근 방법 또한 수없이 고안됐고

지속됐다. 이 모두가 '죽음은 피할 수 없다' 또는 '모든 존재에는 끝이 있다'는 사실을 부정함으로써 실존적 공포를 줄이려는 의도에서 비롯되었다.

역사적으로 사람들은 크게 두 가지 방법을 통해 불멸의 존재가 되고자 했다. 첫 번째 방법은 '실제 불멸성literal immortality'을 추구하는 것이다. 실제 불멸성이란 사람이 결코 육체적으로 죽지 않는다거나 자아의 어떤 핵심적인 부분은 죽은 후에도 살아남는다고 믿는 것이다. 사람들은 사후 세계와 영혼에 대한 믿음을 고수하거나 고대 연금술로 시작해서 노화 역전 및 냉동보존과 같은 사후 소생 기법으로 이어지는 과학적 수단을 통해 실제 불멸성을 추구해 왔다.

불멸에 이르는 두 번째 방법은 자신의 정체성 중 일부 또는 자기 존재를 상징하는 유물이 자기가 죽은 후에도 계속 전해지도록 하는 것이다. 이런 '상징적 불멸성symbolic immortality'은 숨을 거둔 후에도 자신이 여전히 어떤 영원한 존재의 일부로 남을 것이며 자신을 나타내는 상징적 자취가 영구히 지속되는 것을 보장해준다.

그렇다면 현 시대의 사람들은 실존적 공포에 어떻게 대처하고 있을까? 이를 알아보기 위해 불멸 추구의 가장 초창기 형태가 어떻게 지금의 죽음 초월 형태로 발전했는지 살펴보도록 하자.

죽음을 삶으로 대하라

동서고금을 막론하고 모든 문화권에서 사람들은 자기가 죽음을 피할 수 있다고 믿어 왔고 죽은 후에도 계속 살기 위해 특별한 조치를 취해 왔다. 중국 지배층들은 '죽음을 삶으로 대하라'는 금언을 지키려는 듯 시신과 함께 고인의 신하, 장인, 첩, 군인들을 산 채로 함께 묻었다. 이 전통은 통일된 중국의 첫 번째 황제이자 만리장성을 쌓은 진시황제의 치세(기원전 221년에서 210년) 내내 계속됐다. 진시황제는 영생과 통치에 지독하리만치 집착했고 이 목적을 위해 거대한 능묘를 건설했다. 거의 산만한 언덕 아래에 거대한 지하 능묘를

> 사후 세계에서 진시황제를 받들도록 함께 묻은 테라코타 상의 모습

조성하느라 36년이라는 세월이 걸렸고 인부 70만 명이 동원됐다. 이전 지배층과 비교하면 진시황제는 자비롭다고 할 수 있다. 그는 사후 세계에서 자기를 지켜줄 호위병을 데려가고자 실물 크기로 만든 테라코타 전사 및 말 부대와 함께 묻혔을 뿐이니 말이다. 군대는 무덤을 보호하는 태세로 정확하게 배치됐다. 군인들은 전차, 활, 화살, 창, 검으로 완전히 무장했다. 군인 외에도 통치를 돕기 위해 테라코타로 만든 하인과 문관들이 진시황제와 함께 안치됐다. 유흥을 위한 곡예사, 차력사, 음악가도 있었고 진시황제의 마음을 달래기 위해 정원과 실물 크기 물새로 꾸민 눈요깃거리 자연 풍경도 있었다.

안락한 사후 세계를 열성적으로 추종하는 무리 중 가장 많이 알려진 집단은 아마도 고대 이집트 왕족일 것이다. 그들은 기원전 3천

년경부터 서력기원이 시작될 무렵까지 거의 3천 년 동안 강박적으로 사후 세계를 추구했다. 부활에 대한 이집트인의 믿음은 매일 일출과 일몰을 관장하고 매년 나일 강을 범람시켜 지력을 북돋우는 마아트Maat 여신과 연결돼 있었다. 마아트는 죽은 자가 다음 세상에서 다시 태어나게 하는 일도 맡고 있었다. 그러나 일출과 일몰, 홍수와 지력 회복, 죽음과 부활은 자비로운 초자연력의 일치단결은 물론 파라오 및 이집트 국민의 협조가 있어야 가능했다. 일몰은 태양신 레Re의 죽음을 암시했다. 레는 장대한 여정 중에 어두운 지하 세계로 내려가야 했고 그 과정에서 수많은 위험을 극복한다면 그는 다음날 다시 태어났다. 일출은 이러한 재탄생을 상징했다. 부활은 레가 매일 밤에 하는 여행을 상징적으로 재연한 결과였다.

사후 세계로 가는 여행을 위해 왕족과 귀족의 시신은 내세로 향하는 일종의 교통수단인 실물 크기의 목선과 함께 웅장한 피라미드 안에 안장됐다. 함께 안치된 의복, 가구, 화장품, 음식, 특별 음료가 일상의 필요를 채워주었고 신과 여신의 조각상과 특별한 보석을 포함한 각종 공예품들이 그들을 보호했다. '사자의 서*Book of the Dead*'라고 불리는 성스러운 장례 문서는 사후 세계의 배치, 그곳에서 기다리고 있는 사악한 악마들, 그리고 그들을 퇴치하기 위한 마법 주문을 담고 있었다.

사후 세계로 가는 여정 중에 '심판의 장'에 머무르면서 마아트 원칙을 준수했던 자들은 불멸을 얻게 된다. 그렇지 않은 자들은 '파괴의 장'에서 뱀들이 내뿜는 불길에 불탄다. 페피 1세의 무덤(기원전 2300년)에서 발견된 명문에는 성공적인 경로가 기록돼 있으며 "몸을 일으켜라. 너는 죽지 않았다. 네 생명력은 너와 함께 영원히 꺼지지 않을 것이다"와 "나는 살아있는 영혼으로서 내 진정한 모습으로 이 낮 시간에 나왔다. 내 가슴이 갈망하는 장소는 이 땅에 영원히 살아있는 자들 사이에 있다"라는 문장을 담고 있다.

고대 수메르인, 중국인, 이집트인은 인류가 오랫동안 불멸을 추구했음을 보여준다. 숭기르에서 발견된 부장품과 괴베클리 테베에서 발견된 기념비들은 아주 오래 전 우리 조상들이 죽음을 초월하기 위해 크나큰 노력을 기울였음을 암시한다. 이렇듯 문자가 등장한 이래 인류는 영원한 삶에 유별나게 집착했음이 분명하다.

실제 불멸성을 추구하는 모습은 지금도 이어지고 있다. 이슬람 전통에서 내세는 천국의(문자 그대로나 비유적 의미로나) '기쁨 정원'에 있다. 이슬람과 관련된 많은 문서들이 일곱 정원을 묘사한다. 천국 위에는 거대한 칭찬 현수막이 걸려 있다. '세상의 왕인 신의 이름으로', '세상의 왕인 신을 찬양하라', '신은 오직 한 분뿐이다. 무함마드는 신의 사도이자 예언자이다'라는 말이 첫 번째 줄에 등장한다. 각 줄마다 현수막 7만 개가 걸려 있고 천 년에 걸쳐 있다. 정원에서 자라는 기적의 나무들은 은이나 금으로 만들어졌고 뿌리가 공중에 있고 가지는 땅속에 있다. 신비한 동물과 노래하는 새들이 넘쳐난다. 온화하고 순수한 사람은 천국의 미녀(쾌락을 제공하는 일에만 헌신하는 처녀)를 상으로 받는다. 남자와 여자는 음모나 겨드랑이 털 혹은 점액과 타액으로 오염되지 않은 영원한 젊음을 지닌 몸으로 부활한다. 호화로운 음식이 넘쳐난다. 사람들은 지상에 있을 때보다 100배 더 많이 먹으며 그에 상응하는 즐거움을 누린다. 모두가 술과 음악을 즐기지만 취하지는 않는다.

니체는 '신은 죽었다'고 선언했지만 이 말을 하기에 미국은 여전히 시기상조인 것 같다. 2007년에 사회문제 연구단체 퓨 포럼Pew Forum on Religion and Public Life이 미국인 3만 5천 명 이상을 대상으로 조사한 결과에 따르면, 92퍼센트가 신이 존재한다고 믿는다고 답했다. 3분의 2는 자기가 믿는 종교의 경전을 신의 말씀이라고 믿었고, 74퍼센트는 천국과 내세를 믿었다. 3분의 2가 넘는(68퍼센트) 사람들이 이 세상에 천사와 악마가 활동한다고 믿었고 79퍼센트가 고대와 마찬가지로 현대에도 여전히 기적이 일어난다고 믿었다.

종교적 신념은 확실히 죽음에 대한 걱정을 누그러뜨린다. 신에 대한 강한 믿음은 감정적 행복 및 낮은 수준의 죽음 불안과 관련이 깊다. 자신이 죽을 운명임을 깨달은 뒤 사람들은 신앙심이 깊어졌고 신을 더 강하게 믿게 됐다고 말한다. 죽음을 상기한 후 사람들은 신이 존재하며 신이 기도에 답한다고 더 강하게 확신할 뿐만 아니라 초자연적 현상 전반에 더 큰 관심을 나타내고 이를 수용한다. 이런 현상은 무신론자들에게도 나타난다. 그들은 죽음을 상기한 후 '실제'라는 단어와 '신', '천국', '천사', '기적'과 같은 단어를 더 빠르게 연결지었다. 심리학자들은 이를 '내재적', 즉 무의식적 종교성의 척도로 사용한다. 또한 독실한 신자들을 대상으로 신앙심을 떠올리게 한 경우 그들은 방어적으로 행동하지 않고 죽음을 생각할 수 있게 된다.

영혼의 간략한 역사

영혼은 실제 불멸성을 거론할 때 공통으로 등장하는 개념이다. 오토 랭크에 따르면, 영혼은 인류가 매우 초기에 만들어낸 가장 영리한 발명품 중 하나로, 인간은 영혼 덕분에 자신을 단순히 육체적 존재 이상으로 인식하고 죽음을 회피할 수 있게 됐다. 랭크의 저서들은 이를 "영혼은 저항할 수 없는 심리적 힘, 즉 영원히 살고자 하는 우리 의지와 죽음이라는 불변의 생물학적 사실이 충돌하는 빅뱅 속에서 탄생했다"라고 표현했다. 유한한 육체에 얽매이지 않는 영혼의 존재는 단순히 상상의 대상에 그치지 않았다. 이는 분명 완전 소멸이라는 가능성과 비교해서는 퍽 반가운 일이었다. 비록 그 구체적인 본질은 시간과 공간에 따라 상당한 차이가 있겠지만 동서고금을 통틀어 인간은 모두 영혼을 지녀왔다.

어떤 사람들은 영혼을 질량과 부피를 지닌 물리적 존재로 받아들인다. 이들 중에는 영혼을 실물 크기의 그림자로 보거나 육체를 축소한 모형으로 인식하기도 한다. 또 영혼은 무형이긴 하지만 실재한다고 믿는 사람들도 있다. 어떤 문화권에서는 오직 인간만이 영혼을 지닌다. 살아있는 모든 생물에게 영혼이 있다고 생각하는 문화권도 있다. 또한 모든 생물과 무생물에 영혼이 있다고 생각하는 문화권도 있다. 어떤 문화권에서 영혼은 육체와 완전히 독립되어 있어 내키는 대로 드나들 수 있고 종종 꿈과 의례를 통해 나타난다. 또 다른 곳에서 영혼은 어느 정도 육체에 연결되어 있다. 문화가 영혼과 육체의 관계를 어떻게 해석하는가에 따라 육체의 죽음과 영혼 분리의 정도가 결정된다. 어떤 문화권에서는 육체가 죽으면 영혼이 완전히 육체를 떠난다고 보기도 한다. 어떤 영혼은 자기만의 독자적인 천상의 존재성을 띤다. 조상 대대로 '혼령'이 모인 세계에 들어가는 영혼도 있다. 다른 생명체로 환생하기도 한다. 부활한 자기 육체와 재결합하는 영혼도 있다. 다양한 관점의 차이에도 불구하고 모든 영혼 개념은 불멸의 가능성을 실현한다. 왜냐하면 영혼이 육체에서 분리될 수 있다고 믿기 때문이다.

역사적 인물 중 몇몇은 신앙심이 아니라 논리와 이성을 통해 영혼의 영원성을 증명하고자 했다. 일례로, 소크라테스는 영혼의 불멸성을 지지하는 지극히 이성적인 4가지 주장을 내놓았다.

1. 만물은 그 반대 성질에서 생성된다. 차가움은 뜨거운 물체가 식을 때 비롯되고 뜨거움은 차가운 물체가 데워질 때 비롯된다. 이는 죽음이 삶에서 비롯되고 삶이 죽음에서 비롯됨을 시사한다. 죽은 사람은 이전에 살아있었고 마찬가지로 살아있는 사람은 이전에 죽어있었다. 이는 탄생 이전에 존재하는 일종의 영혼

을 암시한다.

2. 아기는 사전에 어떠한 경험도 하지 않았음에도 태어날 때부터 어떤 지식을 갖고 있으므로 탄생 이전에 이런 정보를 신생아에게 전달하는 영혼이 분명히 존재한다.
3. 세상에는 두 종류의 존재가 있다. 보이는 존재와 보이지 않는 존재. 보이는 존재는 모두 부패할 수 있고 시간이 흐르면 변한다. 그러나 보이지 않는 존재는 순수하고 변하지 않는다. 육체는 눈에 보인다. 육체는 세월이 흐르면 쇠락하고 죽는다. 영혼은 눈에 보이지 않는다. 따라서 영혼은 틀림없이 불변하고 불멸한다.
4. 마지막으로, 세상에 존재하는 만물은 언제나 존재해 왔고 앞으로도 영원히 존재할 무형의 정적인 형태에서 비롯된다. 바퀴는 둥근 형태를 구체적으로 보여준다. 숫자 4는 짝수 형태를 구체적으로 보여준다. 바퀴와 숫자는 오고가지만 이를 초래하는 '형태'인 원과 짝수는 영구히 존재한다. 같은 맥락에서 모든 육체 활동은 영혼에서 비롯되며, 영혼은 삶의 근원으로서 사후에도 존속한다.

이로부터 수천 년 후에는 과학자이자 수학자 겸 철학자인 르네 데카르트가 이와 유사한 논리를 펼쳤다. 데카르트는 자신의 집필 의도에 그 어떤 의혹도 없도록 1641년에 발표한《제1철학에 관한 성찰*Meditations on First Philosophy*》 초판의 부제를 '신의 존재와 영혼의 불멸성

실증'이라고 붙였다.

이 책에서 그는 절대적으로 확신할 수 있는 관념만이 참일 수 있다고 선언한다. 그는 조금이라도 의심이 드는 관념은 모두 폐기했고 이를 위해 인간이 이해하는 '현실'이 실증할 수 있는 참이라는 생각을 조목조목 논리적으로 반박했다. 이를테면, 외계는 분명히 존재하는 듯 보이지만 종종 꿈에서 생생한 환영을 보다가 잠에서 깨면 환상에 불과하다는 사실을 깨닫지 않느냐고 반문했다. 그렇다면 우리는 어떻게 깨어난 순간에 지각한 세계가 현실이고 꿈의 세계는 그렇지 않음을 알 수 있을까? 데카르트는 물리적 실제는 존재하지 않을 수도 있다고 말하면서 이렇게 분명치 않은 실제라는 개념을 폐기했다.

나아가 데카르트는 인간의 육체는 분명히 존재하는 듯 보이지만 팔이나 다리를 절단한 사람의 경우 더는 존재하지 않는 팔다리에서 나오는 감각을 느끼는 경우가 많다고 말했다. 그런데도 어떻게 사람들은 육체가 실제라고 생각할까? 어쩌면 육체 역시 환영일지도 모른다. 육체를 보유한다는 개념도 분명치 않았으므로 데카르트는 이 개념 역시 폐기했다.

이제 데카르트는 자신이 의심할 수 없는 유일한 사실이 자기가 의심하는 상태임을 깨달았다. 의심하기 위해서는 생각해야 했고, 생각하기 위해서는 존재해야 했다. 이렇게 사고야말로 실재의 근원이므로 '나는 생각한다, 고로 나는 존재한다'는 결론을 내렸다. 분명히 무엇인가가 생각을 한다. 육체와 분리된 정신, 즉 영혼이 생각을 한다. 이에 따라 데카르트는 "육체의 부패가 정신의 파괴를 암시하지는 않는다"라고 결론지었다. 고로 영혼은 존재한다. 적어도 데카르트는 이 문제를 이렇게 이해했다.

데카르트뿐만이 아니다. 영혼에 대한 믿음은 놀라울 정도로 오래됐고 끈질기다. 21세기를 사는 미국인 중 약 4분의 3이 자신이 파괴할 수 없는 어떤 종류의 영혼을 갖고 있다고 확신한다.

연금술을 통한 장수

고대 사람들이 영생을 추구하는 문제에서 꼭 영적이었던 것만은 아니다. 그들 또한 세속적 수단을 동원했다. 일례로, 동서를 막론하고 그들은 영원히, 혹은 적어도 아주 오랫동안 살 수 있는 특정 장소가 있다고 생각했다. 그리스인에게 그 장소는 대서양에 위치해 있고 슬픔을 모르는 반신족半神族이 사는 '극락도the Isles of the Blest'였다. 페르시아인들은 북쪽 지하에 있다고 하는 '이마의 땅the Land of Yima'을 갈망했다. 게르만 민족 영토의 북쪽인 '살아있는 자의 땅the Land of Living Men'에는 늙지도 죽지도 않는 거인족이 살았다. 오랜 세월 사람들이 찾아 헤맨 신비의 과일이나 종자의 형태를 띤 불로장생의 묘약 또한 영생을 도왔다. 인도인들은 신비한 잠부 나무 열매가 신화 종족인 우타라쿠루 족에게 병과 노화를 이길 수 있는 면역력을 부여한다고 믿었다. 서유럽의 켈트 족은 마법에 걸린 음식을 먹거나 '티르 나 노그

Tir na nóg', 즉 젊음의 땅에 있는 신비의 선박을 사용해 노화와 죽음에서 벗어날 수 있다고 생각했다.

신비의 약수에 관한 이야기 역시 아주 많다. 일본 호라이산 섬에는 질병, 노화, 죽음을 없애는 영원의 샘물이 있었다고 한다. 힌두교의 젊음의 샘은 적어도 기원전 700년까지 거슬러 올라가고 그 이후 히브리의 불멸의 강이 등장했다. 알렉산더 대왕은 생명의 분수를 찾아 다녔다. 아라비아 신화에서는 엘 키드르가 생명수의 우물을 찾는다. 스페인의 탐험가 폰세데레온Ponce de León은 젊음의 분수를 찾다가 우연히 플로리다를 발견했다. 고대 그리스 신들이 즐기던 음식인 암브로시아와 넥타르는 삶을 영원히 연장시켰다. 힌두인과 페르시아인에게는 소마가 있었고 고대 멕시코인과 페루인에게는 오크트리(용설란 수액으로 만든 알코올 음료)가 있었다.

영원히 살 수 있는 장소와 묘약을 찾고자 지상을 샅샅이 뒤지는 사람이 있는가 하면, 어떤 사람은 연금술을 통해 영속으로 가는 자신만의 길을 닦고자 했다. 기원전 522년에 제나라 경공은 "태곳적부터 죽음이 없었다면 얼마나 행복했을까!"라고 중얼거렸다. 방사(方士, 주술사)들은 귀족에게 '죽지 않는 길'을 닦는 방법과 '불로장생의 영약'을 쥔 불사신을 찾으려면 어디로 가야하는지 조언했다. 진시황제의 연금술사들은 수은과 금을 섞은 알약과 물약을 처방했다.

중국인은 만물을 관장하는 '도道'와의 조화를 꾀하는 도교를 통해 종교와 생명 연장을 교묘하게 결합했다. 도교 신자들은 삶을 연장시키기 위해 꾸준히 노력했다. 그들은 장수 기술을 숙달함으로써 불멸의 영혼, 즉 '신선'이 될 수도 있었다(신선은 놀라운 속도로 이동할 수 있고 날씨를 조절할 수 있으며 동물의 모습을 띠거나 보이지 않게 할 수도 있다고 여겨졌다). 도교 신자들은 특정한 호흡법, 식이요법, 수행법, 성행위 규율을 엄격하게 고수함으로써 장수를 추구했다. 공기는 하늘에 닿는다는 점 때문에 인간보다 더 순수하고 역동적이라고 여겨졌다. 그래서 특히 호흡은 인간과 신 사이를 연결하는 다리로 간주됐다. 호흡을 적절히 조절하면 낙원 및 신들의 불멸성에 신체가 직접 닿을 수 있다고 믿었다.

적절한 호흡과 식이요법, 수행, 성관계로 기운을 돋운 도교 신자들은 금으로 만든 삶의 영약을 만들어내는 데 주의를 집중했다. 서기 4세기에 갈홍은 "삶의 영약을 먹고 도를 지키는 사람은 하늘만큼이나 오래 산다. 이들은 자기 천성을 이루는 요소를 소생시키고 호흡을 비축함에 따라 삶을 무한대로 늘린다"라고 말했다. 금은 화학적 변화를 겪지 않아 부식되지 않는 금속인 까닭에 불멸성과 연관됐다. 따라서 불멸의 영약에는 금 조각이 들어가는 경우가 많았다. 이에 따라 금을 넉넉히 확보하는 일은 중요해졌고 고대 중국과 이집트 연금술사들은 비금속을 금으로 바꾸고자 부단히 노력했다.

연금술사들은 죽지 않고 영원히 사는 일을 추구했기 때문에 천국의 존재, 내세, 부활, 환생, 영혼의 필요성을 느끼지 못했고 이를 둘러싼 불확실성과도 무관했다. 따라서 이들은 실제 불멸성을 추구하는 무리의 선봉에 있었다.

현대판 불멸주의자

현대인들은 죽기를 맹렬히 거부했던 옛날 연금술사들의 마음을 탐욕스럽게 계속 이어왔다. 그러나 현대판 '불멸주의자들'은 불멸의 묘약을 만드는 대신 죽음을 미연에 방지하는 최첨단 과학적 방법을 통해 죽음을 시대에 뒤진 현상으로 만들고자 노력하며 이 일에 대단히 진지하게 임한다.

데카르트는 생명 연장에 과학적 접근 방식을 취한 선각자였다. 데카르트는 현대 의학 기술의 가능성을 내다보았고 그중 상당수는 현재 일상적으로 사용되고 있다. 인체를 '흙으로 빚은 기계'로 본 데카르트는 '기계'가 망가지면 문제가 생긴 부품을 찾아내서 이를 수리하거나 교체하는 일이 가능할 것이고 언젠가는 쉬운 일이 될 것이라고 생각했다. 그는 혈액 순환 장애는 새로운 피로 고칠 수 있고 호흡기 질환은 새 허파로 치료할 수 있다고 주장했다. 데카르트에게 당시 수혈과 장기 이식이 불가능했다는 사실은 문제가 되지 않았다. 그가 보기에 진보는 불가피한 일이었다. 데카르트는 미래에 다음과 같은 일이 일어날 것이라고 내다봤다.

> 우리에게 지금까지 알려진 것은 앞으로 발견될 바에 비하면 극히 하찮다. … 우리가 질병의 원인과 자연이 알려주는 모든 치료법을 잘 알기만 한다면 육체 및 정신과 관련된 수많은 질병, 그리고

어쩌면 노환으로부터도 해방될 수 있다.

데카르트는 장수에 몰두했다. 그는 의학을 통해 수명을 100년은 더 연장할 수 있다고 믿었다. 그는 소량을 자주 먹는 저칼로리 식단으로 구성된 채식 식이요법을 실천했고 이를 통해 수명을 최대 500년까지 연장할 수 있다고 생각했다. 데카르트는 생애 최후 몇 개월을 스웨덴에서 보냈고 그곳에서 계속 수명을 연장할 수 있고 나아가 영생이 가능함을 증명하고자 했다. 그는 54세라는 고령의 나이로 세상을 떠났다.

17세기 말 무렵에는 개, 말, 인간에게 수혈을 실시했다. 실망스러운 결과가 이어졌지만 가끔 성공을 거둘 때면 연구자들은 노화를 지연하거나 역전하는 회춘 기술이 개발되리라는 희망에 들떴다. 18세기에 걸쳐 박테리아, 파리, 물고기 등을 건조하거나 냉동처리한 후 다시 소생시키려는 시도가 계속됐지만 실패로 끝났다. 당시 과학적 식견이 높았던 벤저민 프랭클린은 안타까움을 담아 이렇게 말했다. "농업 생산량을 기하급수적으로 늘리고 공중에 뜨는 교통수단을 개발하고 '심지어 노화를 포함해' 만병을 치료하거나 예방할 수 있는 과학 발전을 목격하기에는 나는 너무 일찍 태어났다."

계몽시대 이래 불멸을 꿈꾼 사람은 프랭클린뿐만이 아니었다. 20세기 들어 죽음을 극복하려는 노력은 한층 더 큰 가능성으로 나아갔다. 혈관 봉합을 통해 장기 이식을 현실화한 프랑스 출신 의사이자 노벨상 수상자인 알렉시 카렐Alexis Carrel 박사는 무기한 생명 연장을 위해 헌신했다. 카렐은 이미 이식을 위한 생체 조직을 생리식염수에 담그거나 바셀린을 발라 얼기 직전 온도로 두 달 동안 보존하고 있었다. 그 다음 그는 닭 배아의 심장에서 세포를 채취하여 이를 배양 플라스크에 살아있는 채로 보존하려는 실험을 시도했다. 한 세포주가 34년 동안 살아남았다. 3개월 후 이 발견을 발표하면서 카렐은 "이 실험의 목적은 유기체 몸 밖에서 조직의 왕성한 생명이 무한히 연장될 수 있는 환경을 알아보려는 것"이라고 밝혔다. 그는 "노화와 죽음은 불가피하지 않고 단지 조건에 따른 현상에 불과하다"라는 결론을 내렸다.

1927년 뉴욕에서 파리까지 대서양 횡단 비행으로 전 세계에 이름을 알린 찰스 린드버그Charles Lindbergh는 1930년에 처제의 심장 판막 이상을 고치거나 적어도 대안을 찾을 수 있으리라는 희망을 품고 카렐에게 연락을 취했다. 린드버그는 전문 정비사였고 데카르트와 마찬가지로 인간의 몸을 원칙적으로 고치거나 대체함으로써 무한히 유지할 수 있는 기계로 봤다. 또한 린드버그는 어린 시절 죽음에 사로잡혀 있었기 때문에 이 문제에 개인적인 관심을 갖고 있기도 했다. 린드버그는 자신의 경험을 이렇게 회상했다. "신이 처음 내 기억 속에 나타났을 때 그는 죽음과 관련을 맺고 있었다. 신이 그토록 선하다면 왜 신은 당신을 죽게 합니까? 왜 영원히 살도록 해주지 않습니까? 죽어서 좋을 것은 하나도 없었습니다. 죽음은 끔찍했어요."

린드버그와 카렐은 심장, 폐, 위, 장, 신장 같은 기관을 동물의 몸에서 떼어낸 이후에도 산 채로 보존할 목적으로 관류灌流 펌프를 함께 고안했다. 1935년 이 펌프로 고양이의 갑상선을 18일간 유지했을 때 〈뉴욕아메리칸New York American〉은 '불멸에 한 발자국 다가서다'라는 제목으로 이 업적을 기렸다.

현재 노령 '치료'의 전망은 불투명하지만 주류 과학자들은 과거 도교를 신봉하던 연금술사와 똑같이 영생의 방법을 찾기 위해 수명 연장 및 회춘의 비법을 찾고자 열을 올리고 있다.

컴퓨터 과학자였다가 생물 연구자가 된 오브리 드 그레이Aubrey de Grey도 이런 불멸주의자 중 한 명이다. 케임브리지 대학에서 유전 공학을 연구하면서 그는 센스 연구 재단SENS Research Foundation(설계되어 무시할 수 있는 노화를 위한 전략Strategies for Engineered Negligible Senescence을 의미하는 두문자어)을 이끌고 있으며, 이 기관은 노화라는 질환의 원인으로 지목되는 신진대사에 초점을 맞춤으로써 노화 문제를 해결하려고 한다. 드 그레이를 비롯한 여러 과학자들은 신진대사를 양면의 동전으로 본다. 빠른 신진대사는 칼로리와 지방을 태우기에는 안성맞춤이지만 자동차를 하루에 160킬로미터씩 더 운전할 때와 마찬가지로 우리를 더 빨리 지치게 함으로써 동시에 노화를 유발한다. 그들은 음식을 에너지로 바꾸는 과정인 세포 신진대사가 노화를 유발한다고 주장한다. 따라서 드 그레이를 비롯한 여러 과학자들은 신진대사를 늦추고 신진대사로 배출되는 노화 촉진 노폐물을 정화하는 것이 해결책이라고 생각한다. 도교 신자들은 하루에 한 번 나무 열매와 뿌리만 먹음으로써 이를 실천했다. 어쩌면 이는 효과가 있었을지도 모른다. 열량을 적게 섭취하면 신진대사가 느려진다. 연구에 따르면,

원하는 만큼 먹었던 쥐에 비해 30퍼센트 적은 칼로리를 섭취한 쥐는 40퍼센트 더 오래 살았다.

드 그레이에게 "노화란 자연의 멍에에서 벗어나려는 인간이라는 종의 실패를 보여주는 가장 큰 사례"이다. 그리고 드 그레이는 "불완전하게나마 회춘한다면 좀 더 완전한 수리가 가능해지는 시대까지 오래 살 수 있을 것이다"라고 주장한다. 드 그레이 박사는 앞으로 향후 30년 내에 50세인 사람을 회춘시켜 130세까지 살도록 하는 기술이 실현되리라고 믿는다. 이 연구를 위해 므두셀라 재단Methuselah Foundation(인간 수명 연장을 목적으로 드 그레이가 공동 설립한 집단)은 가장 오래 산 무스 무스쿨루스Mus musculus(실험용 쥐)에게 '장수 상'을, 나이 든 쥐의 생체 나이를 되돌린 성공적인 연구에 '회춘 상'을 수여하고 있다.

2004년 드 그레이는 쥐 대상 실험을 두고 이렇게 단언했다. "대중들이 인간 수명 연장의 가능성에 주목할 정도로 생쥐의 수명이 연장된다면 노화와의 전쟁은 무섭게 가속될 것이다." 그때가 되면 "비교적 부유한 사람들만 이 혜택을 누리겠지만" 곧 일반인들도 성공 가능한 수명 연장 치료를 받을 수 있으리라고 내다봤다. 그의 말은 설득력이 있다. 과학의 소산을 누리는 일에 관한 한 돈 있는 사람들이 일반 대중에 비해 더 많은 선택권을 가졌던 것이 사실이다. 부자들은 최고의 의료서비스 비용을 지불할 수 있기 때문에 죽음으로부터의 부활을 약속하는 기술 역시 이용할 수 있는 것이다.

예를 들어, 알코어 생명연장 재단Alcor Life Extension Foundation을 생각해 보

자. 애리조나 주 스코츠데일에 위치한 네모난 회색 건물에 있는 어떤 방 안에는 높이 275센티미터 용기 여러 개가 롤러 위에 마치 스테인리스 스틸 보초병처럼 늘어서 있다. 각각의 용기에는 온도계가 부착돼 있다. 내용물을 섭씨 영하 196도로 유지하기 위해 일주일에 한 번씩 액체 질소를 붓는다. 이로써 이 용기들은 말 그대로 지구상에서 가장 차가운 관이 된다.

> 알코어 생명연장 재단의 용기

알코어 생명연장 재단에 가입한 회원이 죽으면 알코어 팀이 곧바로 행동을 개시한다. 의사들은 시체를 얼음물에 넣고 심폐소생기를 부착하며 혈압을 유지하고 뇌를 보호하기 위해 정맥 주사를 놓는다. 그 다음 산소가 없어도 장기 기능을 유지할 수 있는 온도까지 시체를 냉각한다. 이 시체를 보존 용액에 담근 다음 더 낮은 온도로 냉각한다. 이후 시체를 머리가 아래쪽으로 향하도록 용기에 넣고 수십 년 혹은 수백 년 동안 냉각 상태를 유지한다. 분자 나노기술로 시체 소생이 가능해지면 알코어는 훗날 언젠가 시체를 해동할 것이다. 비용은? 한 사람 당 20만 달러이다.

소비에 신중한 사람들을 위한 신경냉동보존neuropreservation, 즉 머리와 뇌를 냉동보존하는 방식은 8만 달러에서 시작한다. 이는 알코어 회원 수백 명 중 다수가 선호하는 방식으로, 알코어 웹사이트에 따르면 이들에게 "어차피 소생 과정에서 완전히 교체할 가능성이 높은 늙고 병든 조직 덩어리를 보존하는 것은 이해불가"이다. 알코어 이사 중 한 명인 솔 켄트Saul Kent는 언젠가 누군가가 새로 몸을 만들어 줄 것이라는 기대를 품고 노모의 머리를 보존해두었다. 켄트는 자신과 어머니 둘 다 해동됐을 때 두 사람이 육체적으로나 정신적으로 같은 나이인 상황을 상상한다. "어머니를 만나게 된다면 '엄마, 우리 이제 함께 천국에 있군요. 효과가 있었어요. 정말 효과가 있었어요'라고 말할 것입니다."

켄트 부인의 머리를 보존하기 위해서는 '두부 분리', 즉 6번 경추에서 목을 자르고 '냉동보존하지 않는 조직'은 화장 처리하는 과정이 필요하다. 현재 알코어에 냉동보존돼 있는 가장 유명한 고객은 2002년에 사망한 야구선수 테드 윌리엄스Ted Williams이다. 윌리엄스가 숨을 거둔 후 그의 시체는 알코어 재단의 시설로 실려와 그곳에서 신경 분리를 거쳤고 현재 그의 머리와 몸통은 획기적인 방법이 개발될 때까지 그곳에 보관되어 있다. 켄트는 인류가 인체 냉동보존술을 능수능란하게 다루게 되어 사람들의 생명을 되살릴 경우 어떤 미래가 펼쳐질지를 다음과 같이 설명한다. "우리는 슈퍼맨을 훨씬 뛰어넘는 힘을 가지게 될 것이고 마치 옷을 갈아입듯이 몸을 바꿀 수 있게 될 것입니다. 어쩌면 미래에는 사람들이 몸을 하나 이상 가질 수

> 야구선수 테드 윌리엄스

도 있을 겁니다. 뇌가 꼭 몸 안에 있을 필요도 없습니다. 임시로 소형 몸 같은 형태를 취할 수 있습니다. 21세기가 끝날 즈음이면 인간과 지금의 인간 사이에는 지금의 인간과 유인원 사이에 존재하는 정도보다 더 큰 차이가 존재할 수도 있습니다. … 우리는 새로운 종이 될 것입니다."

그렇다면 계속 나아가기 위해 우리는 기술을 어떻게 사용할 수 있을까? 젊음을 유지하기 위해 하루에 250가지 비타민제를 섭취한 레이몬드 커즈와일Raymond Kurzweil은 작가이자 발명가, 미래학자로서, 2030년이면 컴퓨터 지능이 인간의 뇌를 한층 더 발달시키리라고 예측한다. 그는 나노봇nanobot이라고 하는 초소형 로봇이 혈액 순환 및 소화 과정을 관찰하고 통제할 것이라고 생각한다. 장 기능을 대체하여 극소 배설물 압축기 역할을 하는 나노봇도 생길 것이다. 드 그레이는 인체 유지나 치료 중에 있을 수도 있는 기억 상실에 대비해 백업으로 자아 의식을 포함해 인간 뇌에서 생성되는 모든 정보를 컴퓨터로 옮겨놓는 '비침습성 고정 업로딩'이 생기리라 예상한다. 사회학자 윌리엄 베인브리지William Bainbridge는 한 발 더 나아가 개인의 지식과 정체성을 신체에 되돌리는 것이 과연 현명한 행동인지 되묻는다. 육체를 완전히 버리고 그 정보를 내구성이 더 뛰어난 로봇에 옮기거나 그냥 외부 저장 장치에 보관하는 게 어떨까?

이전에 인간이었던 존재의 디지털화한 잔존물을 플래시 드라이브나 컴퓨터 클라우드에 저장한 상태를 사람이라고 할 수 있을까? 당신의 자유분방한 활동을 사진으로 찍어 페이스북에 올리는 대신 '당신'이 페이스북이 된다면 '삶'은 과연 어떻게 변할까? 사이버 공간에서 당신에게 '트윗을 보내고' '마음이 맞는' 가상의 인간 친구들과 당신은 어떤 상호 작용을 주고받을 것인가? 우리 저자들은 존재의 지위와 사회 속 '대인관계'의 역동성을 숙고하는 과제는 철학자들에게 맡기고자 한다.

한편, 일부 과학자들이 영원한 자아를 위해 신체를 완전히 버리는 일에 전혀 양심의 가책을 느끼지 않는다는 사실은 무엇을 의미할까? 그것은 불멸의 영혼이라는 종교적 개념에 내재적 친밀감을 갖고 있다는 것을 의미한다. 디지털화된 자아라는 개념은 근본적으로 육체에 매여 있지 않은 중요한 본질이 있다고 믿을 때에만 이해할 수 있다. 그것이 영혼이 아니라면 무엇이겠는가?

토머스 맬서스Thomas Malthus는 종교적 신념과 과학적 신념이 교차하는 이 놀라운 지점을 1798년에 알아보았다. 인구는 언제나 그 인구를 유지하기 위한 수단보다 더 빨리 증가한다는 주장(다윈의 진화론에 중심이 되는 개념)을 펼친 것으로 유명한 맬서스는 과학자들이 "다른 상태의 영생을 절대적으로 약속하는 계시의 빛"은 물론 "미래 영혼의 존재를 보여주는 자연 종교"를 거부하고 있지만 "불멸이라는 개념은 인간의 마음에 너무나 꼭 맞기 때문에 이를 체계 밖으로 완전히 내버리는 데 찬동하지 못한다"라고 말했다.

인간이라는 종은 탄생 이래 지속적으로 실제 불멸성을 헌신적으로 추구해 왔다. 비록 실패에 그쳤을지라도 이런 노력은 인간의 진보, 기술 발전, 과학적 발견에 대단히 크게 기여해 왔다. 고등 수학은 피타고라스가 사후에 영혼이 한 육체에서 다른 육체로 이동한다는 자신의 믿음을 증명하고자 삶에서 불변하는 측면을 찾으면서 시작됐다. 괴베클리 테페의 거대한 돌기둥과 이집트 피라미드를 건축하는 데 필요한 공학 기술은 죽음을 둘러싼 종교적 목적을 위해 개발됐다. 젊음의 분수를 찾으려는 의지는 장대한 여행과 먼 바다를 건너는 항해를 부추겼고 덕분에 지구의 지리를 정확히 알 수 있게 됐다. 화학과 물리학은 연금술사들이 금속 반응을 세밀히 관찰하고 측정하는 과정에서 발전했다. 그들의 실험은 정수淨水, 현대 의약품 제조, 플라스틱 합성에 필요한 기술로 이어졌다. 현대 불멸주의자들이 의학과 영양학에 기여한 덕에 제1세계 국민의 평균 기대수명은 두 배로 늘어났다.

진시황제나 페피 1세가 사후 세계에 이르렀는지, 아니면 그들의 영혼이 천상의 안개 속을 여전히 배회하고 있는지는 알 수 없지만 그들이 살던 시대의 사람들보다 더 많은 사람들이 그들에 관해 알고 있다는 점은 그들이 적어도 상징적 불멸성을 획득하는 데는 성공했다는 사실을 증명한다.

이집트인은 "죽은 자의 이름을 부르면 그들은 다시 살아난다"라고 즐겨 말한다. 인간은 언제나 '어떤 수단을 동원해서라도' 불멸을 추구해 왔다. 불멸을 향한 갈망은 아주 오래 전부터 문자 그대로 죽음을 피하려는 열렬한 노력과 함께 지금도 살아있다.

6 상징적 불멸성

죽음의 영향력은 '죽음이 본래의 자기 이름으로 나타나지 않을' 때, 확실하게 죽음에 헌정된 장소와 시간이 아닐 때, 죽음이 문제가 아니거나 중요하지 않은 듯 살고 있을 때, 자신이 언젠가는 죽을 존재임을 떠올리지 않을 때, 궁극적으로 삶은 공허하다는 생각을 해도 불안하거나 괴롭지 않을 때 가장 강력하다(그리고 창조적이다).
— 지그문트 바우만, 《필사, 불멸, 삶의 전략들》

이 묘지에는

죽음에 임해

적들의 악랄한 힘에

비통한 마음으로

다음과 같은 말이 자신의 묘비에 새겨지길 바랐던

한 젊은 영국 시인의

유해 전부를 담고 있다.

"여기 물 위에 이름을 새긴 사람이 잠들어 있노라."

1821년 2월 24일

위의 글은 영국의 위대한 낭만주의 시인인 존 키츠John Keats의 묘비명이다. 가족, 친구들과 멀리 떨어진 로마에서 스물다섯의 나이로 폐결핵에 걸려 죽어간 키츠는 자신의 운명이라고 느꼈던 명성을 이루지 못하고 숨을 거둘 것이라는 생각에 괴로워했다. 그리하여 그는 묘비명으로 "여기 물 위에 이름을 새긴 사람이 잠들어 있노라"라고 새겨 달라고 부탁했다(나머지는 친구들이 추가했다). 이 우울한 비문을 모른다면 로마 신교도 묘지를 간다고 해도 그곳에 키츠가 묻혀 있다는 사실조차 모를 것이다.

키츠는 마구간지기의 아들로 태어나 여덟 살에 낙마 사고로 아버지를 잃었고 폐결핵에 걸린 어머니와 남동생을 죽을 때까지 보살폈다. 그는 약제상으로 일하는 데 필요한 자격을 취득했으나 약간의 유산을 받아 그 일을 버리고 시작詩作의 세계로 뛰어들었다. 그가 힘겹게 출판한 작품들은 대대적으로 거부당하고 비웃음을 샀다. 〈블랙우드 매거진*Blackwood's Magazine*〉은 그의 시를 다음과 같이 평했다. "굶주린 시인보다 굶주린 약제상이 되는 편이 더 낫고 현명하다. 그러니 존 씨, 가게로, '반창고, 알약, 연고 상자'로 돌아가시오."

키츠는 포기하지 않았다. 5년이라는 짧은 시간 동안 그는 '그리스 항아리에 부치는 송시Ode on a Grecian Urn', '나이팅게일에게 부치는 송시Ode on a Nightingale' 등 시대를 초월한 수많은 명시를 썼다. 병세가 심각해지기 전 그는 평판이 나빴음에도 불구하고 자신이 쓴 시가 본인이 눈감은 후에도 살아남을 것이라고 확신하며 이렇게 말했다. "나는 죽은 후에 영국을 대표하는 시인 중 한 명이 될 것이다."

한편, 키츠는 정말 죽음에 사로잡혀 있었다. 죽음은 그의 어깨 위를 맴돌며 그의 펜을 좌우했다. 스물한 살에 그는 이미 무덤 속에 누워 있는 기분이 어떨지 상상했다. '잠과 시Sleep and Poetry'라는 시에서 그는 이렇게 썼다. "내가 정말로 쓰러진다면, 적어도 나는 누우리/ 백양나무 그늘의 침묵 아래/ 그리고 내 위로 난 풀은 말끔히 깎으리/ 그리고 그곳에 상냥한 비문을 새기리."

키츠가 당시 상상했던 비문은 실제로 새겨진 비문과는 달랐을지도 모른다. 그의 인생 경험은 너무 짧았고 작품은 전체적으로 미숙한대다 작품 수도 너무 적었다. 그의 이름을 이어갈 아이를 낳을 만큼 긴 연애를 경험하지도 못했다. 불치병에 걸린 키츠는 자기 삶이 무가치하다고 느꼈다. 자존감이 바닥까지 떨어진 상황에서 그는 익명으로 묻어달라고 부탁했다.

결국 키츠는 자신이 죽은 뒤에 자기 작품이 살아남으리라고 믿지 않게 됐고 모든 인간이 종국엔 자문하게 되는 영원한 질문을 했다. "다음 생이란 있을까?" 그는 말년에 집으로 보낸 편지 중 한 통에서 "내가 잠에서 깨어 이 모든 것이 꿈이었음을 알게 될까?"라고 물었다. 그는 "우리가 이런 고통을 겪기 위해 태어났을 리가 없기" 때문에 분명히 다음 생이 있을 것이라는 결론에 이르렀다.

> 이탈리아 로마 신교도 묘지에 있는 존 키츠의 묘비

그러나 그는, 적어도 그의 시는 살아남았다. 결국 그는 위대한 영국 시인의 반열에 올랐다. 그리고 그는 사후 거의 200년 가까운 세월 동안 독자들에게 계속 말을 걸고 있다.

인간은 실제 불멸성을 추구하면서 죽음의 공포에 대처한다. 동시에 자기 자신을 과거 및 미래와 함께 계속 이어지는 문화의 일부로 남기고자 한다. 이것이 바로 '상징적 불멸성'이다. 키츠처럼 우리 모두는 어떤 흔적을 남기고 싶어 한다. 우리는 육체가 죽은 한참 뒤에도 자신의 일부분이 계속 살아남으리라고 믿고 싶어 한다. 그렇지 않으면 우리 이름은 그의 묘비명의 글처럼 정말 물 위에 새겨진 것밖에 안될 것이다.

어니스트 베커는 "현대인은 고대 이집트 파라오들만큼이나 자신의 유한성을 부정하고 있다. 다른 점이 있다면 이제 모든 사람이 파라오들보다 훨씬 더 많은 온갖 기술을 손에 쥔 채 행동한다는 것이다. … 이렇게 할 수 있는 사람은 죽지 않을 것이라는 생각을 하는데, 이것은 숨죽인 희망이다"라고 말했다.

키츠가 죽음을 경멸했고 죽은 후에도 시를 통해 살아남고 싶어 했다는 것은 틀림없다. 그 자신이 작품 속에서 이 염원을 분명히 드러냈다. 누구나 어렸을 때는 키츠나 농구선수 르브론 제임스Lebron James가 추구하는 초월적인 명성을 열망하곤 한다. 그러나 우리 대부분은 어느 순간 그렇게 크게 성공하지 못할 것이라는 사실을 알게 되고, 결국 상징적 불멸성에 다가가기 위해 좀 더 단순하고 미묘하고 심지어 위장된 방식을 이용한다.

이러한 방식에 어떤 것이 있는지 살펴보자.

가족은 영원하다

인류 역사를 통틀어 모든 문화권에서 개인의 정체성은 혈통이 규정해 왔다. 우리는 조상을 앎으로써 과거를 계속 이어왔다. 죽은 조상이 여전히 우리와 함께 있다면 우리도 죽은 뒤에 미래 세대의 마음속에 계속 존재할 수 있을 것이다. 죽은 자들이 그토록 많은 문화권에서 엄청난 주목을 받는 이유도 이 때문이다. 고대 도시 예리코에서 최근 실시된 발굴 작업에서 집 안에 장식된 죽은 조상의 두개골이 발견됐다. 오늘날에도 일본 가정에서 불단, 즉 가족 제단을 쉽게 찾아볼 수 있고 여기에는 조상의 이름을 새긴 명패를 놓는다. 요즘 미국인들은 온라인 서비스업체를 이용해서라도 먼 친척을 찾는 일에 상당한 자원을 투자한다. 실제로 DNA 염기서열 결정법 기술 덕분에 컵에 침만 한 번 뱉으면 당신이 칭기즈칸, 토머스 제퍼슨 혹은 어떤 이름 없는 네안데르탈인의 후손인지까지도 알 수 있다.

가족은 후손을 남길 뿐만 아니라 나의 존재를 후손의 기억에 남긴다는 점에서 육체가 소멸한 이후에도 영속할 수 있는 가능성을 담고 있다. 동서고금을 막론하고 모든 부모들은 자녀가 '엄마의 목소리'를 빼닮았다거나 '아빠의 유머 감각'을 물려받았다는 얘기를 들으면 흐뭇함을 느낀다. 이런 기쁨은 자신의 일부가 아이에게 계속 남아 있기를 바라기 때문에 생긴다. 내 몸은 썩고 한 줌 재로 돌아간다고 해도 외모와 버릇은 혈통을 따라 이어질 것이다.

인간은 자기 핏줄을 남기고 후손을 통해 계속 살아간다고 믿음으로써 자기 존재의 덧없음을 좀 더 잘 받아들일 수 있다. 많은 연구결과들이 죽음을 생각하면 상징적으로나마 죽음을 초월하려는 목적에서 아이를 원하는 욕망이 커진다고 보고한다. 자신의 죽음을 생각했을 때 머릿속에 떠오른 첫 번째 문장을 쓴 독일인들은 고통에 관해 쓴 이들에 비해 자식을, 그것도 더 빨리 갖고 싶은 욕망이 커졌다고 보고했다. 사전에 죽음에 관해 생각한 중국인들은 중국의 1가구 1자녀 정책에 큰 저항감을 느꼈고, 미국인들은 이후 태어나는 자녀에게 자기와 같은 이름을 붙이려는 성향을 더 강하게 드러냈다. 자녀 계획을 생각한 후에 자신의 죽음을 떠올린 이스라엘인들은 단어 채우기 테스트에서 죽음 관련 단어를 더 적게 작성했다. 이는 자손이 태어날 가능성을 떠올린 후에는 죽음이 덜 심각한 문제라고 느꼈다는 것을 의미한다.

자녀는 부모의 육체적 결합물 그 이상의 의미를 지닌다. 부모는 자기들이 소중히 여기는 신념과 가치가 계속 이어지길 바라는 마음에서 이를 자녀들에게 장려한다. 우리 저자들의 친구 중 한 명은 자기 아들이 성공한 변호사이고 훌륭한 사람이긴 하지만 자기가 좋아하는 바그너의 오페라와 카프카의 소설을 좋아하지 않는다고 심각하게 한탄한다.

우리는 자녀들이 우리의 유전자를 먼 미래로 전달해 주기를 바라는 데 그치지 않고 신념, 가치, 집단의 정체성 역시 이어주길 바란다. 어떤 말레이시아인 아버지가 아들이 경쟁 정당을 지지하는 배지를 달고 집에 왔을 때 "아쿠 탁 멩아쿠 아낙(나는 너와 의절하겠다)"이라고 소리지른 사건이 뉴스에 보도된 적이 있었다. 자신의 신념에서 빗나간 자녀와 의절하거나 버리거나 심지어 살해하는 부모도 있다는 사실은 우리가 소중히 여기는 상징을 전달하는 일이 유전자를 전달하는 일보다 더 중요할 수도 있음을 시사한다.

명성과 유명인사

인간은 적어도 길가메시 시절부터 명성을 추구해 왔다. 실제 불멸성을 얻는 데 실패하자 길가메시는 '죽은 이후에도 이름을 길이 남기기' 위해 '전 세계가 주목할' 행동을 함으로써 자기 평판을 높이는 일에 집중했다. 그는 살아생전 쌓았던 자신의 활약과 업적이 자기가 죽은 후에도 계속 살아있으리라고 생각하면서 위안을 얻었고 실제로 그러했다.

어느 시대에나 군사, 정치, 경제, 과학, 운동, 문학, 예술 분야 정상에 오른 특출난 남녀들은 살아있을 때뿐만 아니라 죽은 후에도 이름을 날렸다. 그런 성취를 통해 이름을 떨치는 일은 이들에게 매우 중요한 목표였다. 알렉산더 대왕이 군사 작전 때 호메로스의《일리아드》를 끼고 다녔던 것도 이 책이 전쟁에서 영웅적 행위를 통해 '불후의 명성'을 얻는 이야기를 담고 있기 때문이다. 또한 그는 원정을 다닐 때 자신의 군사 원정을 기록할 서기를 반드시 대동했다.

'명성fame'이라는 단어는 소문의 화신인 로마 여신 '파마Fama'에서 파생됐다. 파마는 자신이 들은 소문을 처음에는 몇몇 사람에게 속삭이듯이, 나중에는 천지가 다 알도록 점점 더 크게 반복해서 말하곤 했다. 이 어원이 암시하듯, 명성은 그 누구보다도 유명인사와 밀접한 관계가 있다. 딱히 우월하거나 착하다고 명성을 얻는 것은 아니다. 재능이나 기술, 기량이 부족한 사람도 다른 방법을 통해 명성을 얻을 수 있다.

중국 진나라 때 갈홍(서기 283~343)의 이야기는 이를 잘 보여준다. 평범한 하급 관리로서 절실히 영생을 원했던 그는 자기 자신에 관한 글을 쓰는 것으로 명성을 얻고자 했다. 문학가를 동경했던 갈홍은 도교의 장수법을 열렬히 실천했고 금을 재료로 한 불멸의 묘약을 개발하는 일에 특히 관심이 많았다. 또한 그는 "육체는 땅 속으로 꺼지고 말지만 훌륭한 사람을 칭송하는 말은 계속 퍼지고 기록된다. 아무리 긴 세월이 흘러도 사람들이 여전히 위대한 인물을 이렇게 기억할 수 있는 것은 이 때문이다"라고 말하면서 묘약을 개발하지 못할 경우 명성이 실제 불멸성을 성공적으로 대체할 수 있다고 여겼다.

그러나 갈홍은 자신이 역사학자들의 관심을 끌 가능성이 낮다는 사실을 누구보다 잘 알고 있었다. 이에 그는 미래 세대가 자신을 기억해주기를 바라는 마음에서 자서전을 썼다(우리가 지금 그를 언급한다는 사실 자체가 불후의 명성을 추구한 그의 노력이 헛되지 않았음을 보여준다). 주목할 만한 업적 없이도 영원한 명성을 얻을 수 있다고 생각했다는 점에서 갈홍은 남다른 사람이라고 할 수 있다. 16세기가 되어서야 인쇄술의 발명과 자화상 그리기 유행에 힘입어 개인이 자신의 생김새와 인생사를 남길 수 있게 된 것과 비교해봐도 그렇다.

유명인사들은 특별히 주목할 만하거나 생산적인 일을 결코 한 적이 없어도 그저 유명하다는 사실로 유명하다. 1960년대에 앤디 워홀은 "미래에는 누구나 15분 동안은 유명해질 수 있다"라고 말한 바 있다. 그로부터 10년 후에 했던 그의 말은 더 곱씹을 만하다. "미래에는 모든 사람이 15분 만에 유명해질 것이다."

이 얼마나 21세기를 완벽하게 묘사한 말인가. 기원전 334년에 알렉산더 대왕이 세계를 정복하고 영원히 회자될 명성을 얻는 데는 10년이 걸렸다. 그런데 2009년 조이 '죠스' 체스트넛이 핫도그 68개를 먹어치우고 전 세계에 이름을 알리는 데는 고작 10분이 걸렸다. 오늘날 인사불성이 되도록 술을 마신 상태로 비틀거리는 자기 모습을 찍은 동영상을 유튜브에 업로드만 하면 잠시나마 유명세를 얻을 수 있다. 우스꽝스러움이 더 할수록 좋다. 유튜브에 동영상을 1700건 이상 올린 라이프캐스터(lifecaster, 웹캠을 사용하여 자신의 일상생활을 웹사이트에 방송함으로써 유명해진 사람-옮긴이) 저스틴 에자릭Justine Ezarik의 인기가 얼마나 대단하냐면, 금발에 섹시하기까지 한 그녀가 한 고급 레스토랑에서 치즈버거를 주문하는 동영상(바비인형 같은 얼굴로 다양한 표정을 지어 보이는 모습밖에 나오지 않는다)이 공개된 지 일주일 동안 조회수만도 60만 건을 기록할 정도다. 덕분에 그녀는 스타덤에 올랐고 텔레비전에 게스트로 출연하기에 이르렀다.

유명인사는 타인에게 심리적인 행복감을 줄 정도로 영향력이 크다. 다음의 상황을 생각해 보자.

당신은 뉴욕에서 런던으로 가는 아침 비행기에 올라 손에 쥔 티켓에 적힌 이등석 좌석을 찾아 좁은 통로를 지나고 있다. 일등석 고객들은 이미 탑승을 마치고 커피와 오렌지 주스를 마시고 있다. 당신은 그 곁을 지나면서 부러운 듯 그들을 쳐다본다. 그중 사각턱에 회색으로 머리를 염색한 한 남성이 선글라스를 쓰고 야구 모자를 깊이 눌러 쓴 채 신문을 읽고 있다. 그는 분명히 남들 눈에 띄지 않기를 바랐겠지만 당신은 분명 그를 본 적이 있다.

비행기는 순탄하게 이륙했고 곧 승무원들이 음료 서비스를 제공하기 위해 들어왔다. 그때 기내 방송을 통해 기장의 목소리가 흘러나온다. "승객 여러분, 우리는 앞으로 극심한 난기류를 통과하게 될 것입니다. 자리로 돌아가 좌석 벨트를 매 주시기 바랍니다."

당신은 걱정스럽게 좌석 벨트를 맨다. 몇 분 뒤 비행기 오른쪽에 무언가가 세게 부딪친 느낌이 든다. 잠시 심하게 흔들리다가 안정된 듯 싶더니 이윽고 아랫부분이 떨어져나가는 듯한 느낌이 든다. 당신이 넘어지자 사람들이 소리를 지르기 시작한다. 아기들은 울음을 터트린다. 당신 옆에 앉은 여성은 얼굴이 하얗게 질렸고 손가락으로 십자가를 긋고 있다. 비행기가 대서양에 추락할 것이라는 생각이 뇌리를 스친다. 당신은 9·11 테러 당시 쌍둥이 빌딩 안에 있던 사람들이 마지막 작별 인사를 하려고 휴대전화로 사랑하는 이에게 전화를 걸었다는 사실을 떠올린다. 당신은 휴대전화로 손을 뻗으려다 다시 생각한다. 당신은 스스로에게 "멈추고 호흡을 해"라고 말한다.

다행히 비행기는 추락을 멈췄지만 여전히 로데오 말처럼 출렁거린다. 그때 흔들림이 멈추고 비행기가 평탄하게 움직인다. 당신을 비롯하여 비행기에 탄 모든 사람이 크게 안도의 한숨을 쉰다. 환호성이 터져 나온다. 기장의 목소리가 기내에 다시 울려 퍼진다. "죄송합니다, 승객 여러분. 커다란 난기류였습니다. 이제 우리는 고도를 높일 것이며 더는 난기류에 휩쓸리지 않기를 바랄 뿐입니다."

위험에서 벗어났다는 안도감이 퍼지면서 사방에서 사람들이 웅성거리기 시작했다. 그 가운데 당신 뒷자리에 앉은 사람이 이렇게 말한다. "우와, 조지 클루니가 이 비행기에 타고 있다는 걸 아나요? 그는 일등석에 타고 있어요. 어쩌면 그 덕분에 우리가 추락을 면했는지도 몰라요."

이 말을 들은 당신은 어떻게 반응할까? 전혀 설득력이 없는 얘기라며 웃어넘길까? 그러나 조사에 따르면, 사람들은 유명한 사람이 함께 타고 있으면 비행기가 추락할 가능성이 낮아진다고 믿는다. 유명한 사람이 가까이에 있다는 사실이 죽지 않을 것 같다는 마법 같은 느낌을 선사하기 때문이다.

미신 같은 얘기는 이뿐만이 아니다. 죽음을 떠올릴 때 유명인사에 대한 감탄의 수준은 더 높아지고 그들이 이룬 성취가 존속하리라는 믿음 또한 더 커진다. 죽음을 생각한 후 조니 뎁이 그렸다는 그림과 무명의 화가가 그린 그림을 본 미국인들은 조니 뎁이 '그렸다고 하는' 그림을 더 높게 평가했다. 이렇듯 우리는 죽음을 떠올릴 때 유명인사를 더 높게 평가한다. 유명인사는 '영원히' 기억되는 것이 가능하다는 증거를 보여주기 때문이다.

비행기가 추락할 뻔한 사고를 겪은 당신은 이제 런던에 도착하여 호텔에 짐을 풀었다. 당신은 여전히 겁에 질렸고 죽을 뻔했다는 기분을 떨쳐내기가 힘들다. 당신은 배우자에게 전화를 걸어 비행기에서 난기류를 겪었고 뒤에 앉은 승객이 비행기에 함께 탄 영화배우를

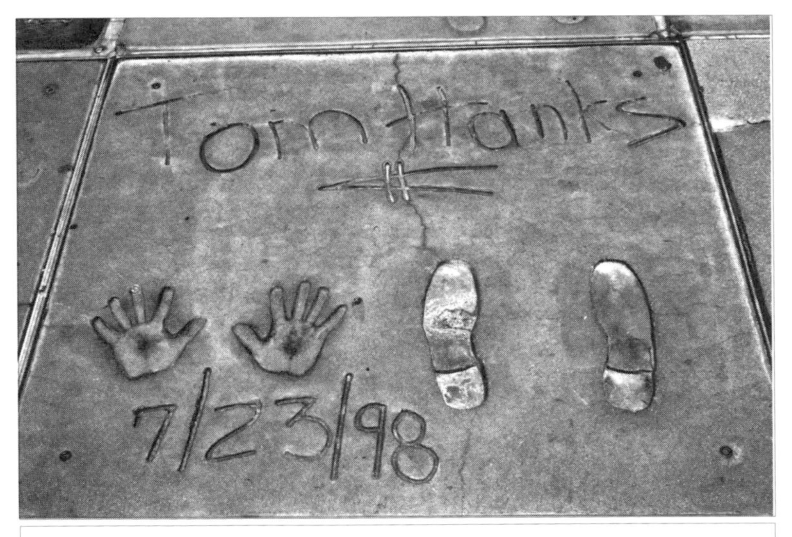

> 할리우드 명예의 거리에 새겨진 영화배우 톰 행크스의 이름 및 손자국과 발자국

언급했다는 이야기를 한다.

전화를 끊고는 텔레비전을 켜고 건성으로 채널을 돌리기 시작한다. 그러다 우연히 네임스타닷넷Namestar.net이라는 웹사이트 광고를 보게 된다. 그 광고는 28.95달러만 내면 별에 원하는 이름을 붙일 수 있다고 말한다. 광고에서 이렇게 말하는 목소리가 흘러나온다. "독특한 개인맞춤형 선물을 찾으세요? 별에 누군가의 이름을 붙여보세요! 사랑하는 사람을 영원히 남길 수 있는 기회를 놓치지 마세요! 지금 특별한 사람을 위해 별 이름 짓기 선물을 구매하세요! 누구에게든 완벽한 선물이 될 것입니다." 당신은 '기막히게 좋은 생각이네. 내 이름을 붙일 별이 필요해'라고 생각한다.

우리가 실시한 연구에 따르면, 이러한 얘기는 전혀 터무니없지 않다. 우리는 실험 참여자들에게 지금은 존재하지 않는 '유어스타닷컴 YourStar.com'이라는 온라인 서비스 광고를 보여주었다. 이 사이트는 일정 금액을 지불하면 별에 자신의 이름을 붙여주는 상품을 판매하고 있었다. 유어스타닷컴은 각각의 별은 오직 하나의 이름으로 영구 등록되도록 세계 별 위원회Universal Star Council라는 단체의 보증까지 대행해준다고 자랑했다. 죽음을 생각한 뒤 사람들은 별에 자기 이름을 붙이는 서비스에 더 많은 관심을 나타냈고 여기에 더 많은 돈을 소비하고자 했다. 스타가 될 수는 없다고 하더라도 적어도 앞으로 수십억 년 동안 존재할 별에 내 이름을 붙일 수는 있게 된 것이다.

아주 절실하거나 정신적으로 불안정한 사람의 경우 끔찍한 범죄를 저지름으로써 영원히 자기 이름을 남기려고 할 수도 있다. 1990년대에 실시된 한 특별 첩보 기관 프로젝트에서 심리학자들은 저명한 공무원 혹은 유명인을 공격하거나 위협했던 83명에 대한 사건 심리를 연구했다. 그 결과 그들이 범죄를 저지른 제1의 동기는 다름 아닌 '악명을 떨치기 위해서'였다. 캔자스 주 위치토에서 살인을 저지른 한 사람은 1978년에 "내 이름이 신문에 실리거나 전국적인 관심을 받으려면 나는 몇 번이나 살인을 저질러야 하는가?"라고 물었다. 키츠와 잔악한 살인자는 방법은 서로 완전히 다르지만 숭고한 업적과 지독한 악행을 초래한 원인은 같다. 이름을 남김으로써 불멸에 이르고 싶은 욕망, 바로 그것이다.

부의 매력

돈과 물질은 불멸로 가는 또 다른 길을 열어준다. 부가 줄 수 있는 것은 결코 편안함에 그치지 않는다. 부는 우리에게 특별하다는 느낌과 함께 삶의 한계가 자신에게는 적용되지 않는다는 남다른 감각을 선사한다.

고전 경제학자들은 원래 돈은 재화와 서비스 교환을 촉진하려는 목적으로 고안되었고 여전히 그 역할이 전부라고 주장한다. 노벨 경제학상 수상자 폴 크루그먼Paul Krugman은 이러한 입장에 서서 다음과 같이 말했다. "경제적 인간은 자기가 무엇을 원하는지 알고 있으며 그의 선택은 이성적인 계산에 따른 것이다. … 소비자가 콘플레이크와 슈레디드 휘트(통밀을 주원료로 만든 아침식사 대용품-옮긴이) 중 무엇을 선택하든, 투자자가 주식과 채권 사이에서 무엇을 결정하든 간에 모두 마찬가지이다." 이 관점에서 보면, 모든 경제 활동 내지 전반적인 인간 행동은 기존 선택지의 비용과 편익(항상 의식적으로 그러지는 않더라도)을 고려하고 최선의, 즉 가장 유용한 대안을 고른 결과이다. 그러나 인간은 가끔 경제적 인간으로 행동할 뿐이다. 돈은 죽음 초월과 직접적으로 관련된 의례와 종교에서 전형적인 역할을 수행한다. 따라서 극도로 이성적인 관점과 소비 개념으로만 돈을 파악해서는 안 된다.

돈은 수천 년 전 종교 의례에서 불멸의 의미를 내포한 축성祝聖의 징표로 생겨났다. 돈의 가장 중요한 목적은 성스러운 교환 가치였다.

고대 그리스에서 가족들은 용감무쌍한 조상들을 기리는 공동체 축제를 열었다. 그들은 불멸의 신들이 가진 특성과 힘을 자기 조상들 또한 지니고 있다고 생각했고, 조상은 살아있는 후손들을 보호하고 조언을 해주며 나아갈 길을 제시할 수 있다고 믿었다. 이를 위해 일족들은 황소(자본capital이라는 단어는 소cattle에서 비롯됐다)를 제물로 바치고 쇠꼬챙이에 꿰어 구웠다. 그리고는 쇠꼬챙이에 남은 조각, 즉 '잉여'만을 남기고 참석한 모든 사람들에게 고기를 나눠주었다.

꼬챙이에 남은 '잉여' 고기는 오벨로스obelos, 즉 '주화'(의무obligation라는 단어와 관련이 있다)라고 불렀다. 주화는 금속 조각으로도 만들어졌고 개별 조상의 모습이 새겨졌다. 외부인들은 축제에 참여하기 위해 이런 주화를 사용할 수 있었다. 사람들은 이렇게 높은 가치를 지닌 주화를 갖기 위해 열심히 물품을 거래하곤 했다. 주화에 마법과 같은 특성이 부여되면서 사람들은 주화를 숭배하기 시작했고 부적으로 몸에 지니게 되면서 표면에 새겨진 조상들의 모습에서 힘을 얻곤 했다. 이리하여 공동체 축제에서 사용된 주화는 조상의 성스러운 힘을 지속적으로 알리게 됐다. 황소를 제물로 바치고 남은 부분을 죽은 조상들에게 바치는 행위는 과거에 대한 존경을 나타냈다. 음식을 조상과 함께 나누는 행위는 살아있는 자들에게 미래 번영을 위한 초자연적 속성을 심어주었다.

정리하면, 사람들은 물건을 사기 위해 돈을 원한 것이 아니었다. 그들은 돈으로 교환할 물건을 원했다. 돈은 초자연적 영향력을 가시적으로 간직한 보고寶庫였다. 이는 지금도 사실이다. 피지에서는 돈을

> 미국 1달러짜리 지폐

탐부아tambua라고 부르며, 이는 '신성한'이라는 뜻을 가진 '탐부tambu'라는 단어에서 파생됐다. 뉴기니 이리안자야에 사는 워다니 족은 조가비 화폐를 사용한다. 조가비는 불멸의 인물로 여겨진다. 금은 역사를 통틀어 많은 문화권에서 불멸을 의미하는 종교적 상징인 동시에 소중한 화폐로 취급됐다. 미국 1달러짜리 지폐 뒷면을 보라. '우리는 하느님을 믿는다'라는 구절이 새겨져 있고 왼편에는 피라미드가 있고 그 꼭대기에는 빛을 비추는 눈이 새겨져 있다. 신화학자 조지프 캠벨Joseph Campbell에 따르면, 이는 꼭대기에 도달하는 자에게 불멸을 주는 신이 피라미드의 정점에서 눈을 뜨는 모습을 상징한다.

초기 인류는 돈과 소유물에 가치를 부여하긴 했지만 이를 위해 일하는 것은 부끄러운 행위라고 여겼다. 구약성서 〈창세기〉에서 아담과 이브는 죄를 저지른 대가로 에덴 동산에서 추방당할 때까지 목가적인 여유로운 삶을 살았다. "네가 흙으로 돌아갈 때까지 얼굴에 땀을 흘려야 먹을 것을 먹으리니, 이는 네가 흙에서 난 몸이기 때문이다. 너는 흙이니 흙으로 돌아가리라." 성서는 명백하게 노동을 죄와 죽음에 연결 짓는다. 고대 그리스인들 역시 육체노동을 하면 상류층의 품위가 손상된다고 여겼다. 플라톤과 아리스토텔레스는 대다수 평민이 노동을 부담해야 하는 이유를 설명하면서 "소수 엘리트층이 예술, 철학, 정치와 같은 순수한 정신 활동에 종사할 수 있도록"하기 위해서라고 강조했다.

고대와 달리 이제 돈의 힘은 명성뿐만 아니라 존경도 불러올 수 있다. 애덤 스미스는 《도덕감정론》에서 "사람이 원하는 것은 부가 아니라 부자에 대한 존중과 호평이다"라고 말하면서 인간은 '본능적 필요를 채우기' 위해서라기보다는 타인으로부터 좋은 평판을 얻는 데에 필요한 '사치스러운 생활'을 손에 넣기 위해 부를 추구한다고 주장했다.

축적한 물질적 재산은 틀림없이 우리 자신보다 더 오래갈 것이다. 일부 운 좋은 사람은 DNA와 함께 돈과 물질적 재산을 물려받을 것이다. 이러한 부의 축적은 평등하고 자기 능력으로 평가받던 반유목 수렵채집 사회에서 부의 축적과 과시에서 비롯되는 명성에 따라 평가받는 농경 및 산업 사회로의 이동을 알리는 전조였다.

북미 원주민들이 권력을 손에 쥐는 방법 중에는 '포틀래치potlatch' 라고 하는 선물을 주고받는 축제의 개최가 있었다. 포틀래치는 그들고유의 사치스러운 휴가 파티였다. 인류학자 세르게이 칸Sergei Kan에 의하면 포틀래치를 여는 주 목적은 '부가 끊임없이 샘솟고 있다는 인상을 주기 위해서'였다. 오리건 주에서부터 알래스카 주에 이르는 태평양 연안에 살던 북미 원주민들은 수세기 동안 부를 과시하고 이를 통해 동료들에 대한 우세를 확인하기 위해 특별한 날에 포틀래치를 열었다. 엄청난 자원을 수개월 혹은 수년에 걸쳐 축적하고 나면 가장 부유한 일가들이 춤, 노래, 연설, 연회로 시작되는 축제를 주최했다. 그 다음 주최자는 생선, 고기, 나무열매, 동물 가죽, 담요, 노예, 구리 방패와 같은 선물을 손님들에게 나눠줬다. 손님들에게 들고 가지도 못할 정도로 많은 선물을 주고 목구멍으로 넘길 수도 없을 만큼 많은 음식을 먹으라고 꼬드기는 경우도 많았다. 이웃이 펼치는 부의 향연을 우아하게 누린 이들은 어쩔 수 없이 포틀래치를 열어야 했고 그때는 자신의 부를 과시하기 위해 받은 것보다 더 큰 선물을 주려고 했다. 남을 이기려는 경쟁에 다름 아니었다.

그때나 지금이나 부와 물질적 재산의 축적은 존엄과 특권으로 연결된다. 미국에서 '과시적 소비conspicuous consumption'라는 용어는 록펠러, 카네기, 밴더빌트 같은 부유한 일가의 낭비성 소비를 꼬집기 위해 도금시대에 생긴 말이다. 미국인 92퍼센트의 연간 소득이 1200달러 이하(평균 수입 380달러)이던 1890년대에 뉴포트 사교계 명사 메이미 피시가 반려견을 위해서 사치스러운 만찬을 열었고, 당시 반려견은 1만 5천 달러짜리 다이아몬드 개목걸이를 하고 등장했다. 이에 질세라 억만장자 상속녀 테레사 올리치스는 별장을 하얀 꽃과 백조로 장식하고 하얀 배들이 앞 바다에 떠다니도록 했다. 또 다른 부호인 밴더빌트 가의 그레이스 밴더빌트는 유명 브로드웨이 쇼 출연진을 뉴포트로 데려와 본인 소유 부동산에 특별히 건설한 극장에서 공연을 하도록 했다.

이 외에도 2007년 〈롭 리포트*Robb Report*〉에 실린 그해 최고의 크리스마스 선물 가이드에는 2억 5천만 달러로 매겨진 길이 140미터 6층 호화 요트, 1600만 달러짜리 300캐럿 다이아몬드 목걸이, 골동품 당구대, 고전 핀볼 기계 2대, 거대한 플라스마 텔레비전 스크린을 갖춘 140만 달러짜리 남성 전용 공간 등이 소개되어 있다. 싱가포르에서는 1200달러짜리 지미추 구두와 85만 달러짜리 람보르기니 스포츠카가 불티나게 팔렸다. 부유한 오스트레일리아 사람들은 한 자리, 두 자리, 혹은 세 자리 번호가 찍힌 특별 차량 번호판을 사기 위해 최대 200만 달러까지 지불했다. 숫자가 작을수록 가격은 더 비쌌다. 러시아에서 열린 제2회 백만장자 박람회에서는 '보통'의 스위스 골드 비시 휴대전화가 1만 8천 달러에서 15만 달러까지 나갔다. 보증 명판을 포함한 백금 케이스에 다이아몬드가 박힌 127만 달러짜리 전화는 세계에서 가장 비싼 휴대전화였다. 이미 보잉 747을 보유하고 있는 사우디아라비아 왕자 알왈리드 빈 탈랄은 내부 구조를 변경하기 전 기본 가격이 3억 2천만 달러인 에어버스 A-380 비행기를 추가로 주문했다.

부자만 불필요한 소비를 하는 것은 아니다. 우리 모두가 이따금씩 이러한 호화스러운 기분을 맛보고 싶어 한다. 2007년 추수감사절 이후 사흘 동안 1억 4700억 명이 쇼핑에 164억 달러를 썼다. 1억 4700억 명은 전체 미국 인구의 거의 절반에 이르고 2004년 대통령 선거에서 투표한 사람보다 더 큰 숫자이다. 게다가 164억이라는 돈의 대부분은 곧 물밑으로 가라앉을 주택 저당을 통해 나온 것이다.

그러나 재산과 불멸성 사이의 밀접한 관계는 기본적으로 종교적 믿음에 입각한다. 고대 그리스인과 마찬가지로 미국에서 초기 신교도, 특히 칼뱅주의자들은 부를 하느님이 그들에게 호의를 베푸는 신호라고 여겼다. 선택받지 못한 자들은 빈곤에 시달릴 운명이었다(많은 칼뱅주의자들이 여전히 이렇게 생각한다).

오늘날 '믿음의 말씀Word of Faith', '건강과 부Health and Wealth', '말하고 주장하라Name it and Claim it'로 알려진 번영 신학을 지지하는 오순절 교회파 신자들은 인간이 부유해지기를 하느님이 바란다고 믿기 때문에 거리낌 없이 부를 추구하고 아낌없이 소비한다. 휘튼 대학의 미국 복음주의연구협회 이디스 블럼호퍼Edith Blumhofer는 이를 한마디로 정리했다. "아메리칸 드림을 포기할 필요가 없습니다. 그냥 하느님이 내리는 축복의 신호라고 보면 됩니다." 이 입장을 지지하는 자동차 판매원 조지 애덤스는 내부를 가죽으로 꾸민 포드 F-150 픽업트럭을 판매하면서 "오늘은 하느님이 내게 주신 새로운 날이야! 나는 여섯 자리 연봉을 향해 가고 있어!"라고 소리쳤다. 그들에게 부는 신에게 총애를 받는다는 증거였다.

우리 저자들 중 한 명은 워싱턴 주 시애틀과 스포캔에서 열린 학회 두 곳에 친구와 함께 참석하던 중 자동차를 빌리면서 위의 의미를 절실히 깨달았다. 두 사람은 시애틀 공항에 도착하여 그들이 평상시 모는 오래된 닷지 캐러밴과 쉐보레 카발리에와 비슷한 등급인 포드 토러스를 빌리러 갔다. 운 좋게도 그들은 하루에 단 5달러만 더 내면 SUV나 캐딜락을 빌릴 수 있는 기회를 얻었다.

그들은 서로를 바라보다가 동시에 불쑥 "캐딜락이요"라고 말했다. 일주일 동안 그들은 상류층 대접을 받았다. 그들이 빛나고 날렵하며 가죽 시트를 갖춘 캐딜락을 타고 호텔과 레스토랑에 갈 때면 사람들은 그들을 갈망어린 눈으로 보는 듯했다. 렌트한 캐딜락 열쇠를 돌려줄 때는 깊은 슬픔마저 느꼈다. 그들은 회원제 고급 클럽에서 강등되거나 쫓겨난 듯한 기분을 맛봤다. 캐딜락에 타고 있을 때 그들은 '거물'이 된 것 같은 기분을 느꼈지만 이를 반납하고 나니 평범한, 한낱 인간의 크기로 다시 줄어든 듯한 아쉬움이 밀려왔다.

두 사람 모두 물질만능주의자도 아니고 특별히 차를 좋아하지도 않았지만 캐딜락을 몬 한 주 동안은 하찮은 인간이 아니라 황제 같은 기분을 느꼈다. 이와 마찬가지로 당신이 명품을 살 때 사람들은 당신에게 관심을 기울인다. 그럴 때 당신은 특별한 기분을 맛본다. 아울러 죽음의 공포를 막아주는 자존감도 상승한다.

그렇다면 돈과 명품을 원하는 욕구와 죽음의 공포는 얼마나 밀접한 관계가 있을까?

다음과 같은 실험을 가정해 보자. 당신은 '나는 밤에 잠을 잘 이루지 못한다'와 같은 진술이 포함된 우울증 관련 설문 조사 혹은 '죽은 뒤 다시는 생각하는 능력을 가질 수 없다고 떠올리면 섬뜩하다'와 같은 진술이 담긴 죽음 관련 설문 조사에 응하게 되었다. 먼저, 연구자들은 당신에게 다음의 지면 광고 카피를 정독해달고 요청한다.

빛나는 신형 렉서스 RX300 SUV.

"3500파운드 견인력을 자랑하고 지구상 그 어떤 차량과도 다르며 일반 승용차에 비해 놀랄 만큼 힘 있고 강하다."

프링글스 감자 칩 용기.

팩맨 캐릭터가 행복한 표정으로 프링글스를 먹고 있는 모습이 실려 있고 지면 위쪽에는 다음의 문구가 있다.

"한 번 열면 멈출 수 없다."

도시 스카이라인 앞에 위치한 고속도로 위로 보이는 작고 땅딸막하며 연비가 높은 쉐보레 지오 메트로.

"지오 메트로는 구두쇠입니다." "지오 메트로는 미국에서 연비가 가장 높습니다. … 지오는 똑똑합니다. 지오는 돈의 가치를 이해합니다. … 그리고 보호받고 있습니다. 범퍼에서 범퍼까지 지켜주는 플러스 품질보증으로 3년/5만 마일까지 보장합니다."

'오이스터 퍼페추얼 데이-데이트' 디스플레이를 장착한 핑크 골드 롤렉스 시계.

광고를 읽은 뒤 당신은 이들 제품 구매에 얼마나 끌렸고 당신이 렉서스, 프링글스, 쉐보레 지오 메트로, 롤렉스를 구매할 가능성은 얼마나 되는가?

실험결과, 죽음을 생각한 후에 프링글스나 쉐보레에 대한 견해는 바뀌지 않았다. 그러나 높은 사회적 지위를 상징하고 자존감을 높이는 렉서스나 롤렉스 구매에는 큰 관심을 나타냈다. 다른 연구결과를 보면 죽음을 가장 부정적으로 보는 사람들이 높은 지위를 상징하는 물건 소유에 가장 큰 관심을 보였고, 자존감이 불안정한 사람의 경우 이 경향은 더욱 증가했다. 자신의 죽음을 생각한 뒤 사람들은 향후에 자신이 더 많은 돈을 벌 것이며 사치품 소비를 늘릴 것으로 예측했다. 자존감이 낮은 이들은 죽음을 떠올렸을 때 사치스러운 파티 계획을 서두르려고 했다. 폴란드인들은 죽음을 생각했을 때 동전과 지폐의 물리적 크기를 과대평가했으며, 지폐 크기의 백지 대신 화폐를 세라고 요청을 받은 것만으로 죽음의 공포가 줄었다고 말했다.

이 실험결과는 사람들이 순수하게 이성적인 사고에 근거하여 경제적 결정을 내린다는 전제하에서는 설명할 수 없다. 오히려 실존적 공포 관리가 돈을 향한 끝없는 욕망과 돈을 펑펑 쓰고 싶은 충동의 밑바닥에 존재한다는 사실을 보여준다. 이는 테네시 윌리엄스Tennessee Williams가 《뜨거운 양철지붕 위의 고양이》에서 말한 인간의 본질과도 일맥상통한다. "인간이라는 동물은 죽어 버리는 짐승이야. 그런데도 돈이 있으면 뭔가를 사고, 사고, 또 산단 말이지. 나는 인간이 살 수 있는 모든 것을 사들이는 까닭이 마음 한 구석에 자기가 산 물건 중 영원한 삶이 있으리라는 말도 안 되는 희망을 품고 있기 때문이라고 생각해."

영웅 민족주의와 카리스마 지도자

사람들은 자신이 위대한 대의명분 혹은 한 국가에 속해 있다는 느낌이 들 때 상징적 불멸성을 얻기도 한다. 호메로스가 쓴 서사시와 투키디데스가 저술한 《펠로폰네소스 전쟁사》는 강력한 부족, 위대한 도시, 유력한 제국의 일원이라는 사실에서 오는 초월감을 그렸다. 사람들은 이집트인, 멕시코인, 나이지리아인, 미국인이라는 정체성 확인을 통해 스스로를 공통된 배경, 세계관, 미래 운명으로 맺어진 안정적이고 영속적인 공동체의 일부로 이해한다.

특히 집단 정체성이 '우리는 태생 자체가 남다르고, 유구한 역사와 무한한 미래를 가진 신성한 고국에 사는 선택받은 사람들'이라는 의식으로 강화될 때 민족주의는 성스러움을 덧입는다. 그리고 그러한 조국을 위해 목숨을 바친 사람은 노래와 이야기, 의식과 기념물 속에서 영원성을 부여받는다. 로마의 수사학자 키케로는 "불멸을 꿈꾸지 않고 조국을 위해 목숨을 바치는 사람은 없다"라고 지적했다. 오토 랭크는 "사소하든 위대하든 모든 집단에는 영원불멸을 꿈꾸는 '개인적' 충동이 존재하며 이는 민족적, 종교적, 예술적 영웅을 창조하고 사모하는 과정에서 저절로 드러난다"라고 말했다.

독일 사회학자 막스 베버는 카리스마 리더, 즉 '평범한 사람들과 확실히 구별되면서 초자연적이거나 초인간적인, 적어도 특출난 힘이나 자질을 타고 났다고 간주'되거나 추종자들이 그렇다고 추앙하는 지도자들은 대개 격변의 시기에 등장한다고 주장했다. 베커 또한 《죽음의 부정》에서 혼란스러운 시대일 때 사람들이 카리스마 리더에게 마음을 빼앗기는 이유와, 특정 개인이 권력을 얻고 역사를 바꾸기 위해 이러한 사람들의 심리를 어떻게 이용하는지 인간 정신의 강한 역동성을 토대로 설명한 바 있다.

베커는 카리스마 리더가 추종자들의 열렬한 동의를 얻지 않고 일방적으로 권력을 잡는 경우는 드물다고 언급하면서 인간은 어릴 때는 부모에게, 어른이 된 이후로는 문화라는 높은 권력자에게 가치 있는 존재라고 인정받음으로써 심리적 안정을 찾는다는 주장을 펼쳤다. 하지만 난세가 오래 가거나 갑작스러운 위기가 발생하거나, 작물이 자라지 않고 사냥꾼들이 빈손으로 돌아오거나, 혹은 전쟁에서 패배하거나 문화적 사물 체계가 더는 의미와 안정감의 토대가 되지 못할 정도로 경제 침체와 불안에 시달릴 경우 사람들은 기존의 잣대(부모나 문화)를 버리고 다른 곳으로 눈을 돌린다.

이런 상황이 되면 사람들의 충성심은 특정 개인으로 향하기 마련이다. 이들 특정 개인은 지극히 대담하고 자신감에 넘쳐 '어떤 갈등도 일으키지 않아' 보이며 사람들에게 어떤 가치 있는 대상의 일부가 된다는 원대한 비전을 내보이는 경우가 많다. 나아가 베커는 이런 카리스마 리더는 일반적으로 자신에게 관심이 집중되도록 눈에 띄는 행보를 자행하고 스스로를 영웅적 인물로 보이도록 연출하며 자신을 부러워하는 추종자들의 마음을 사로잡는다고 지적했다. 이제 사람들은 감탄으로 벅차오르는 마음과 의미로 충만한 만족감을 되찾을 수 있다고 생각하면서 자존감과 삶의 의미를 되살릴 기반으로 이 영웅적 인물이 내세우는 대의명분에 가담하기로 한다. 이로써 민족주의, 카리스마 리더에 대한 열렬한 애정, 경의, 동일시는 죽음의 초월을 갈망하는 우리의 뼈아픈 욕구를 충족시킨다. 랭크는 이를 가리켜 '집단적 불멸성collective immortality'이라고 명명했다.

베커의 분석은 20세기를 통틀어 가장 악명 높은 카리스마 리더였던 아돌프 히틀러가 어떻게 권력을 잡을 수 있었는지를 잘 설명한다. 제1차 세계대전과 베르사유 조약으로 혹독한 고통과 굴욕을 맛본 후 독일 국민들의 자존심은 지도자에 대한 신뢰와 함께 무너져내렸다. 이때 히틀러가 맨 처음 취한 행동은 '맥주 홀 폭동' 쿠데타였다. 맥주 홀 폭동은 1923년 11월 8일에 뮌헨의 한 맥주 집에 경영자 3천 명이 참석한 한 모임의 주빈이었던 바이마르 공화국의 지도자 세 명을 납치한 사건으로, 바이마르 공화국 정부를 전복시키려 했으나 실패로 끝난 쿠데타였다. 히틀러는 돌격대원들과 함께 연회장으로 쳐들어가 천장을 향해 권총을 발사하고 놀란 손님들에게 "정숙!"이라고 소리 지른 뒤 "민족 혁명이 시작됐소!"라고 선포했다. "바이에른 정부와 연방 정부는 없어지고 임시 민족 정부가 꾸려졌다. … 범죄자들을 몰아낼 때까지, 오늘날 비참한 독일이 막을 내리고 그곳에 다시 한 번 강력하고 위대한 독일, 자유와 영광이 넘치는 독일이 일어설 때까지 쉬지도 안주하지도 않고 나는 내 자신에게 한 맹세를 이행할 것이다."

정말 놀랍게도 연회장 안에 있던 사람들은 이에 동조하는 함성을 지르며 독일 국가國歌인 '세계에서 으뜸가는 독일'을 부르기 시작했다. 당시 이 모임에 있었던 뮌헨 대학의 칼 알렉산더 폰 뮐러Karl Alexander von Mueller 교수는 후에 이날을 회고하며 이렇게 말했다. "내 평생 단 몇 분, 거의 몇 초 만에 군중의 태도가 그렇게 확 바뀌는 모습은 본 적이 없습니다. … 히틀러는 몇 문장만으로 사람들을 마치 손바닥 뒤집듯 바꿔 놓았습니다. 그것은 마치 마법과도 같았습니다." 쿠데타는 바로 진압됐지만 반역 시도가 널리 알려지면서 히틀러는 전 국민의 관심을 끌었다. 동조적이었던 독일 재판소는 히틀러에게 비교적 가벼운 징역형을 선고했다. 복역하는 동안 히틀러는 《나의 투쟁》이라는 자전적인 책을 저술하면서 자신의 웅대한 세계관을 선포함은 물론, 내부의 불순분자들(특히 공산주의자와 유대인들)이 제거됐을 때 세계를 지배할 유일한 민족, 즉 아리아인이 세운 독일을 이끌 거룩한 구세주이자 지도자로 자신을 내세웠다.

나치는 대공황 때까지 별 두각을 나타내지 않았다. 그러다가 정치적 불만과 경제적 공포가 퍼져나간 때에 독일 의회 내 230석을 확보했고 드디어 1933년 힌덴부르크 대통령과 히틀러를 선출 연립 내각 수상으로 임명하는 합의를 맺기에 이르렀다. 일단 권력을 잡자 히틀러는 통제권을 완전히 장악했고 마침 세계 경제가 회복기에 접어들면서 그에 대한 독일 국민의 지지가 치솟았다.

연설에서 그는 독일의 힘과 권위 회복을 절대적으로 확신하고 장담하는 말로 군중을 위로하고 선동했다. 그리고 그가 구사하는 각종 미사여구는 나치 세계관 속에서 죽음의 공포를 누그러뜨리고 죽음을 초월할 수 있다는 희망을 불어넣어 주었다. 히틀러는 1923년 "우리는 독일을 제외한 그 어떤 신도 원하지 않는다"라고 선언하면서 독일 국민에게 신에 대한 숭배를 독일에 대한 숭배로 대체하라고 촉구했다.

이제 히틀러 총통은 독일에서 절대적이고 전지전능한 메시아가 됐다. 히틀러 친위대를 비롯해 여러 정당 기관들은 수도회와 비슷했다. 그들이 행사를 치르는 회장은 세속적인 수도원 같았다. 나치는 자체적인 국경일을 제정했다. 1월 30일은 1933년 히틀러의 권력 장악을 축하하는 날이 되었다. 나치 의식은 기독교 세례식, 결혼식, 장례식을 대체했다.

나치는 사자死者들을 숭배했다. 실제로 다른 파시스트처럼 그들 또한 죽음에 병적인 애정을 가진 듯했다. '죽음 만세Long live death'는 유명한 파시스트 구호였다. 나치는 '죽은 자들은 결코 죽지 않는다'고 믿었고 살아있는 자들이 간곡하게 권하면 다시 살아날 수 있다고 믿었다.

《나의 투쟁》에서 히틀러는 이전에 전쟁에서 죽은 독일인들이 부활할 수 있다고 말했다. "조국을 믿고 두 번 다시 돌아오지 않겠다는 각오로 출정한 수많은 사람들의 무덤이 열려야 하지 않겠는가? 그 무덤을 열어 말 없는 흙투성이, 피투성이 영웅들을 복수의 망령으로 조국에 보내야 하지 않겠는가?" 1923년 쿠데타에서 사망한 자신의 추종자 16명을 기념하는 1935년 연설에서 히틀러는 그들의 상징적 불멸성을 단언했다. "이 열여섯 명의 전사들은 세계 역사에 유래 없는 부활을 거행했습니다. … 그들은 지금 독일의 불멸을 이루고 있습니다. … 그러니 우리들에게 그들은 죽지 않았습니다. 우리의 독일 국가 사회주의자 만세! 우리 국민 만세! 그리고 오늘 우리 운동, 독일, 그 국민들, 살아있는 자들과 죽은 자들이 영원히 살기를!"

히틀러 외에도 격동과 죽음의 기운이 감돌던 20세기에 국가를 위해 상징적 불멸성을 외치며 선지자 역할을 수행한 지도자로 블라디미르 레닌을 들 수 있다. 레닌은 1917년에 이후 소비에트 연방이 될 국가를 이끌 혁명적이고 정치적인 러시아 공산주의 이론가였다. 러시아 혁명 이후 공산당은 종교를 불법화하고 대신 레닌을 숭배 대상으로 삼았다. 러시아인들은 레닌을 지구상의 삶을 천국의 삶으로 만들어 줄 메시아이자 구세주라고 여겼다.

1918년 레닌은 교육 인민위원에게 위대한 혁명가들을 늘 기억하도록 소비에트 연방 전역에 거대한 기념비를 건축하라고 명했다. 이후 2년 동안 레닌의 흉상이 볼셰비키 상징과 레닌 및 마르크스 사진이 실린 수많은 정치 포스터와 함께 29개 주요 도시에 세워졌다. 레닌은 초인적인 힘을 가졌다는 칭송을 들었으며, 그래서인지 종종 태양과 지구보다 더 큰 존재로 묘사되기도 했다. 마치 러시아 정교의 예수 혹은 성인의 이미지를 떠올리게 하려는 듯 쭉 뻗어 올린 손으로 축복 혹은 가호를 내리는 모습의 선전물들이 눈에 띄었다. 이런 식으로 레닌은 자신의 불멸성과 추종자들의 불멸성을 모두 드높였다.

1924년 레닌이 사망했을 때 그의 시체는 방부 처리를 하여 일반인들이 볼 수 있도록 붉은 광장 내 빛나는 붉은 화강암 묘 내부에 있는 석관에 안치됐다. 이는 러시아 정교도 과거 이집트인이나 중국인과 마찬가지로 성인의 시신은 죽은 후에도 부패하지 않는다는 믿음, 그리고 죽은 자를 과학으로 살릴 수 있다는 기대를 갖고 있음을 의미한다. 이렇듯 불멸성의 개념은 고대나 현대나 다름 없었다. 러시아 소작농과 노동자들은 레닌이 사망했다는 소식에 큰 충격을 받았다. 실제로 많은 이들이 이 사실을 믿지 않았다. 이후 수십 년 동안 엘비스 프레슬리와 마찬가지로 레닌이 여전히 살아있으며 신분을 숨긴 채 돌아다니면서 정부 당국의 업무를 관찰하고 프롤레타리아 해방을 위해 고심하고 있다는 말이 돌았다.

이와 비슷한 시기에 히틀러는 독일을 완전히 장악했고, 마오쩌둥은 1934~1935년에 9600킬로미터에 걸친 공산당 대장정을 끝낸 후 중국 공산당 지도자로 부상했다. 마오쩌둥의 정치적 삶은 시련의 연속이었다. 일례로, 장제스가 이끄는 중국 국민당 군대를 피하기 위해 장시성江西省에서 후퇴하는 이동 행군에서 살아남은 부하가 10명 중 1명일 정도였다. 그 혹독한 도전을 이겨냈다는 사실은 마오쩌둥에게 신격화된 지위를 얻는 데 필요한 명성과 무적의 이미지를 안겨주었다. 레닌과 히틀러처럼 마오쩌둥은 영원히 지속되는 지상 낙원으로 향하는 혁명적 변화를 약속했다. 중국 공산당 구호가 이 모든 것을 말해준다. '혁명정부가 1만 세대 동안 붉은 빛을 유지하길!' 1만

세대는 현재까지 인류가 지속된 세월보다 길다. 그리고 중국에서 '1만'이란 숫자는 영원을 함축하므로 히틀러와 마찬가지로 마오쩌둥 역시 영원한 집권을 도모하고 있었음을 말해준다. 혁명은 '영원하고 파괴할 수 없는 것'이었다. 그리고 그는 1957년에 쓴 '불사조'라는 시에서 전투에서 죽은 자들은 '천국의 천국으로 가볍게 날아오를 것'이라고 말했다.

우리 세 명의 저자는 인간이 자신의 실존과 관련해 불안을 느낄 때 카리스마 리더에게 한층 더 끌린다는 가정을 실험을 통해 알아보기로 했다. 우선, 우리는 실험집단에게는 죽음을 떠올리게 하고 통제집단에게는 혐오스러운 주제를 떠올리게 한 다음, 가상 주지사 선거에 출마한 세 명 후보의 선거 연설문을 읽도록 했다. 첫 번째 과업지향형 후보는 주어진 업무를 완수하는 능력을 강조했다. "저는 제가 시작한 모든 목표를 완수할 수 있습니다. 저는 해야 하는 일에 대한 청사진을 그릴 때 모호한 구석이 없도록 매우 세심하게 주의를 기울입니다." 두 번째 관계지향형 후보는 책임 공유, 관계, 협력을 강조했다. "저는 모든 시민이 자기가 속한 주의 발전에 적극적인 역할을 수행하도록 격려합니다. 저는 각 개인이 차이를 만들 수 있다는 사실을 압니다." 마지막 세 번째 카리스마형 후보는 "당신은 그저 단순히 평범한 시민이 아닙니다. 특별한 주와 특별한 국가의 일원입니다"라고 말하며 대담하고 자신감 넘치게 집단의 위대함을 강조했다. 이후 참여자들은 투표할 후보를 선택했다. 투표 결과는 흥미로웠다.

통제집단에서는 참여자 95명 중 4명만이 카리스마 후보에게 투표했고 나머지 표는 과업지향형과 관계지향형 후보에게로 균등하게 갈렸다. 그러나 죽음을 떠올린 후 실시한 투표에서는 카리스마 후보에 대한 표가 거의 8배 가까이 증가했다(다음 장에서 살펴보겠지만 이 결과는 실제 대통령 선거에서도 그대로 나타난다).

베커는 "역사는 불멸 이데올로기의 연속"이라고 말했다. 불안한 시대를 사는 지금의 우리 또한 특정 종족이나 국가에 헌신하고 카리스마 리더를 신뢰함으로써 속한 집단이 영원히 지속될 것이라는 확신에 찬 자부심과 지배 감각을 얻고 그 결과 실존적 공포를 완화하고 있는지도 모른다.

불멸에 대한 확신이 없으면 성취감도 없다

불멸에 대한 구체적인 방법과 의례는 시대와 장소마다 다르지만 근원적인 불멸 충동은 강력하고 끈질기고 온전한 모습으로 남아 있다. 우리는 실제 불멸성을 갈망할 뿐만 아니라 상징적 불멸성 역시 갈구한다. 둘 중 하나만 선택해야 한다면 대부분의 사람들은 영화감독 우디 앨런이 그러했던 것처럼 실제 불멸성을 더 선호할 것이다. "나는 내 작품을 통해서 불멸성을 성취하고 싶지 않습니다. 나는 죽지 않음으로써 이를 성취하고 싶습니다." 우리는 경마와 복권에서는 대담한 도박을 시도하지만 불멸성 판쓸이 내기에 관한 한 가능하면 언제든지 확실한 쪽을 선택할 것이다. 불멸성은 죽지 않을 때에만 명백하게 확보할 수 있다.

이 사실은 언제나 그래왔다. 《일리아드》에 등장하는 한 전투에서 헥토르의 협력자 사르페돈은 사촌 글라우코스에게 "우리가 죽지 않고, 늙지 않고 영원히 살 수 있다면 나는 다시는 전투에 나가지 않을 것이고 명예 때문에 너를 전장에 보내지도 않을 것이야!"라고 말했다. 불멸성만큼 절박한 문제에 관한 한 사람들은 할 수 있는 모든 행동을 취한다.

지금까지 우리는 확장된 의식이 어떻게 죽음의 공포를 불러오는지 살펴봤다. 심신 약화와 사기 저하로 이어지는 죽음의 공포 때문에 우리 조상들은 실제 불멸성과 상징적 불멸성을 담보하는 초자연적 현실을 창조할 때 외에는 쉽게 잊히는 하찮은 존재가 됐다. 의식은 눈에 보이는 정신 구조 형태가 되어 상상력과 창조성을 불러일으키고 우리가 성취한 최상의 발견과 발명을 낳았다. 효과적인 공포 관리, 즉 자신이 의미 있는 우주에 속한 가치 있는 일원이라는 믿음 덕분에 많은 사람들이 대체적으로 유쾌하고 생산적이며 때때로 숭고하고 장엄하기까지 한 삶을 누리고 있다.

그러나 실존적 공포에 대처하기 위해 고안한 초자연적인 문화적 사물 체계 역시 결국 죽음의 불가피성을 숨기기 위해 현실을 방어적으로 왜곡하고 애매하게 만든다. 베커가 말했듯이 현실의 본질에 대한 이 '필연적 거짓말'은 대인관계에서 갈등을 일으키고 우리의 육체적, 심리적 행복을 침해한다. 다음 장에서 왜, 어떻게 이러한 문제가 생기는지 살펴보자.

3부

현대의 죽음

죽음 그 자체보다 언젠가는 죽는다는 인식이 인간 존재 핵심에 존재하는 고뇌이다.
그것이 우리를 인간답게 만들고 불멸 추구의 길로 이끈다.
| 조르주 드 라 투르, 〈회개하는 마리아 막달레나〉

7 인간파괴 해부

아마 우리가 겪는 문제, 인간이 겪는 문제의 뿌리는 이것일 것이다. 우리가 죽음이라는 피할 수 없는 현실을 부정하기 위해 인생의 모든 아름다움을 희생하고 우리 자신을 토템, 십자가, 피의 제물, 첨탑, 모스크, 종족, 군대, 깃발, 국가에 가둘 것이라는 사실 말이다.
— 제임스 볼드윈, 《다음 번 화재》

공포 관리 이론을 간단히 정리하면 이렇다. 생물이 기본적으로 지니는 자기보호 성향과 정교한 인지 능력이 결합할 때 인간은 자기가 취약한 존재라는 것과 죽음은 결코 피할 수 없다는 사실을 깨닫는다. 그 결과 무력감을 불러일으키는 공포가 발생한다. 인간은 문화적 세계관과 자존감의 힘을 빌어 스스로를 육체가 사망한 뒤 오랜 세월이 흘러도 영속할 영혼과 정체성을 지닌 특별한 존재라고 확신하면서 이런 공포에 대처한다. 그래서 우리는 문화적 사물 체계를 신뢰하고 이와 관련된 가치 기준에 부합하려고 한다. 그러나 우리와 다른 신념을 가진 사람들과 마주치면 우리의 문화적 세계관과 자존감에 대한 신념이 흔들리고 필연적으로 심각한 문제가 발생한다.

17세기 허드슨 밸리 하류에 네덜란드와 영국 정착민이 도착했을 때 그들은 신세계의 순수한 아름다움과 자연의 혜택에 감탄했다. 그곳의 원주민들 또한 그들의 흥미를 끌었다. 수천 년 동안 그곳에 살고 있었던 레나페 족은 행복하고 평화를 사랑하고 따뜻한 마음을 지니고 있었다. 네덜란드 정착민들은 레나페 족에 대해 이렇게 말했다. "강하고 단단한 육체를 가졌고 잘 먹으며 피부에 잡티가 없는 세련된 사람들입니다. 개중에는 100세까지 사는 사람도 있죠. 또한 얼간이나 정신병자, 미치광이도 없습니다."

동시에 유럽인들은 레나페 족이 자주 옮겨 다닌다는 사실을 발견했다. 레나페 족은 열두 가족이 살기에 충분한 크기의 공동 주택에 살면서 계절에 따라 이동했다. 모계 친족 사회였으며 여성은 공동체에서 상당한 영향력을 발휘했다. 그들은 늑대, 거북이, 칠면조 같은 동물로 구별되는 씨족으로 구분됐다. 그들은 모든 생명이 서로 밀접한 관계를 맺고 상호 의존한다고 강조하는 종교를 믿었고 가르침에 따라 과도한 사냥을 삼갔다. 따라서 생존에 필요한 이상으로 부를 축적하는 일에도 무관심했다. 그들은 모피를 담요 같은 것들과 거래하고 싶어 했을 정도다.

정착민들은 '가장 야만스러운' 이 미개인을 대상으로 뭔가 조치를 취하기로 마음 먹는다. 네덜란드인과 영국인들은 레나페 족을 비롯한 미국 원주민 부족들을 몰살하기에 나섰다. 1644년 뉴네덜란드(북미에 있었던 네덜란드 식민지-옮긴이)의 총독 빌렘 키프트Willem Kieft는 군인들이 레나페 족을 그들의 마을에서 고문하고 학살하는 동안 '줄곧 실컷 웃었다.' 군인들은 포로 한 명을 잡아 '때려눕힌 다음 산 채로 은밀한 부위를 잘라내 입에 쑤셔 넣었고 그 다음 그를 맷돌 위에 놓고 머리가 잘릴 때까지 계속 때렸으며' 그러는 동안 네덜란드 여성들은 희생자의 머리를 축구공처럼 차면서 흥겨워했다.

유럽인들이 레나페 족을 학살한 행위를 단순한 일탈로 치부하는 이들도 있겠지만, 인간은 오랫동안 이러한 만행을 저질러 왔다. 역사는 지금도 자행되고 있는 집단 학살 잔혹 행위, 인종 청소, 하층민에 대한 악랄한 정복으로 얼룩져 있다. 기원전 1100년 아시리아의 얕은 돋을새김 조각에는 피정복 도시민들이 산 채로 사타구니부터 어깨까지 막대기로 꿰뚫린 모습이 새겨져 있다. 아시리아 왕들은 정복을 뽐내고 누가 더 잔인한지 자랑하곤 했다. 기원전 668년부터 627년까지 통치했던 아슈르바니팔은 포로로 잡은 한 왕을 어떻게 처리했는지 자랑스럽게 떠벌렸다. "나는 그를 전투 중에 산 채로 잡았다. 수도로 돌아와 나는 그의 피부를 천천히 벗겼다."

훈족 왕 아틸라, 칼리굴라, 폭군 이반, 잔혹왕 페드로, 라스푸틴, 로베스피에르, 히틀러, 스탈린, 마오쩌둥, 프랑수아 뒤발리에, 이디 아민, 니콜라에 차우셰스쿠, 폴 포트, 사담 후세인 등 그 목록은 계속 이어진다. 그러나 맹렬한 증오와 집단 학살 잔혹 행위에 대한 책임이 결코 흉악한 폭군에게만 있는 것은 아니다. 아우슈비츠 가스실에 가스를 주입하고 캄보디아 킬링필드 사건의 씨를 뿌린 이들은 스스로가 '신의 과업', 애국자로서 의무를 다하거나 '그저 명령에 따랐을 뿐'이라고 생각한 '평범한' 사람들이었다.

하마스 위성 방송국 알 아크사Al-Aqsa는 이슬람교도 어린이를 대상으로 유대인을 증오하도록 가르치는 어린이 프로그램을 가자 지구를 비롯한 유럽 전체에 방송한다. 미키 마우스를 베껴 만든 캐릭터 파르푸르가 등장하는 이 프로그램의 영향력은 상당하다. 세 살난 샤이마는 이 프로그램 진행자에게 전화를 걸어 즐거운 듯이 "우리는 유대인들을 좋아하지 않아요. 그들은 개니까요! 우리는 그들과 싸울 거예요!"라고 말했다. 이스라엘 예루살렘의 유대인 그래피티 예술가들이 스프레이로 그린 슬로건 중에는 '아랍인들을 화장장으로', '아랍인들-인간 이하'와 같은 글귀가 있다. 미국에서는 프레드 펠프스Fred Phelps가 이끄는 웨스트보로 침례교회Westboro Baptist Church에 다니는 젊은이들이 하느님이 가톨릭신자, 이슬람교도, '동성애자', '유대인', '깜둥이'를 증오한다고 쓴 표지판을 들고 집회에 참석한다. 또한 그들은 이라크와 아프가니스탄에서 전사한 미국 군인들의 장례식에서 이 나라가 동성애를 암묵적으로 관용하기 때문에 하느님이 이를 벌하기 위해 그들을 죽였다는 구호를 외친다.

이런 선동적인 웅변이 있은 뒤에는 물리적 피해(기관총, 휴대용 로켓탄 발사기, 네이팜 폭격, 비료 폭탄, 급조 폭발물) 및 정신적 피해(탄저균

편지, 자살 폭탄, 인터넷에 올리는 소름끼치는 참수 영상)를 극대화하기 위해 파괴 병기와 전략이 동원되는 경우가 늘고 있다. 이러한 핵폭탄에 비하면 1945년 8월에 히로시마와 나가사키에 투하된 원자 폭탄 '리틀 보이'와 '팻 맨'은 폭죽에 불과하다.

인간이 증오와 폭력을 사용하는 이유는 집단생활하는 영장류의 습성이 아직 남아 있기 때문이기도 하다. 침팬지는 자기 영역을 지키고 확장할 때 공격성을 드러내며 가끔 자기 집단에 속하지 않은 다른 침팬지를 죽이기도 한다. 3만 년 이상 이전에 살았던 초기 인류 수렵채집인들은 음식이나 물, 짝 같은 자원을 얻는 데에 유용한 텃세를 유지하고 향상시킬 목적으로 싸움을 벌였다. 그러나 오직 인간만이 다른 신을 숭배한다는 이유로, 또는 다른 깃발에 경의를 표한다거나 수백, 수천 년 전에 굴욕감을 겪었다는 이유(즉, 상징적 이유)로 타인을 증오하고 죽인다. 날로 살상 기술이 발달하는 상황을 생각하면 우리 종족의 미래는 장담하기 어렵다.

> 턱수염을 기르고 우스꽝스러운 모자를 쓴 저 기묘한 사람들을 용인할 수 있다면 우월함에 대한 내 권리는 어떻게 되는 거지? … 저 사람 역시 감히 영원히 살기를 희망하고 어쩌면 나를 몰아낼지도 모르지. 내 마음에 들지 않아. 내가 아는 것이라고는 그가 옳다면 나는 틀렸다는 사실이야. 너무나 다르고 웃기게 생겼어. 나는 그가 교활한 방법으로 신들을 속이려고 한다고 생각해. 그를 당황시키자. 그는 그리 강하지 않아. 우선 내가 그를 찌르면 어떻게 반

응할지 보도록 하지.

— 앨런 해링턴Alan Harrington, 《불멸주의자*The Immortalist*》

죽음을 초월하려는 갈망은 서로를 향한 폭력을 부채질한다. 내가 속한 문화적 사물 체계를 통해 죽을 수밖에 없는 존재라는 공포를 억누르지만, 전혀 다른 신념 체계로 이 공포에 대처하는 사람들도 있기 마련인 것이다. 그들의 '진실'을 인정하는 순간, 불가피하게 우리들이 아는 진실에 의문을 제기할 수밖에 없다. 인생은 의미를 담고 있고 인간은 가치 있고 영원한 존재라는 불안정한 관점을 유지하려면 어쩔 수 없이 우리들만의 진실을 믿어야만 한다. 베커는 "한 문화는 항상 다른 문화에 위협이 될 소지를 갖고 있다. 이는 자신의 문화와 전적으로 다른 가치 체계에서도 삶이 장렬하게 계속될 수 있음을 보여주는 생생한 사례이기 때문이다"라고 말했다. 마력을 가진 조상들이 도마뱀이 된 다음에 인간으로 탈바꿈했다고 믿는 원주민들의 신념을 따른다면 하느님이 엿새 동안 세상을 창조했고 자신의 모습을 본떠서 아담을 창조했다는 생각은 미심쩍을 수밖에 없다.

다른 신념 체계가 가하는 위협은 상호 배타적인 창조 이야기에서 그치지 않는다. 전체 삶의 방식, 믿는 모든 대상과 갈구하는 모든 대상이 상대 세계관의 도전을 받는다. 예를 들어, 이슬람교도 가수이자 작곡가 겸 기타리스트 리처드 톰슨Richard Thompson은 2002년에 발표한 '아웃사이드 오브 더 인사이드*Outside of the Inside*'라는 노래에서 탈레반이 가진 근본주의 세계관을 전달하고자 했다. 이 노래에서 그는 아인슈

타인, 뉴턴, 셰익스피어를 유치하고 무의미하고 부패했다고 평했고 고흐와 보티첼리는 그림판에 물감을 휘갈기는 저속한 미치광이로 표현했다. 이 노래를 처음 들었을 때 많은 사람이 할 말을 잃고 분노했다. 역사상 가장 위대한 과학자인 아인슈타인과 뉴턴이 무가치하고 무의미하다고? 서구인들은 그들처럼 되고 싶다고 생각하면서 자랐다. 셰익스피어가 옹졸하고 유치하다고? 우리 문화권에서는 그를 가장 위대한 작가라고 생각한다. 고흐와 보티첼리의 그림이 신성모독적인 광기에서 비롯됐다고? 그것은 충격적인 헛소리이다.

자기가 믿고 있는 근본적인 믿음에 누군가가 의문을 제기할 때 우리는 대단히 큰 불안감을 느낀다. 우리의 의미와 목적을 유치하거나 쓸모없거나 사악하다고 몰아붙이면 우리에게는 미약한 육체만이 남을 뿐이다. 문화적 현실 개념은 우리가 죽을 수밖에 없는 존재라는 공포를 억누르므로 우리 신념에 반하는 신념이 정당하다고 인정하는 순간 그 공포가 폭발한다. 그래서 우리는 자신과 다른 인생관을 지닌 사람들을 폄하하고 그들의 인간성을 말살함으로써 그들이 우리 신념을 수용하도록 강제하고, 그들 문화의 일면을 우리 문화에 끌어들이거나 그들을 완전히 없앰으로써 위협을 피하려고 한다.

하지만 의미와 중요성이라는 감각이 죽음의 공포를 완전히 잠재울 수는 없다. 상징 또한 마찬가지다. 상징은 대단히 강력하고 인간의 상상력과 창조성을 뒷받침하는 근원적 기초이자 현실을 우리 욕망에 맞게 변형시키는 인간 특유의 능력이긴 하지만 죽음의 공포를 완전히 무마시키지는 못한다. 그래서 세상에는 언제나 죽음의 불안,

즉 총체적인 악의 무리로 지명된 타 집단에 투영되는 '공포의 굉음'이 남아 있다. 그래서 만약 어떤 한 집단에 속한 사람들이 자신의 의지를 강요하고 다른 사람들에게 적대감을 표출함으로써 심리적 안정감을 강화한다면 이는 종종 그 '다른 사람들'의 반발을 사며, 결국 악감정의 악순환으로 이어질 뿐이다.

폄하와 인간성 말살

우리와 현실 개념이 다른 사람에 대한 가장 중요한 심리적 방어법은 그들을 폄하하거나 비하하는 것이다. 이를테면, 상대를 무지한 야만인(레나페 족처럼), 악마의 하수인, 악랄한 지배자에게 세뇌 당한 수하라고 음해하거나 심지어 인간이 아닐지도 모른다고 싸잡아 생각하는 것이다. 나치는 유대인들을 '쥐'로 묘사했다. 이뉴잇 족, 음부티 족, 오로카와 족, 야노마모 족, 칼룰리 족 문화에서 자기 집단을 가리킬 때 쓰는 단어는 '남자' 혹은 '인간'이라는 의미를 지닌다. 이는 물론 다른 집단의 일원은 인간이 '아니'라는 의미를 내포한다. 사우디아라비아 네지드 지방 출신의 전통 아랍인들은 더 직설적으로 표현한다. 그들은 모든 외부인을 타르시 알 바르tarsh al bahr, 즉 '바다가 게워낸 토사물'이라고 부른다.

미국인 역시 이러한 인간성 말살 경향을 보여주었다. 예를 들어, 제1차 걸프 전쟁 당시 노먼 슈워츠코프Norman Schwarzkopf 장군은 이라크인에 대해 "나머지 사람들과 같은 인류의 일원이 아니다"라고 선언했으며 이라크인을 개미와 바퀴벌레에 비유하는 전단을 군부대원들에게 돌렸다. 그러는 동안 미국 국민들은 자동차 범퍼에 "나는 이라크인을 위해서는 브레이크를 밟지 않는다"라고 써진 스티커를 붙이고 다녔다.

이렇게 타인을 비하하는 경향은 죽음을 떠올린 이후에 특히 더 두드러졌다. 여러 연구들을 보면, 자신의 죽음을 생각한 후 기독교인은 유대인을 폄하하고 보수주의자는 진보주의자를 비난하며, 이탈리아인은 독일인을 경멸하고 이스라엘 어린이는 러시아 아이를 싫어하고, 모든 곳에서 이민자를 조롱한다는 결과가 나왔다. 그리고 죽음을 상기한 이후 외부 집단 사람을 덜 인간적이고 더 동물적이라고 보게 된다. 슬프게도 이러한 전략은 죽음의 공포 문제를 다루는 데는 효과가 있다. 우리와 '다른' 타인을 폄하할 때 죽음이라는 골치 아픈 문제를 더 쉽게 처리할 수 있는 것이다.

문화 동화와 조정

우리와 다른 사람을 대하는 방법으로 폄하나 비하 외에도 이렇게 무지하거나 그릇되거나 사악한 사람들을 우리 세계관에 동화시키는 방법도 있다. 우리의 세계관이 타당하다는 사실을 증명하는 데 타인이 우리의 사고방식으로 바꾸는 것보다 더 좋은 증거가 어디 있겠는가? 종교인의 포교 활동도 이 관점에서 바라볼 수 있다. 1750년에 태어난 스코틀랜드인 데이비드 보그David Bogue는 런던선교회의 '아버지'로 알려져 있는데, 그는 신도들에게 오지로 가서 이교도들을 잘못된 믿음에서 구출할 것을 촉구했다.

> 우리는 "네 이웃을 네 몸과 같이 사랑하라"는 분부를 받았습니다. 그리고 예수 그리스도는 모든 사람이 우리의 이웃이라고 가르치셨습니다. 그대들은 한때 잔인하고 끔찍한 우상 숭배에 심취해 있던 이교도였습니다. 다른 땅에 있던 주님의 종복이 당신들에게 와서 복음을 전했습니다. 그리하여 당신은 구원을 알게 됐습니다. 그렇다면 당신은 그들이 베푼 친절함에 보답하기 위해 예전의 당신과 같은 처지에 놓인 나라로 전령을 보내고, 그들에게 어리석은 우상 숭배에서 벗어나 살아 계신 하느님을 섬기고 천국에서 오실 하느님의 아들을 기다리라고 간청해야 하지 않겠습니까?

불교 전도사들은 예수가 태어나기 수세기 전부터 불교의 가르침을 널리 알렸다. 이슬람교 전도사들은 알라의 명령에 따라 "지혜와 아름다운 설교로 사람들을 신의 길로 인도하고 가장 훌륭한 방법으로 그들을 설득하라"라는 의미를 담고 있는 '다와da'wah'('소환하다'라는 의미) 활동에 참여한다. 오늘날 모르몬교 전도사들 또한 세계 곳곳에서 자신들의 신념을 외치고 있다.

종교와 무관하게 타인의 사상을 바꾸려는 사람도 많다. 열렬한 무신론자들은 종교를 없애기 위해 강좌를 열고 책자를 배포한다. 미국 보수주의 방송인으로 유명한 러시 림보Rush Limbaugh의 추종자들은 서서히 진행되는 미국 사회주의의 노예 신분에서 벗어나라고 촉구하면서 미국 시민들의 의식을 바꾸고자 노력한다. 열성 채식주의자들은 두부를 주식으로 하는 식이 습관을 받아들이게 하기 위해 초등학생에게 도살장의 모습을 찍은 영상을 보여준다.

이들이 그렇게 하는 이유는 무엇일까? 대답은 간단하다. 문화적 세계관은 수적 우세에서 힘을 얻기 때문이다. 신념이 실존적 공포에 대항하는 데 효과가 있으려면 사람들이 그 신념이 맞다고 절대적으로 확신해야 한다. 그러나 우리가 심리적 안정감을 얻기 위해 의존하는 핵심 믿음 대부분이 사실보다는 신념에 기반을 두고 있기 때문에 명확히 증명될 수 없다. 따라서 신념을 공유하는 사람이 많으면 많을수록 우리는 그 신념이 옳다고 더 확신하게 된다. 단 한 명만이 하느님이 불타는 떨기나무로 나타나 모세를 불렀다고 믿는다면 망상에 시달리는 이 불쌍한 영혼을 구하기 위해 향정신병 치료제를 구해주려고 할 것이다. 그러나 똑같은 믿음을 수백만 명이 공유하면 이는 난공불락의 진실이 된다.

우리가 언젠가 죽을 수밖에 없는 동물 그 이상이라는 의식은 이러한 난공불락의 진실에 의존하고 있기 때문에 죽음을 가까이 느낄 때 이 진실을 입증하려는 욕구는 더 강해진다. 죽음을 떠올릴 때 기독교인은 무신론자가 예수를 영접하도록 더 열심히 설득하고 진화론자는 창조론자가 다윈의 이론을 인정하도록 더 강하게 설득한다.

전도가 예방적 효과를 지닌다는 연구결과도 있다. 상대방이 내 신념을 받아들였다는 사실을 알게 되면 나는 그 신념을 더욱 확신하게 되고 결과적으로 나 자신의 죽음을 그리 걱정하지 않게 된다.

인간은 타인에게 자기 관습과 신념을 수용하도록 설득하는 한편, 위협적이라고 생각하는 관점 중 끌리는 측면을 자신의 문화적 세계관에 통합시킴으로써 그 관점을 '길들이려고' 하기도 한다. 사람들은 자신의 세계관에 다른 세계관 중 흥미로운 요소를 더하긴 하지만 자신이 가장 소중하게 여기는 신념과 가치를 약화시키지 않는 방식과 수준에서만 수정을 가한다. 이를 가리켜 '문화 조정cultural accommodation'이라고 한다. 1960년대 젊은이들이 '흥분하고, 깨닫고, 이탈'하기 시작할 당시 미국의 반체제 운동을 생각해 보라. 시민권 운동 지지와 베트남 전쟁 확대 반대를 계기로 부상한 '히피'는 군산 복합체와 탐욕, 물질주의, 성차별, 인종차별, 성적 억압에 격분했다. 그들은 다른 문화, 소수자, 여성, 환경을 존중하고 한층 더 단순하고 평화로운 생활방식으로 나아가자고 소리쳤다.

젊은이들은 부모 세대들의 겉모습을 지칭하는 '오지와 해리엇Ozzie and Harriet'(미국 텔레비전 코미디극으로 모범적인 중산층 부부를 비유-옮긴이) 스타일 또한 거부했다. 그들은 우디 거스리Woody Guthrie가 대변한 노동자에 대한 지지를 표현하고자 청바지를 입었다. 그들은 고기를 외면하고 그라놀라를 비롯한 자연 건강식품을 먹기 시작했다. 섹스, 마약, 로큰롤이 그들 삶의 문화적 중심에 자리잡았다. 당시 보수적인 시민들은 이러한 언동이 미국의 전통적 가치를 심각하게 위협한다고 여겨 경멸하기까지 했다. 당시 캘리포니아 주지사였던 로널드 레이건Ronald Reagan은 "히피는 타잔 같이 생기고 제인처럼 걸으며 치타 같은 냄새를 풍기는 사람입니다"라고 빈정거렸다.

그러나 레이건이 대통령이 될 무렵 히피가 내세우는 '사랑과 평화'의 가치는 무미건조한 코카콜라 광고 속으로 들어갔다. "나는 온 세상 사람들이 완벽한 화음으로 노래하도록 가르치고 싶어요/ 나는 온 세상 사람들에게 코카콜라를 사주고 계속 함께 하고 싶어요." 상업주의가 우드스톡과 만나자 디자이너 청바지는 100달러에 팔려나갔고 슈퍼마켓에서는 50가지 원료로 만들어 초콜릿을 씌운 그라놀라가 인기를 끌었고 60년대 저항을 노래한 노래가 경음악으로 편곡돼 치과 대기실에서 잔잔하게 울려나왔다. 그렇게 되자 사람들은 더 단순하고 지위를 덜 의식하고 더 건강하며 평화로운 생활방식을 촉구하자는 히피의 위협적인 메시지에 동요하는 일 없이 매력적인 외양, 취향, 음악을 즐길 수 있게 되었다.

우리와 다른 사람을 두려워하는 마음은 그들이 특정 집단을 대표하는 상투적인 문화적 역할을 수행한다고 봄으로써 누그러뜨릴 수 있다. 이를테면 운동선수 같은 몸매에 랩을 하는 흑인, 다정하고 가족 중심적인 멕시코인, 똑똑하고 학구적인 아시아인, 화난 지하드 전사 아랍인, 마르크스와 피노 그리지오(pinot Grigio, 이탈리아 와인의 일종-옮긴이)를 고수하는 무력한 북동부 지역 지식인, 총과 성경을 고수하는 시골 노동자 남부인 같은 식으로 생각하는 것이다. 실제로 죽음을 가까이 느낄 때 사람들은 단순한 고정관념에 들어맞는 외부 집단의 일원을 선호한다. 일례로 죽음을 떠올린 후 미국인은 단정하고 체계적인 독일인, 여자 같은 남성 동성애자, 남성이 저녁식사 비용을 지불하는 것, 여성이 이웃 아이들을 돌보는 경우를 선호했다.

사실 이러한 고정관념은 문화적 사물 체계의 일부이다. 따라서 이 고정관념이 사실임을 증명하는 외부 집단은 지금 우리의 세계관이 맞다는 것을 입증하는 반면, 고정관념에 반하는 외부 집단은 우리의 세계관을 위협한다. 한편, 자기 세계관을 믿고 싶은 욕구가 클 때 사람들은 내부 집단과 완전히 다른 외부 집단을 선호하는 경향을 띤다. 20세기에 백인 미국인들 사이에서 아모스와 앤디Amos and Andy, 잭 베니Jack Benny의 조수였던 로체스터Rochester와 같은 허구적 인물, 스티핀 펫칫Stepin Fetchit 같은 배우들이 인기를 얻었던 이유도 이 맥락에서 이해할 수 있다. 또 아프리카계 미국인을 무서워하고 싫어하는 인종차별주의자가 그럼에도 불구하고 유명한 흑인 운동선수, 음악가, 연예인들을 존경하는 이유 역시 여기서 비롯된다.

한 실험결과에 따르면, 죽음을 떠올렸을 때 미국의 백인 대학생들은 예의범절을 따지는 흑인보다 아프리카계 미국인 '깡패'를 선호했다. 미국의 백인 대학생들은 참여자로 가장한 아프리카계 미국인 남성 마이클을 만났다. 마이클은 아프리카계 미국 남성에 관한 문화적 고정관념에 부합하거나 혹은 이를 깨는 방식으로 옷을 입고 행동했다. '고정관념 부합' 조건에서 마이클은 헐렁한 배기쇼츠 바지를 입고 애틀랜타 브레이브스 구단 야구 모자를 거꾸로 썼다. '고정관념 타파' 조건에서 마이클은 카키 팬츠, 버튼다운 셔츠, 스포츠 재킷을 차려 입었다.

참여자들은 '친목 도모에 관한 연구'라고 안내를 받은 뒤 자신의 죽음 또는 중립적인 화제를 떠올리는 과제를 수행하고 지난 여름 무엇을 했는지 서술한 글을 마이클과 교환했다. '깡패' 의상을 입었을 때 마이클은 '고향 친구들과 어울려 논 일', '싸구려 대용량 맥주를 마신 일', '시도 때도 없이 클럽에 다닌 일', '섹스파트너 찾기'에 관해 썼다. 그러나 중요한 면접을 보는 사람처럼 입었을 때 마이클은 격식을 차린 영어로 경영학 학위를 따기 위해 '컴퓨터 공학 수업을 들은 일', '고전 소설'을 읽고 '체스를 둔 일'에 대해 썼다.

참여자들은 마이클을 어떻게 평가했을까? 통제조건에서 백인 학생들은 고정관념을 깨는 학구적인 유형의 마이클을 '클럽에 다니고 여자를 찾아다니는' 마이클보다 훨씬 더 선호했다. 그러나 자기 죽음을 상기했던 참여자들은 '깡패' 마이클을 '버튼다운 셔츠를 입은' 아프리카계 미국인보다 훨씬 더 선호했다. 우리는 타인을 고정관념에 끼워 맞춤으로써 우리가 가진 문화적 사물 체계를 공고히 한다.

악마화와 말살

폄하, 동화, 조정만으로 충분하지 않을 때 심리적 압박은 물리적 공격으로 이어진다. 위협이 되는 타인을 완전히 제거하기 위해 '무력'이 '정당화'된다. 이는 죽음에 대처하기 위한 상징적 해법이 결코 심리적으로 충분하지 못하기 때문이기도 하다. 문화적 세계관은 강력한 신념과 상징, 국기나 십자가와 같은 기호로 구현된다. 그러나 사실 죽음은 매우 육체적인 문제이고 죽음 불안은 언제나 도사리고 있기 마련이므로 인간은 악으로 지명된 다른 집단을 말살해야 한다고 판단한다.

고대 사람들은 죽음 불안을 해결하기 위해 동물을 자주 이용했다. 예를 들어, 고대 히브리인들은 속죄일에 임의로 양 두 마리를 골랐다. 첫 번째 '주의 양Lord's Goat'은 이스라엘의 죄를 용서받기 위해 바치는 피의 제물이었다. 두 번째 '아사셀Azazel', 즉 속죄양은 하느님 백성의 죄를 짊어지고 황야로 쫓겨났다. 고대 그리스에서 속죄양은 동물이 아니라 사람이었다. 공동체가 전염병이나 기근에 시달리면 '파르마코스pharmakos', 즉 인간 속죄양이 마을의 멸시를 받는 대상이 됐다. 파르마코스는 보통 범죄자, 노예, 불구자처럼 천하게 여겨지는 사람이었고 매를 맞거나 돌을 맞은 뒤 도시에서 추방됐다.

동서고금을 통틀어 특정 개인과 집단이 죽음 불안에 대비하는 심리적 피뢰침 역할을 담당했다. 대개 '악인들'은 명확히 그런 역할에 들어맞는다. 훈족 왕 아틸라와 히틀러는 역사상 가장 사악한 인물 10명 목록에 들어갈 법하다. 그러나 때로는 보는 사람에 따라 악의 정의가 달라지기도 한다. 오바마와 월마트를 폄하하는 비방자가 있는가 하면 찬양하는 추종자도 있다. 채식주의자, 컨트리 음악 애호가,

뉴욕 양키스 팬처럼 표면적으로는 온화한 사람조차도 일부 사람에게는 악의 화신 역할을 할 수 있다.

기근, 전염병, 경제적 동요, 정치적 불안, 교육 부족, 정전, 문맹, 청년 반항, 무엇이든 '그들'의 잘못이다. '우리'는 선하고 순수하고 올바르며 하느님의 모습을 본떠서 만들어진 반면 '그들'은 골칫거리일 뿐이다. 해결책은 명확하다. 그들을 폄하하고 인간성을 말살하고 악마로 여기고 짓밟아야 한다. 악인을 근절하라. 세계를 정화하라. 하느님이 당신 편에 있음을 증명하라. 지구상의 삶을 천국의 삶으로 만들어라.

이제 우리에게는 죽음 불안을 야기한, 눈에 보이고 통제 가능한 원인이 필요하다. 그래서 이 역할을 담당할 '타인'을 발견하거나 만들어내야만 한다. "만약 이러한 [빈칸을 채우시오: 테러리스트, 이교도, 사회주의자, 세계주의자, 동성애자, 진보주의자, 티파티 공화당원, 유대인, 이슬람교도, 불법 이민자 등 그 누구든]를 제거한다면 우리가 겪고 있는 모든 문제는 해결될 것이다!"

죽음 불안의 해결책으로 사악한 타인을 찾아낸다고 하더라도 이 전략은 성공하지 못한다. 전략을 사용한 순간 사악한 타인이 가하는 위협은 한층 더 강화되기 때문이다. 누군가가 사악한 타인을 근절하려고 할 때 사악한 타인으로 지목된 대상은 죽음의 공포를 느끼게 되고 이는 갈등의 불꽃에 부채질하는 셈이 된다. 육체에 가하는 직접적인 위협뿐만 아니라 비하나 인간성 말살과 같은 심리적 모욕도 마찬가지이다. 고국이 짓밟히고 전통적인 신념을 포기하고 생경한 삶의 방식을 취하도록 강요받는다면 어떻게 자신이 의미 있는 세계에 한몫을 하는 존재라고 생각할 수 있겠는가? 무엇보다 소중한 전통과 유물이 부당한 방식으로 지배 문화로 흡수되는 모습을 보게 된다면? 문화적으로 희화화된 취급을 받는다면? 아부그라이브 수용소에서 벌거벗은 채 고문 당한 포로들처럼 동물 취급을 받는다면?

모욕을 받을 때 인간은 자존감을 잃고 의미 있는 세계에 사는 중요한 존재가 아니라 그저 미약한 생물로 전락한다. 소말리 족 속담에는 "모욕은 죽음보다 나쁘다. 전시 상황에서 모욕적인 언사는 총알보다 더 큰 상처를 준다"라는 말이 있다. 총알은 육체를 죽이지만 모욕은 '덧없는 존재에 불과하다'는 공포를 억누르고 있던 중요한 감각을 깬다. 인류 역사상 상처 입은 자존심을 회복하기 위한 보복 전쟁은 수없이 많았다. 《일리아드》에 묘사된 트로이 전쟁은 파리스가 스파르타의 왕 메넬라오스 아내 헬렌을 유혹하여 트로이로 데려감으로써 메넬라오스를 모욕했기 때문에 일어났다. 이런 무례에 대응하여 메넬라오스의 군대는 이후 10년에 걸쳐 트로이를 포위하고 도시 대부분을 잿더미로 만들면서 남자는 닥치는 대로 죽이고 여자와 어린이는 강간하고 노예로 만들었다.

현대에도 모욕과 굴욕을 갚고 극복하기 위한 시도는 쉽게 찾아볼 수 있다. 20세기에 히틀러는 '베르사유의 굴욕'을 일소하겠다고 약속함으로써 지도자가 됐다. 제2차 세계대전에서 일본 가미카제 특공대는 적의 손에 패배하는 굴욕을 겪느니 차라리 스스로를 희생하는 쪽을 택했다. 이런 순교 작전은 일본 패망의 전조가 짙어짐에 따라 점점 더 잦아졌다. 1965년 국방부 보고서는 미국이 베트남 전쟁에서 이루고자 하는 주 목표는 '굴욕적인 패배를 면하는 것'이라고 밝혔다. 그리고 21세기에 사회학자 마크 위르겐스마이어Mark Juergensmeyer는 알카에다 지지자 및 우익 미국 기독교 민병대원과 인터뷰를 나눈 뒤 "종교 간 폭력 사태를 지지했거나 이에 관여했던 거의 모든 사람이 엄청난 좌절감과 모욕감을 느꼈다고 말했다"라고 보고했다. 이들 각각의 사례는 서로 다른 역사적, 문화적 맥락 속에서 발생했지만 지독한 폭력 행위를 부채질하는 강렬한 모욕감이 관련됐다는 공통점을 지닌다.

치명적인 폭력을 부르는 모욕 행위는 해결되지 않은 채 묻어버린 오래된 갈등에서 비롯된 경우가 많다. 이런 모욕은 희생당했다는 억울함과 영웅적인 구원을 바라는 욕구를 결집하는 계기가 된다. 예컨대, 1389년 코소보 전투에서 세르비아인이 겪은 패배를 되돌려주자는 심사가 어느 정도는 1990년대에 코소보와 보스니아에서 일어난 유혈 충돌을 부채질했다.

모욕 당한 사람은 압제자를 질책하고 제거함으로써 자존심과 존엄성을 회복하려고 한다. 에블린 린드너Evelin Lindner 박사는 "모욕을 느낀 채 자신의 파멸을 되돌아보는 순간 가해자에게 내가 느낀 고통보다 더 큰 고통을 주리라는 다짐을 하게 된다. 그렇게 되면 폭력과 변명의 악순환이 시작된다. 먼저 패배를 인정하면 더한 모욕을 겪게 되므로 그들은 영원히 계속되는 대혼란과 살육의 순환에 갇혀 그 어느 쪽도 벗어날 수 없게 된다"라고 말한다.

공격과 반격

2001년 9월 11일 알카에다가 미국의 국방부 건물인 펜타곤과 세계무역센터를 공격한 후 뒤따른 사건들은 죽음의 공포가 어떻게 증오와 폭력의 상호 순환을 유발하는지 적나라하게 보여준다.

1980년대에 오사마 빈 라덴은 정치적 목표를 위해 러시안 군대를 아프가니스탄에서 축출하고 그 다음에는 미국 군대를 마호메트의 '성지'인 사우디아라비아에서 쫓아내고자 했다. 그러나 1998년 빈 라덴은 미국을 상대로 성전聖戰을 선포한 급진 성향의 이슬람 성직자들과 합류했다. 여기에는 11세기까지 거슬러 올라가는 십자군 전쟁과 1918년 오스만 제국 해체에서 이슬람이 겪은 굴욕적인 상처를 되갚으려는 목적도 있었다.

> 미국은 가장 신성한 장소인 아라비아 반도의 이슬람 영토를 차지하고 부를 강탈하고 통치자에게 명령하고 백성을 모욕하고 이웃을 공포에 떨게 했으며 아라비아 반도에 있는 기지를 이웃 이슬람 사람들과 싸우기 위한 공격의 최전선으로 바꾸었다. 우리는 알라의 명령에 따름으로써 보상 받기를 원하는 모든 이슬람교도에게 미국인들을 죽이고 그들의 돈을 약탈할 것을 촉구한다. 또한 우

리는 이슬람 울라마(ulema, 이슬람교 신학자-옮긴이), 지도자, 청년, 군인들에게 악마의 미국 군대와 그들에게 협력하는 악마의 후원자들을 대상으로 공격을 개시하기를 촉구한다.

사우디아라비아에 주둔하는 외국 군대를 처치한다는 정치적 목표가 사탄의 특사를 말살하라는 신의 명령에 따르는 의무로 탈바꿈했다. 갈등에 장대한 의미를 불어넣고 자기 목숨을 기꺼이 희생하려는 지지자를 모으기에 미국인 악당들을 상대로 성전을 선포하는 것보다 더한 묘책이 무엇이겠는가?

9·11 테러 사건으로 미국인들은 강력한 죽음의 위협을 느꼈다. 우선, 그들은 강력한 죽음의 이미지를 실제로 목격했다. 수많은 사람들이 쌍둥이 빌딩이 무너져 내릴 때 공포에 떨었고 펜타곤이 불길에 휩싸이고 펜실베이니아에도 비행기가 추락했다는 사실에 큰 충격을 받았다. 게다가 그들은 대학살을 넘어서서 미국의 사물 체계를 나타내는 중요한 상징 세 가지가 위험에 처하거나 공격받았다는 사실에 원통해 했다. 미국의 재정 및 산업의 번창을 나타내는 상징(쌍둥이 빌딩)은 완전히 파괴됐다. 세계 군사 지배를 나타내는 상징(펜타곤)은 크게 훼손됐다. 백악관 혹은 국회의사당으로 추정되는 세 번째 표적은 미국 민주주의 그 자체를 상징한다.

9·11 사건 직후 미국인들은 보기 드물 정도의 연민과 기민함을 보여주었다. 경찰과 소방관들이 전국 각지에서 몰려들었다. 혈액은행과 무료 급식소가 넘쳐났다. 개인이 자기 본분을 다하면서 국민적

자부심 또한 회복됐다. 사람들은 조국의 가치는 물론 자기 자신의 가치를 단언함으로써 실존적 위협에 대응했다.

동시에 미국인들 사이에서 죽음의 공포는 상대를 폄하하고 인간성을 말살하고 악마로 만들고 동화하고 말살하려는 열의 또한 증폭시켰다. 기독교 전도사 프랭클린 그레이엄Franklin Graham은 이슬람교를 '매우 악랄하고 사악한 종교'라고 폄하했다. 국방부 부차관 윌리엄 보이킨William Boykin 중장은 이슬람 급진주의와의 충돌을 악마에 맞서는 싸움으로 표현했다. "이 적은 정신적인 적입니다. 그는 어둠의 공국公國이라고 불립니다. 이 적은 사탄이라고 불리는 놈입니다." 전 국무장관 로렌스 이글버거Lawrence Eagleburger는 "이 사람들 중 몇몇을 죽여야 합니다. 설사 그들이 직접 연루되지 않았다 해도 우리는 공격해야 합니다"라고 말했다.

미국 지도자들 역시 영웅적 초월을 원하는 미국인들의 욕구 채우기에 나섰다. 2001년 9월 17일 조지 부시 대통령은 "이는 새로운 종류의 악이고 우리는 이를 알고 있습니다. 미국인들은 이 십자군 전쟁에 시간이 걸릴 것이라는 사실을 깨닫기 시작했습니다. 우리는 악당들의 세계를 제거할 것입니다"라고 선언했다. 부통령 딕 체니는 이 십자군 전쟁에 합류하지 않는 국가는 '미국의 강렬한 분노'와 맞닥트리게 될 것이라는 말을 덧붙였다.

9·11 테러가 발생하기 전에는 많은 공화당 지지자들조차도 부시가 대통령으로서 능력이 부족하고 밋밋한 이미지라고 생각했다. 그러나 9·11 테러 발생 이후 몇 주 동안 부시에 대한 지지율은 역사상

유례없이 높은 수준에 이르렀다. 부시가 그렇게 엄청난 인기가 있었던 것은 테러 공격으로 인해 미국 국민들이 죽음과 취약성을 급격히 인식하고 지속적으로 상기했기 때문이다. 이 사실은 미국인들이 죽음을 떠올린 뒤 부시 대통령과 그가 추진한 이라크 정책을 더 높게 지지하는 성향을 보였던 2002년 및 2003년 실험결과만 보더라도 알 수 있다. 2004년 대통령 선거에서 부시는 현직 대통령으로서 "우리는 악의 세력을 물리쳐야 하는 신성한 의무를 지고 있습니다"라는 전형적인 카리스마적 메시지를 힘 있게 전달함으로써 경쟁 상대인 존 케리 상원 의원보다 미국인들의 공포 관리 욕구에 훨씬 더 잘 대처했다. 강한 고통을 상기한 통제조건 실험 참여자들은 케리 상원의원을 부시 대통령보다 더 호의적으로 평가했다. 그러나 죽음을 상기한 실험 참여자들은 부시를 케리보다 더 호의적으로 평가했다. 선거 6주 전 통제조건 참여자들은 4 대 1 비율로 케리 상원의원에게 유리하게 투표할 것이라고 말했다. 그러나 죽음을 생각했던 다른 참여자들은 거의 3 대 1 비율로 부시 대통령을 선호했다.

부시의 공포 관리에 대한 평가는 그가 2001년에 아프가니스탄, 2003년에 이라크에서 개시한 군사 작전으로 더 긍정적이 될 공산이 높았다. 사담 후세인은 금세 축출됐고 탈레반은 초기에 큰 타격을 입었다. 이 덕분에 양국에 쉽게 진출한 선교사들은 그곳 국민들이 갖고 있는 잘못된 종교적, 정치적 신념을 바로잡아야 한다는 의무를 느꼈다. 기독교 근본주의자들은 이슬람교도들의 거센 반발에도 흔들림 없이 교회를 세우고 이슬람교에 반대하는 성명서와 함께 성경을 나눠주었다. 때때로 선교사들의 이런 활동은 폭력으로 저지하려는 시도에 부딪치기도 했으나 이들은 설사 자기가 죽더라도 이는 올바른 대의명분을 위한 죽음이 될 것이라고 믿었다. 전도사 집단 '순교자의 목소리Voice of the Martyrs'의 미디어 개발 담당자 토드 네틀턴Todd Nettleton은 "우리 활동은 사람들을 죽음으로 이끌 수도 있습니다. 하지만 천국에서 그리스도와 함께 하는 영원이 지옥에서 보내는 영원보다 훨씬 나을 테니 감당할 수 있어요"라고 말했다.

동시에 정치 경제 인사들은 민주적 자본주의를 '국가가 성공하기 위한 유일한 지속가능한 모델'로 지정함으로써 '자유의 혜택을 전 세계에 확장'한다는 2002년 국가 안전 보장 전략에 힘을 보탰다.

9·11 공격 직후, 대부분의 이슬람교도들은 곧바로 테러리스트들을 이슬람교를 왜곡하는 종교적 열성분자 중 소수 과격파라고 맹렬히 비난했다. 그러나 얼마 시간이 지나지 않아 미국인들이 이슬람을 전면적으로 비난하고 종교 및 정치적 전향을 시도하는가 하면, 조지 부시 대통령이 악의 세계를 축출하기 위한 '십자군 전쟁'을 선포하는 데 이어 아프가니스탄과 이라크를 침공하면서 이슬람교도들은 굴욕감과 수치심을 느껴야 했다. '충격과 공포' 군사 작전은 '부수적 피해'라는 이름으로 무고한 피해자 수만 명을 살해했다. 9·11 테러 공격이 미국인에게 그랬듯, 바그다드 약탈과 아부그라이브 수용소의 굴욕은 도처에 있는 이슬람교도들에게 상징적으로, 그리고 실제로 강력하게 죽음을 상기시키는 역할을 했다. 잔존하는 죽음의 공포는 타인을 폄하하고 인간성을 말살하고 악마로 만들고 동화하고 말

살하려는 열의를 증폭시켰다. 미국의 경우와 마찬가지로 모욕을 느낀 이슬람 광신도들은 전파와 인터넷을 이용하여 미국에 대한 공포와 분노를 퍼트렸다. 여론 조사에서는 등골이 서늘할 정도로 서구에 대한 적대감이 높다는 결과가 나왔다. 여론 조사 참가자 중 터키는 거의 3분의 1, 파키스탄은 절반, 모로코와 요르단의 경우 4분의 3이 이라크에서 발생한 이스라엘, 미국, 유럽인에 대한 자살 폭탄 테러가 당연하다고 말했다. 순교자(샤히드)가 되기를 갈망하는 이슬람교도 어린이도 많았다. 가자에 위치한 자발라 난민 수용소에서는 한 여덟 살짜리 소년이 기자에게 '자기가 AK-47 라이플총을 들고 있는 모습을 가족이 찍어줬다며 사진을 보여주었다. 또 자기 형이 샤히드였다고 말하고는 고개를 숙이더니 사실은 자기 형이 살아있고 그렇게 대단한 일은 한 번도 한 적이 없다'고 말했다. 웨스트뱅크에 위치한 제닌 수용소에서는 열세 살짜리 소녀가 아버지는 자기가 의사가 되길 바라지만 '자기는 미국을 날려버릴 수 있는 핵물리학을 공부하고 싶다'라고 말했다.

치명적인 반격 역시 많았다. 유대계 미국인으로 〈월스트리트저널〉 기자였던 대니얼 펄Daniel Pearl은 2002년 1월에 파키스탄에서 납치됐고 이후 참수당했다. 그 참혹한 광경은 녹화돼서 전 세계 도처 널리 퍼졌다. 2002년 10월에는 발리에 위치한 인기 관광 나이트클럽 밖에서 자동차 폭탄이 폭발하여 200명이 넘는 민간인이 죽고 100명이 부상을 입었다. 2004년 3월 11일, 런던에서 지하철과 버스가 이와 비슷한 공격을 받아 시민 52명과 자살 폭탄 테러범 4명이 숨지고

700명이 부상을 입었다.

한편, 와하브파의 가르침을 지지하는 사우디아라비아의 지원하에 이슬람교 전도사들은 개종 후보자들을 찾아 유럽과 아시아에서 더 활발하게 활동을 펼쳤다.

9·11 공격 이후 10년이 넘게 흐른 지금도 각 측은 상대를 폄하하고 인간성을 말살하고 악마로 만들고 모욕을 주면서 공격과 반격을 멈추지 않고 있다.

대부분의 이슬람 국가에서 반미 및 반이스라엘 정서는 여전히 강하다. 2010년 '무슬림형제단Muslim Brotherhood' 지도자 모하메드 무르시 전 이집트 대통령은 이집트 국민에게 유대인과 시온주의자들을 가리켜 "이 흡혈귀들, 이 전쟁광들, 원숭이와 돼지의 후손들, 그들은 천성적으로 적의에 가득 차 있다"라고 비난하면서 그들에 대한 "증오로 우리 아이들과 손주들을 키워 달라"고 간청하는 연설을 했다. 무르시는 미국과 유럽을 시온주의자 후원자로 규정함에 따라 그들 역시 적으로 간주했다. 지금도 이라크, 아프가니스탄, 시리아, 사우디아라비아, 파키스탄, 인도, 말리, 소말리아를 비롯한 여러 나라에서 치명적인 폭력이 계속되고 있다.

미국과 유럽에서는 이슬람을 향한 증오와 폭력이 멈추지 않고 있다. 미국인 3명 중 1명은 이슬람교도는 대통령 선거에 출마할 수 없어야 한다고 믿으며 상당수의 소수가 아직도 버락 오바마 대통령이 이슬람교도라고 걱정한다. 많은 미국인들이 여전히 자기 이웃에 이슬람 사원을 건축하는 데 반대하며 죽음을 상기한 이후 이런 반대 성향은 더 짙어진다.

실험실의 닥터 스트레인지러브

조지 버나드 쇼는 "죽음의 천사가 나팔을 불 때 문명의 가식은 세찬 바람에 휩쓸린 모자처럼 사람의 머리에서 진창으로 처박힌다"라고 말했다. 유감스럽게도 연구결과는 실존의 나사를 아주 조금 푼 것만으로도 사람들을 흔드는 데 충분하다는 사실을 보여준다. 죽음의 공포는 다른 신념을 지닌 사람, 특히 우리가 악으로 규정한 사람을 상대로 하는 폭력을 자극한다.

이 성향을 증명하기 위해 1995년에 발생한 '핫소스 공격' 사건을 참고하여 실험이 전개됐다. 핫소스 공격 사건은 1995년 2월 뉴햄프셔 주 레버넌에 위치한 데니스 레스토랑에서 발생했다. 여기에서 아침식사를 담당하던 한 요리사는 아침을 먹으려고 뉴햄프셔 주로 건너온 버몬트 주 경찰관 두 명에게 장난을 치기로 했다. 그는 경찰을 별로 좋아하지 않았기 때문에 그들이 먹을 음식에 타바스코 소스를 듬뿍 넣기로 한 것이다. 경찰관들의 반응은 예상대로였다. 한 명은 입안이 불타는 것 같다고 했고 또 다른 한 명은 배탈이 났다고 말했다. 몇 주 뒤 요리사는 폭행죄로 구속됐고 징역 2년에 벌금 2천 달러짜리 형벌에 처해졌다. 핫소스와 관련된 사건은 이뿐만이 아니다. 십대들이 싸울 때 서로의 목구멍에 핫소스를 들이 붓는가 하면, 자녀에게 벌로 핫소스를 마시게 한 부모가 아동학대로 기소된 사례도 있었다.

우리 저자들은 이러한 핫소스 사건에서 아이디어를 얻어 '성격과 식품 선호' 연구를 명목으로 정치적으로 보수적인 학생들과 진보적인 학생들을 실험실에 모이도록 했다. 우리는 이들에게 우리가 사용하는 표준 질문에 답하도록 함으로써 죽음을 생각하게 하거나 그들이 다음번에 치를 중요한 시험을 떠올리게 했다. 또한 학생들에게 자신의 배경, 관심사, 식품 선호에 대해서 작성해 달라고 한 후 이 내용을 식품 선호를 알아보는 실험에 참여하는 옆 실험실 학생들과 서로 교환할 것이라고 고지했다. 참여자들은 본인의 진보적 혹은 보수적 정체성과 일치하거나 불일치하는 상대방의 정보를 받았다(그 정보는 만들어 낸 것으로 실제 상대는 존재하지 않았다). '상대방'이 서술한 내용에는 '진보주의자[혹은 보수주의자]가 존재하기에 가장 좋은 장소는 내 눈 밖이다', '진보주의자[혹은 보수주의자]는 이 나라에서 일어나는 수많은 문제의 원흉이며 이는 웃을 일이 아니다'와 같은 문장이 포함되어 있었다. 또한 참여자들에게 상대가 매운 음식을 무척 싫어한다는 사실도 알렸다.

그 다음 우리는 학생들에게 지독하게 매운 소스를 컵에 따르도록 시킨 다음 "옆방에 있는 당신의 상대는 이 소스를 전부 마시고 품질을 평가해야 합니다"라고 말했다. 상대가 매운 음식을 싫어하며 이를 전부 다 마셔야 한다는 사실을 아는 상태에서 학생들은 상대에게 얼마나 많은 핫소스를 할당했을까? 다음번에 치를 시험에 관해 서술했던 학생들은 상대방이 어떤 정치적 신념을 가졌든 크게 상관하지 않았다. 정치 성향이 진보적이든 보수적이든 학생들은 약간의 핫소스를 따랐다. 자신의 죽음에 관해 서술했던 학생들은 상대가 본인과 동일한 정치적 신념을 공유하고 있는 경우 이와 비슷하게 조금만 따랐다. 그러나 자신의 죽음에 관해 서술했고 상대의 정치 신념에 동의하지 않는 학생들은 두 배가 넘는 양(컵에 넘쳐흐를 만큼 많은 양)을 따랐다.

이는 죽음의 공포가 우리 신념에 이의를 제기하고 이를 모욕하는 사람들을 육체적으로 해치려는 욕구를 높인다는 사실을 보여준다. 2006년에 실시한 실험에서 자신의 죽음 혹은 9·11 사태를 떠올린 미국 보수주의자들은 미국에 아무런 즉각적인 위협을 가하고 있지 않은 국가들에 대한 선제적 핵 공격 및 화학 공격을 더 크게 지지했다. 또한 그들은 오사마 빈 라덴을 체포하거나 살해하는 일은 그 과정에서 수많은 민간인들이 죽거나 다친다고 하더라도 실행할만한 가치가 있는 일이라고 느꼈다. 다른 연구를 보면, 미국인들이 죽음을 상기하고 난 후에는 미국 정보기관이 외국인 용의자에게 잔인하고 모욕적인 심문 기법(고문)을 사용해도 좋다고 생각하는 경향이 커졌다. 이스라엘에서 실시한 유사 연구에서도 죽음을 상기했을 때 정치적으로 보수적인 이스라엘인들은 팔레스타인인에 대한 폭력을 더 당연시 여기는 결과가 나왔다. 또한 이 실험 참여자들은 이란에 대한 선제적 핵 공격을 더 크게 지지했다. 자신의 죽음을 곰곰이 생각한 이란 대학생들의 경우 미국에 대한 순교 공격을 더 지지했고 또한 스스로 자살 폭탄 테러범이 되는 일에 더 큰 관심을 드러냈다.

마지막으로, 앨버타 대학의 제프 쉬멜Jeff Schimel과 그의 동료들은 독실한 기독교 참여자들에게 전혀 위협적이지 않은 북극광에 관한 기사 또는 기독교인들을 겁주려고 쓴 '예수의 생가를 삼키려는 이슬람'이라는 제목의 기사를 읽도록 했다. 그 기사는 다음과 같다.

> 나사렛을 근거지로 하는 주요 이슬람 정치 단체인 '이슬람 운동'의 지도자들이 주요 간선 도로를 따라 가두행진을 벌이는 모습을 수많은 주민들이 지켜봤다. 행진은 기념 행사로 묘사됐으나 투쟁적 측면을 확실히 볼 수 있었다. 이 행사는 가두 축제라기보다는 군사력 과시에 가까웠다. 확성기를 든 사람이 아랍어로 되풀이해서 "알라는 위대하다"라고 외치고 수많은 활동가들이 "이슬람이 유일한 진리이다", "이슬람이 전 세계를 통치할 것이다" 등과 같은 구호를 외치며 활보했다. 그리고 군장을 차려입은 행사 참가자들은 북을 치고 그들 단체의 녹색 깃발을 휘둘렀다.

참여자 절반은 비행기 추락을 묘사한 다음의 추가 단락도 읽었다.

> "관련 뉴스에서 오늘 독실한 이슬람교도 17명이 나사렛에서 열린 희생 축제로 향하는 도중에 사망했다. … 알려진 바에 따르면 생존자는 없다."

그 다음 죽음에 관한 생각을 얼마나 빠르게 떠올리는지 측정하기 위해 참여한 모든 사람에게 단어 채우기 과제를 수행하게 했다. 놀랄 것 없이, 방금 '예수의 생가를 삼키려는 이슬람'이라는 기사를 읽은 기독교인들은 북극광에 관한 기사를 읽은 기독교인들에 비해 훨씬 더 높은 수준으로 죽음을 떠올렸다. 이는 이슬람이 기독교 성지를 점거한다는 생각이 죽음의 공포를 높인다는 사실을 증명하는 것이다. 그리고 특히 두려운 사실은 이슬람교도들이 비행기 추락으로 사망했다는 기사까지 읽은 기독교인들은 북극광에 관한 기사를 읽은 이들처럼 낮은 수준의 죽음을 떠올렸다는 것이다. '악인'의 죽음은 자신의 죽음에 대한 공포를 누그러트렸다.

태양 아래 새로운 것은 없다

지금까지 우리는 '인간에 대한 인간의 무자비성'이 타문화의 세계관을 지지하는 사람을 밀어내고 모욕하려는 성향에서 비롯되는 과정을 살펴보았다. 죽음 불안을 '사악한' 타인에게 투사함으로써 해결하려는 욕구는 이런 무자비성을 악화시킨다. 물론 흔히 거론되는 영토와 희귀 자원 사용을 둘러싼 의견 불일치 또한 불화의 주요 원인이기는 하다. 그러나 이런 실질적 갈등도 심오한 상징적 문제를 반영한다. 한 집단이 신에게 부여받은 권리라고 주장하는 바를 다른 집단은 굴욕적인 불의로 본다. 한 집단이 굴욕적인 불의에 대항하는 정당한 반응으로 보는 바를 다른 집단은 탐욕적이고 공격적인 행동으로 본다.

양측이 윤리적인 우위를 주장하고 자기가 당한 치욕을 한탄할수록 폭력 대치는 정당할 뿐만 아니라 도덕적으로 피할 수 없는 사태가 될 뿐이다. 이상한 신념, 가치, 관습, 심지어 상대방의 외모마저도 그들의 잘못된 사고와 악의를 단언하는 듯 보인다. 물질적 분쟁은 금세 선(우리)과 악(그들)의 보편적인 투쟁으로 확대된다. 실제로 전투에 나서는 개인은 통상로나 용수권을 확보하기 위해서가 아니라 성지에서 이교도를 쫓아내거나 해충 같은 유대인을 제거하거나 공산주의, 자본주의 혹은 이슬람교가 확산되는 것을 막음으로써 고국의 영광을 지키고자 하는 것이다.

아이러니하게도 이 세상에 존재하는 악의 상당 부분은 악의 세계를 제거하려는 노력에서 비롯된다. 이를 가리켜 어니스트 베커는 "죽을 운명을 부정하고 용감무쌍한 자아상을 획득하려는 자연스럽고 피할 수 없는 충동은 인류 악의 근본 원인이다"라고 신랄하게 표현했다. 2500년 전, 그리스 역사학자 투키디데스는 이와 놀랍도록 유사한 결론에 이르렀다. 그는 "인간 본성에 의해 이미 발생했고 이후로도 다시 발생할 진실을 보기" 위해 펠로폰네소스 전쟁사를 연구했다. 그는 자기 자신과 그 영토를 보호하려는 목적 외에 본인의 이데올로기를 지키기 위해 가장 격렬하게 싸우고 대의명분에 열성적으로 헌신하며 기꺼이 목숨을 내놓는 사람은 야만성과 잔학성을 증가시키는 복수를 향한 끓어오르는 열정에 이끌렸다는 사실에 주목했다.

신념을 위해 싸우다 죽을 각오를 한 사람들은 자기가 옳다고 절대적으로 확신하기 때문에 자기를 향한 모든 위협과 폭력 행위에는 앙갚음을 해야만 한다. 실제로 투키디데스는 "누군가에게 복수하는 일은 단 한 번도 불의로 고통 받지 않는 것보다 더 큰 가치를 지닌다"라고 말했다.

그러나 복수가 그토록 달콤하다면 분명히 사람들은 토지 권리, 자기 보호, 혹은 정의를 바라는 진심어린 우려 이외의 이유로도 싸울 것이다. 다른 이유란 어떤 것이 있을까? 정치학자 피터 아렌스도르프Peter Ahrensdorf는 투키디데스의 말을 인용해 이렇게 말했다. "투키디데스는 '사람은 죽을 수밖에 없는 자신의 처지를 전쟁을 통해 극복하고자 한다'고 주장했다.

이는 자기가 살고 있는 도시와 함께 함으로써, 또는 어떤 영광을 입음으로써, 또는 죽은 후 내세에서도 계속 살아감으로써, 또는 자신의 고결함, 신앙심, 정의를 긍정하여 신의 총애를 입음으로써 가능해지는 것이다."

사람들은 대의를 위해서라면 기꺼이 싸우고 때로는 기꺼이 죽고자 한다. 일단 불꽃이 튀면 죽음을 상기시키는 흔한 요소들은 영원한 영광을 얻기 위한 투쟁을 심화할 것이며, 결코 손에 넣을 수 없는 불멸성을 향한 추구는 계속 이어질 것이다.

생물학자 스티븐 제이 굴드는 "생물은 예측 가능한 진전을 보여주는 사다리가 아니라 풍성하게 가지를 뻗으면 멸종이라는 사신死神이 계속 가지를 쳐나가는 관목이다"라고 했다. 보통의 생물체들은 갑작스러운 기후 변화나 다른 식물 혹은 동물들과 경쟁하는 과정에 굴복해 왔지만 인간은 그 유명한 생명의 나무에서 자신의 가지를 잘라낼 수 있는 유일한 종이다.

상징화, 자의식, 상상력으로 만들어낸 허구를 현실로 바꾸는 능력이 인간에게 큰 혜택을 준 것은 사실이지만 이 때문에 우리는 스스로의 취약성, 덧없음, 죽을 운명을 인식하게 됐다. 문화적 사물 체계에 대한 확신과 우리 자신에 대한 자부심이 그 공포를 없앤다. 그러나 우리와 '다른' 누군가가 우리의 핵심 믿음 혹은 의미성에 도전할 때 우리는 그들을 폄하하고 인간성을 말살하고 동화시키고 악마로 만들고 모욕하고 파괴하고자 한다. 아마도 인간이 지금까지 생존할 수 있었던 유일한 이유는 스스로를 전멸시킬 수 있는 기술적 수단이 없었기 때문일 것이다.

지금 우리가 사는 세계는 예측 불가능할 정도로 커다란 파괴를 불러올 수 있다. 일례로, 비디오 게임 같은 원격 조종 장치로 수많은 사람을 죽일 수 있는 살인무기 조합이 가능하기 때문에 얼굴을 맞대는 교전 상황보다 양심의 가책을 덜 느끼고 살인을 할 수도 있다. 그리고 근대 민족 국가들은 자신의 세속적 혹은 종교적 이데올로기를 지키기 위해, 즉 '민주주의를 위해 세계 안전을 유지'하거나 '악의 세계를 제거'하기 위해 그 어떤 군사 기술도 사용할 준비가 되어 있다. 이런 상황을 고려하면 인류가 자멸하는 최초의 생물이 될 아주 실질적인 위험이 존재한다고 할 수 있다.

그러나 인간들은 언뜻 보기에 다루기 힘든 문제라도 일단 그 근원적인 이유를 이해하고 나면 이를 잘 해결해 왔다. 질병이 악령이 아니라 세균에 의해 발생한다는 사실을 알기 전에는 수많은 사람이 전염병으로 사망했다. 그러나 일단 원인을 규명하자 항생제 발견으로 이어졌다. 죽음의 공포가 갈등 상황에서 맡고 있는 중심 역할을 완전히 깨닫는다면 공포가 유발할 수 있고 실제로 유발하고 있는 파괴적인 잠재력에 대응할 방법 역시 찾아낼 수 있을 것이다.

8 육체와 영혼의 불편한 동맹

> 어떤 현실을 접하든 육체는 가장 가까이에 있다. 그럼에도 불구하고 우리는 육체에서 벗어나려고 한다. 많은 종교가 전적으로 육체 이탈에 기반을 두는데 이는 육체가 언젠가는 죽어야 한다는 사실, 즉 죽음의 공포를 동반하기 때문이다. 육체를 현실로 받아들이면 언젠가는 죽어야 한다는 사실을 받아들여야 하는데, 사람들은 이를 무척이나 두려워한다. — 데이비드 크로넨버그

킬리만자로 산비탈 마을에 사는 차가 족 남자들은 전통적으로 성인이 되면 줄곧 항문 마개를 착용하여 마치 자신은 결코 배변을 할 필요가 없는 척한다. 케냐 키쿠유 족은 남성과 여성 모두 강한 성욕을 갖고 있으며 섹스는 건강과 위생을 위해 필요하다고 믿는다. 그러나 아내는 남편의 성기를 건드려서는 안 되고 남편은 아내의 유두를 입이나 손으로 건드려서는 안 된다. 또한 남자는 여자 위에 눕고

여자는 다리로 남자를 감싸야 한다. 이 법칙을 조금이라도 어기면 죽음을 초래한다고 믿는다.

기묘한 관습이라고? 꼭 그렇지만도 않다. 모든 문화권의 사람들이 인간이 동물이라는 사실을 부정하고 자신의 육체성을 의식하게 하는 활동을 통제하기 위해 모든 방법을 동원한다. 우리는 최신 유행에 따라 체형을 바꾸고 꾸미며 이상적인 체격을 만들기 위해 운동을 하고 불쾌한 냄새를 지우기 위해 문질러 씻는다. 우리는 신체 배설물을 조심스럽게 처리하기 위해 '화장'실을 방문한다. 우리는 동물들이 교미하는 광경을 볼 때 무서워서 흠칫 놀라거나 경련을 일으킬 정도로 웃지만 우리 인간의 정사는 사랑이라는 이름으로 진지하게 수행된다. 그 이유는 무엇일까?

육체와 우리의 동물성은 우리가 언젠가 죽을 육체적 존재라는 사실을 떠올리게 하는 위협적인 요소이다. 이런 죽음의 공포에 대처하려면 우리는 그보다 훨씬 더 대단한 존재가 되어야 한다. 그리고 문화적 세계관의 기본적인 기능은 이런 육체가 우리의 의미와 중대성이라는 허세를 약화시키지 않도록 방지하는 일이다. 우리가 육체를 아름답고 강한 문화적 상징으로 바꾸고 신체 활동을 감추거나 이를 문화 의례로 바꾸는 이유 또한 죽음의 공포와 관련이 있다. 이어지는 내용에서는 인간이 본능적인 천성에서 벗어나는 것은 물론, 사실 인간은 동물이 아니라고 선언하기 위해 어떤 고된 분투를 치르는지 살펴볼 것이다.

동물은 원하는 곳에서 침을 흘리고 배변을 하며 몸이 지시할 때 교미를 한다. 그리고 동물은 죽는다. 반쯤 뜯어 먹힌 동물 사체를 독수리들이 쪼고 있을 때나 내장이 길가에 널려 있을 때 특히 죽었다는 느낌이 강하게 든다. 다른 동물과 마찬가지로 인간 역시 유한한 육체로 숨 쉬고 있다고 생각하면 소름끼친다. 앞에서 우리는 인간은 스스로를 죽은 후에도 영속할 (실제로 또는 상징적으로) 가치 있는 존재로 간주함으로써 죽음의 공포를 누른다는 사실을 살펴봤다. 그러나 자신이 갖고 있는 동물적 측면을 생각하면 죽음을 그리 쉽게 제거할 수는 없다. 그렇다면 일단 우리는 스스로를 동물과 구별하는 것부터 해야 한다.

인간과 동물을 구별하려는 경향은 죽음을 생각할 때 강화된다. 이와 관련된 첫 번째 연구는 사람들에게 죽음 혹은 치통에 관해 생각하도록 하는 일반적인 방법으로 시작됐다. 그 다음 참여자들은 '내가 배운 인간 본성 중 가장 중요한 점'이라는 제목의 글을 읽었다. 그 글은 두 개의 상이한 내용으로 구성되어 있는데, 그중 하나는 인간이 동물과 매우 유사하다고 주장하면서 다음과 같이 지적했다. "인간과 동물 사이에 존재하는 간극은 사람들이 생각하는 것만큼 크지 않다. 복잡한 사고의 결과나 자유의지로 보이는 것도 실제로는 인간 생체 프로그램이나 단순한 학습 경험의 결과에 불과하다." 또 다른 글은 인간은 다른 동물과 매우 다르다고 강조했다. "인간은 다른 동물과 일부 공통점을 지니지만 인간은 정말로 독특하다. … 우리는 배고픔과 욕망에 좌우되는 단순한 이기적 생물체가 아니라 의지를 지녔고 선택을 할 수 있고 스스로의 운명을 개척할 수 있는 복잡한 개체이다."

그리고는 모든 참여자에게 두 글과 저자를 평가해달라고 했다. 그 결과 치통에 관해 생각한 후 참여자들은 상반되는 두 글이 똑같이 무척 흥미롭다고 판단했다. 그러나 죽음을 상기한 후 참여자들은 인간이 독특하다고 강조한 글을 훨씬 더 선호했다.

이렇듯 죽음에 관한 생각은 사람들로 하여금 자신의 동물성을 떠올리게 하는 활동을 피하도록 유도한다. 자신이 언젠가 죽을 존재라는 사실을 곰곰이 생각한 후 남성과 여성 모두 발마사지에 더 적은 시간을 들였고 여성의 경우 유방 자가 검진 수행을 더 꺼렸다.

나아가 동물을 우리보다 하등한 존재로 인식하고 취급함으로써 인간과 동물 사이에 거리를 두면 인간이 동물과 같은 운명이라는 사실을 부정할 수 있다. 실제로 죽음을 떠올리고 인간과 다른 동물 사이의 유사점을 생각한 사람들은 동물들, 심지어 그들이 기르지 않는 애완동물도 폄하했다. 또 죽음을 상기할 때 사람들은 개체수 조절, 제품 시험, 의학 연구 등 다양한 목적으로 동물을 죽이는 행위를 더 지지했다. 또한 돌고래가 인간보다 더 영리할 수도 있다는 기사를 읽은 후 죽음을 떠올리기도 했다.

이렇게 우리가 동물이라는 사실을 부정하려는 성향은 우리가 지닌 가장 강력한 감정 중 하나, 곧 '역겨움'을 유발하는 근본적인 원인이기도 하다. 역겨움이라는 감각은 우리 조상들이 상한 고기와 (말 그대로 그들을 죽일 수도 있었던) 치명적인 병균을 가진 기타 유기물을 멀리하도록 하기 위해 발달했을 것이다. 그러나 죽음을 인식하기 시작하면서 역겨움은 내장, 뼈, 피, 배설물과 같이 인간도 동물이라는 사실을 떠올리게 하는 좀 더 광범위한 요소로까지 확대됐다. 실제로 사람들은 죽음을 생각한 이후에 소변, 점액, 대변, 토사물, 혈액을 한층 더 역겹다고 생각했다(그 반대 역시 사실이다). 즉 대변과 같은 육체에서 나온 물질을 생각하면 죽음에 관한 생각이 더 즉각적으로 떠오른다. 그리고 죽음을 생각한 후 사람들은 인체 대사 과정을 완곡하게 표현하는 경향을 나타냈다. 이를테면, '배변' 대신 '2번'이라고 말하는 식이었다.

태곳적부터 동서양을 불문하고 인간들은 자신을 동물 및 자연과 구별할 때 놀라울 정도로 비슷한 방식으로 대응해 왔다.

육체의 고행

인간은 대개 자기 자신이 다른 모든 생명체와 다르고 동시에 그보다 우월하다고 말해주는 종교를 믿는다. 이런 관점을 보여주는 가장 잘 알려진 종교는 유대교와 기독교이다.

> 그리고 하느님이 말씀하시길 우리 형상을 따라 우리 모양대로 우리가 사람을 만들고, 그들이 바다를 헤엄치는 물고기, 하늘을 나는 새, 가축, 모든 땅, 그리고 땅위를 기는 모든 움직이는 생물을 다스리게 하라고 하셨다. 그리하여 하느님은 자신의 형상, 즉 하느님의 형상대로 사람을 창조하시되, 남자와 여자를 창조하셨다.

이 관점에서 보면 오직 인간만이 하느님의 형상대로 창조됐다. 이 믿음을 공유하는 사람에게 세상을 다스리는 하느님의 사절이 되는 일은 꽤 기분 좋은 일이었다(지금도 그렇다). 하느님이 만고불변하고 편재하며 전지하고 전능하고 영원하다는 사실은 한층 더 좋았다. 어디에나 있고 모든 것을 알며 무한한 힘을 지니고 영원하다는 하느님의 특징은 인간이 그의 형상대로 창조됐다고 믿는 사람으로 하여금 죽음에 면역성을 갖고 있다고 느끼도록 해주었다.

신을 섬기며 동물을 다스리는 위치에 올랐지만 인간은 여전히 육체적 욕구를 충족시켜야 했다. 17세기 청교도 성직자 코튼 매더Cotton Mather(세일럼 마녀재판에서 중요한 역할을 수행했다)가 벽에 소변을 본 후 옆에서 자기와 비슷한 행동을 하고 있던 개를 보고 쓴 글은 이를 잘 보여준다.

> 나는 생각했다.
> "영원히 살 수 없는 이 나라에 사는 사람의 아이들은
> 그 얼마나 미천하고 상스러운 존재인가.

우리의 생리적 요구는 정말이지 비천하며
그로 인해 우리는 바로 저 개들과 같은 수준이 된다.” …
그리하여 나는 둘 중 어떤 한 쪽의
생리적 요구에 답하기 위해 걸음을 내딛을 때마다
이를 내 마음속에서 어떤 성스럽고
고귀하고 신성한 생각을 빚기 위한
일상 관행으로 삼겠다고 결심했다.

인간을 동물과 구별하기 위해 흔히 사용하는 또 다른 방법은 체벌 정화이다. 오랜 세월 인간은 형벌과 의례적 정화 수단으로 매질을 했다. 고대 이집트인은 이시스를 숭배하면서 스스로를 때렸다. 이후 기독교 관습에서도 결국 채찍은 육체를 정복하기 위한 중요한 수단이 됐다. 인간이 영적인 위치에 도달하고자 한다면 부패한 육체는 동물이 그러하듯 정복하고 벌해야 했다. 고통을 통해서만 구원을 찾을 수 있었다. 성 바울은 성경의 〈로마서〉 8장 13절에서 다음과 같이 말했다. “너희가 육신대로 살면 반드시 죽을 것이나 영靈으로 몸의 행위를 죽이면 살리니.”

아름다워지려면 고통을 겪어야 한다

역사적으로 인간은 육체를 벌하는 대신 장식이라는 다른 종류의 고통을 통해 자신을 동물과 구별하기도 했다. 모든 인류 문화는 동물과 유사한 신체 부위를 변장으로 가려왔다. 이로써 인류는 자신이 자연 세계가 아닌 문화 세계에 속해 있다는 사실을 증명해온 것이다. 어떤 장식은 분명 더 매력적이고 멋있게 보이게 하려는 목적을 지닌다. 그러나 사실 그런 노력조차도 다른 동물들과 닮은 부분을 최소화하려는 의도일 따름이다. 대체적으로 사람들은 자기가 속한 문화가 수용하는 신체적 매력을 높이는 방법에는 호의를 표시하고 다른 문화에서 취하는 방법은 기이하고 매력이 없다고 생각한다. 이 맥락으로 보면 왜 어떤 문화권의 젊은이들이 그들만의 독특한 미적 변형을 시도하는지 짐작할 수 있다. 모르긴 몰라도 어느 정도는 죽을 때가 머지않은 중장년층과 자기들을 구별하기 위함일 것이다.

여러 문화를 살펴보면, 꾸미지 않고 가꾸지 않은 육체는 언제나 지나치게 '자연스러워' 불안을 불러일으킨다고 여겨졌다. 성서에 나오는 아담과 이브는 이 사실을 생생히 보여준다. 선악과나무에 열린 사과를 먹는 행위는 인간의 핵심에 존재하는 고뇌를 드러내고 언젠가 죽을 존재임을 일깨우며 결과적으로 벌거벗은 인간의 육체를 수치스럽게 느끼게 했다. 무화과 나뭇잎은 최초의 신체 장식품이었다.

화장과 피부 관리법도 마찬가지다. 클레오파트라는 피부를 부드럽게 하기 위해 염소젖, 꿀, 아몬드 추출물에 목욕을 했다. 초기 이집트인들은 주름을 방지하기 위해 향, 왁스, 올리브오일, 사이프러스, 신선한 우유를 섞어서 엿새 동안 얼굴에 발랐다. 그들은 증기, 사우

> 한스 토마의 〈아담과 이브〉

나, 한증탕을 사용했고 무화과를 바나나, 오트밀, 장미 향수와 섞어 마스크 팩을 만들었다. 탄산납은 얼굴을 하얗게 만들었다. 황화수은은 얼굴에 생기를 더했다. 노화를 방지하기 위해 아스파라거스 뿌리, 야생 아니스, 백합 구근, 염소젖, 거름을 혼합해 거른 뒤 부드러운 빵으로 얼굴에 발랐다.

로마제국이 멸망한 후에도 유럽에서 화장품의 인기는 여전했다. 십자군 전쟁 당시 남편과 동행했던 여성들은 중동에서 아랍 여성들이 눈 주위에 바르는 콜 먹을 가지고 돌아왔다(현재의 아이라이너). 17세기 영국 여성들은 그 시대 미인상을 충족시키고자 붉은 가발을 쓰고 말린 연지벌레로 만든 염료로 유두를 붉게 물들였다.

21세기에도 화장품은 여전히 '잘 단장한 차림새'에 지극히 중요하다. 여성들은 매년 국제연합이 모든 산하 기관과 기금에 사용하는 금액보다 더 많은 돈을 화장과 피부 관리에 쓴다. 새로운 화장품, 새로운 스타일, 새로운 유행은 오고 가지만 이 모두가 일정 부분 자연상태 그대로의 육체를 경멸하는, 오래되고 보편적인 인류의 특성에 기인한다.

보통 아름다움을 위해서는 상당한 대가를 치러야 하고, 아름다움을 얻고 유지하는 과정에는 대개 육체적 및 재정적 고통이 수반된다. 제모, 피어싱, 문신은 아름다움과 고통의 관계를 잘 보여준다. 모든 문화권에서 털은 상당한 관심을 받는다. 인간의 털도 많이 자라긴 하지만 털의 양이라는 측면에서 보면 인간과 가장 가까운 유인원에 비해 그다지 털이 많은 것도 아니다. 그런데도 우리는 늘 털을 싫어했다. 털이 많은 육체는 미개하거나 비도덕적이거나 성생활이 문란하거나 변태적인 동물성과 연관된다.

구글에서 '체모body hair'를 찾아보면 약 3350만 건에 달하는 검색 결과가 나온다. 그리고 결과의 대부분이 제모 방법에 관한 것이다. 실제로 얼굴, 눈썹, 겨드랑이, 다리, 치골 부위의 체모 제거 및 손질하기는 모든 문화권에서 고대부터 널리 실행됐다. 이집트인은 체모를 제거하기 위해 면도칼, 부석(구멍이 많은 가벼운 돌-옮긴이), 제모 크림을 사용했다. 율리우스 카이사르는 얼굴에 난 털을 족집게로 뽑았고 전신을 면도했다(특히 섹스하기 전에). 《사랑의 기교*Ars Amatoria*》에서 로마 시인 오비디우스는 젊은 여성들에게 "팔 아래에 무례한 털이 자라지 않도록 하고 다리가 뻣뻣한 털로 거칠어지지 않도록 하라"고 조언했다. 오늘날 브라질리언 왁스(음모를 모두 제거하는 시술-옮긴이)와 남성 제모는 많은 젊은 남녀 사이에서 반드시 해야 하는 에티켓으로 여겨진다.

제모와 화장은 동물에서 인간으로 변모하기 위한 과정의 일부이지만 단지 임시방편일 뿐이다. 털은 제멋대로 예상치 못한 부위에서 다시 자란다. 화장은 지워지거나 망가진다. 그래서 누군가는 좀 더 과격하고 영구적인 신체 변형을 감행한다. 공항 보안검색을 통과하기 위해 래칫 렌치가 필요할 정도로 몸에 금속을 박은 자녀를 보며 깜짝 놀랐던 미국인 부모라면 이런 관습이 고대부터 보편적으로 행해졌다는 사실을 알면 다소 안심할지도 모르겠다. 중동에서는 4천 년 전에 만들어진 귀걸이와 코걸이 유물이 발견되었다. 이집트 파라오들은 배꼽을 뚫었다. 로마 군인들은 유두를 뚫었다. 아즈텍 족과 마야 족은 혀를 뚫었다. 남녀 모두가 일반적으로 성기 피어싱을 했다. 빅토리아 여왕 부군은 오늘날 가장 흔히 하는 성기 피어싱인 '프린스 앨버트Prince Albert'에 긍정적이었다.

문신은 신체 피어싱만큼이나 역사가 오래됐고 지금도 널리 행해진다. 문신은 의미와 중요성을 전달하며, 이를 새김으로써 우리가 단순한 동물 그 이상임을 강조하는 상징이다. 문신의 기원은 적어도 고대 이집트까지 거슬러 올라가며 사회적 지위와 위치를 나타내기 위해 자주 사용됐다. 기원전 5세기 그리스 역사학자 헤로도토스는 트라키아인(당시 유력 집단)에게 "피부에 뚫린 구멍은 고귀함을 나타내는 징표이며 피부에 구멍이 없다는 사실은 상스러운 혈통이라는 증거"라고 말했다.

많은 문화권에서 문신은 행운을 부르고 사고를 예방하며 이성을 사로잡고 젊음을 유지하며 건강을 가져다주고 불멸성을 담보하는 역할을 해왔다. 일본에서는 나체의 모습을 전혀 매력적으로 보지 않기 때문에 많은 남녀가 전신에 문신(이레즈미)을 했다(일부는 여전히 한다). 오늘날 미국인 4명 중 1명, 그리고 40세 이하의 사람 중에서 거의 절반이 적어도 하나의 문신을 시술받는다.

또한 사람들은 영구적 신체 변형을 감행하기도 한다. 아프리카에서는 피부를 절개해 그 틈에 구슬 같은 물건를 넣거나 그 상처를 목탄이나 진흙으로 문지르는 절개문신scarification을 한 모습을 흔히 볼 수 있다. 치아를 깨거나 입술에 접시를 끼우는 관습 역시 마찬가지이다. 목을 늘리기 위해 장식 고리를 착용하는 곳도 있다. 때로 두상 형태를 바꾸기도 한다. 이집트인은 길쭉한 두상을 선호했고 중앙아프리카에 거주하는 망베투 족은 여전히 그렇다. 두상을 늘리기 위해 그들은 나무 조각 두 개로 유아의 머리를 누르거나 천으로 단단히 싸맨다. 완벽한 몸통 모양을 만들기 위해 여성(남성 역시)은 꽉 죄는 코르셋으로 몸을 압박했다. 프랑스 왕비 카트린은 쇠고리로 만든 고통스러운 발명품으로 허리를 이상적인 치수로 알려진 33센티미터까지 줄이는 복대를 도입했다. 천 년이 넘는 세월 동안 중국 여성은 발의 성장을 막고 형태를 연꽃 모양으로 만들기 위해 수년간 발을 감쌌다.

> 중국의 전족

7.6센티미터를 넘지 않아야 이상적인 크기였다. 이를 위해 소녀가 다섯 살이 되면 발을 감싸기 시작했고 발이 성장하면 발가락이 영구히 발바닥의 오목한 부분 밑으로 휘어들어가게 함으로써 실제로 크기가 작아지도록 했다. 엄지발가락은 건드리지 않았다. 발을 세게 감을수록 더 작아졌고 작을수록 더 매력적이라고 여겨졌다. 그러나 걸을 수는 없었다.

오늘날 일부 미국 여성들은 좁고 뾰족한 하이힐을 신기 위해 '미용 발가락 절단 수술'을 선택한다. 이 수술을 하면 보통의 신발을 신고는 걷지 못할 수도 있지만 이에 아랑곳하지 않는 사람도 있다. 한 패션 평론가는 "그래서 뭐가 어떻다는 건가? 진짜 숙녀라면 적절히 잘 선택한 신발을 신지 않은 모습을 보여서는 안 되고 이러한 하이힐 중독은 패션계 적자생존에 필수이다"라고 말했다.

발과 몸을 변형하는 움직임은 잦아들 기미가 보이지 않는다. 미국성형외과학회American Society of Plastic Surgeons는 2012년에 1460만 건의 성형수술이 행해졌고 그 대상은 대부분 여성이었다고 발표했다. 유방, 종아리, 턱, 뺨, 입술 확대, 유방 축소(주로 남성), 코 성형, 지방흡입, 쌍꺼풀 수술, 복부 지방 제거 수술, 보톡스 주사, 엉덩이 보형물 삽입, 귀 수술, 모발 이식, 흉근 삽입 및 얼굴, 유방, 엉덩이, 이마, 종아리, 상완 리프트가 현재 성행 중이다. 미국에서 10대 여성, 남성 전 연령대, 중장년층 남녀는 과거 그 어느 때보다도 성형수술을 많이 받는다. 중장년층에게 동안 외모 유지는 다른 그 무엇보다도 중요한 문제이다. 〈유에스에이 투데이*USA Today*〉는 이러한 상황을 재치있는 카피로 표현했다. "일부(중장년층)는 늙어보여야 한다면 그냥 죽겠다고 말한다."

한마디로, 털을 깎고, 뽑고, 구멍을 뚫고, 문신을 하고, 외모를 가꾸는 한 우리는 더는 동물이 아니다. 우리는 우리 자신의 문화적 가치를 내세우기 위해 신체를 사용하는 걸어 다니는 예술 작품이다.

섹스와 죽음은 쌍둥이

매력적인 외모는 우리가 가진 동물성을 부정하는 데도 도움이 되지만 옆에 앉은 이성의 호감을 얻는 데에 매력 요소로서도 작용한다. 매력적인 외모가 이러한 실용적인 기능을 하는 건 어찌보면 당연하다. 인간도 새나 벌, 다른 짐승들과 마찬가지로 짝짓기를 하기 때문이다. 가장 오래되고 가장 흔히 일어나고 아마도 가장 즐거운 활동일 섹스는 어쨌든 우리 인류가 존재하는 이유이다.

섹스가 대단히 기분 좋은 일이고 사람들이 섹스를 위해서라면 어떤 짓도 마다하지 않는다는 사실은 논란의 여지가 없다. 실제로 '결합하려는 욕구'는 인류를 이끈 추진력이다. 짝짓기를 위해 전쟁이 일어났고 제국이 허물어졌다.

대중매체들은 섹스로 포화 상태다. 풍자 작가 데이브 배리Dave Barry는 "전파가 있는 어디에든 폭력과 외설물이 있다. 때때로 찾아 헤매야 할 때도 있지만 텔레비전을 켜면 반드시 만나게 되어 있다"라고 말했다. 그러나 한편으로 우리는 섹스에 관해 매우 양면적인 태도를 취한다. 섹스는 흥미진진한 동시에 무시무시한 것이기도 하다. 예를 들어, 중앙브라질에 사는 메히나쿠 족은 섹스를 즐기고 자주 하기도 하지만 동시에 섹스가 성장을 방해하고 기력을 쇠하게 하며 악령과 치명적인 질병을 불러온다고 믿는다.

왜 이렇게 즐거운 일에 양면적인 태도를 취할까? 어니스트 베커에 따르면, "섹스는 곧 육체이고 육체는 곧 죽음"이기 때문이다. 즉 섹스는 우리가 생물이고 육체적이며 덧없는 존재임을 강하게 상기시킨다. 섹스는 우리가 동물이라는 사실을 어떤 것보다도 확연하게 상기시킨다. 소변과 대변 다음으로 섹스는 인간이 동물에 가장 가까워지는 행위이다. 동물원, 농장, 혹은 애견 공원에 가본 사람이라면 자신이 이른바 '건초 위에서 뒹구는(roll in the hay, '섹스하다'라는 의미의 속어-옮긴이)' 모습과 다른 동물이 말그대로 건초 위에서 뒹굴고 있는 모습이 시각적, 청각적, 후각적으로 흡사하다는 사실을 부정하기 힘들 것이다.

더욱이 섹스는 우리가 죽음의 공포를 저지하기 위해 고안한 상징적 정체성을 손상시키면서 우리의 관심을 더욱 육체에 집중시킨다. 그때 우리는 벌거벗고 흥분하여 통정하는 유한한 종으로서 고기 덩어리에 불과하다는 인상을 받는다. 적절히 옷을 차려입고 예배를 보고 있는 교구민일 때나 사무실에서 헤지펀드 매니저로 일할 때 훨씬 쉽게 육체로부터 편안한 심리적 거리를 유지할 수 있다.

마지막으로 번식을 위한 섹스를 할 때, 즉 '정자 제공자'와 '아기 인큐베이터'가 잠시 결합할 때 우리는 삶이라는 트랙을 잠시 한 바퀴 도는 데에 불과한 유전자 보관소라는 사실을 희미하게 혹은 뼈아프게 깨닫게 된다.

섹스와 죽음 사이에 존재하는 심리적 관련성을 확인하기 위해 우리는 다음과 같은 설문을 실시했다.

잠시 시간을 내서 당신이 끌리는 성적 경험에서 중요한 요소가 무엇인지 생각해 보십시오. 아래의 목록에 있는 행위를 경험한 적이 없어도 됩니다. 또 현재 파트너가 있어야 할 필요도 없습니다.

각각의 경험이 '지금 이 순간' 얼마나 매력적으로 느껴지는지 평가하고 머릿속에 가장 먼저 떠오른 생각으로 대답해 주십시오.

1. 파트너와 친밀하다고 느낌
2. 파트너에게 사랑을 표현
3. 내 스스로의 피부를 문지름*
4. 서로에게 사랑을 표현
5. 파트너에게 감정을 털어놓음
6. 땀을 맛봄*
7. 내 귀를 혀로 애무*
8. 구강성교를 실시*
9. 감정적 연결
10. 체액 교환*
11. 섹스를 둘러싼 낭만적 느낌
12. 섹스할 때 나는 냄새*
13. 파트너에게 사랑받음
14. 영적 연결
15. 내 성기가 성적으로 반응하는 느낌*
16. 파트너의 땀을 내 몸으로 느낌*
17. 파트너에 대한 애정을 느낌
18. 체액을 맛봄*
19. 자아의 혼합

20. 오르가슴을 느낌*

별표가 붙은 항목은 섹스의 육체적 측면을 묘사한다(실제 설문지에는 어떤 표시도 하지 않았다). 나머지 항목은 육체와 무관한 섹스의 낭만적 측면을 묘사한다. 설문결과에 따르면, 죽음과 섹스 사이에는 유의미한 관련성이 있었다. 죽음을 떠올리는 행위는 섹스의 낭만적 측면에 아무런 영향을 미치지 않았지만 섹스의 육체적 측면에 느끼는 매력도는 떨어트렸다.

그 다음 우리는 섹스의 육체적 측면을 생각할 때 죽음에 관한 생각을 더 즉각적으로 떠올리는지 여부가 궁금했다. 그래서 우리는 참여자 일부에게 섹스의 육체적 측면만 기술한 섹스 경험 설문을 실시했다. 나머지 참여자들은 섹스의 낭만적 측면만 기술한 설문만 받았다. 그리고는 두 그룹 모두에게 미완성 단어에서 빠진 철자를 중립적 단어나 죽음 관련 단어로 완성하도록 하는 단어 채우기 테스트를 받게 함으로써 얼마나 죽음에 관한 생각에 접근했는지를 측정했다. 섹스의 낭만적 측면을 생각한 경우 단어 채우기 과제에 어떤 영향도 미치지 않은 반면, 섹스의 육체적 측면을 숙고한 후에는 죽음 관련 단어가 더 빈번하게 등장했다.

이런 사실로 미루어볼 때 "섹스와 죽음은 쌍둥이"라고 단언했던 어니스트 베커의 말은 옳았다. 죽음을 떠올릴 때 섹스의 육체적 측면에 매력을 느끼지 못하게 되고, 섹스의 육체적 측면을 숙고할 때 죽음에 관한 생각이 의식에 좀 더 가까이 밀려온다.

그렇다면 죽음이 자극하는 섹스에 관한 불안에 우리는 어떻게 대처할까? 일단, 우리는 섹스를 상징적 의미로 가득 채우고 이를 동물적 행위에서 숭고한 행위로 바꿈으로써 섹스를 심리적으로 안전한 것으로 만든다.

그러나 보편적으로 통용되는 '정상적'인 성행위 기준이란 존재하지 않으며, 문화권에 따라 적절한 성행위를 구성하는 요소가 얼마나 다른지는 실로 놀라울 정도이다. 일례로, 대부분의 문화권에서는 격리된 공간에서 섹스를 하지만 타이완 원주민은 어린이가 있지 않은 한 다른 사람이 있는 곳에서도 섹스를 한다. 호피 족(아메리카 원주민)은 밤중에 어둠속에서만 섹스를 한다. 첸추 족(인도 원주민 부족)은 낮에만 섹스를 한다.

성적 행위에 대한 구체적인 문화적 제약은 그런 제약이 존재한다는 사실만큼 중요하지는 않다. 어떤 문화가 적절한 짝짓기 행위를 명확히 규정할 때 이미 섹스는 생존을 위해 반드시 해야 하는 동물적 행위가 아니라 일종의 문화 의례가 된다. 고대 힌두의 《카마수트라》부터 《섹스의 즐거움*The Joy of Sex*》에 이르기까지 인간은 섹스를 초월적 행동으로 바꾸기 위해 오랜 세월에 걸쳐 셀 수 없이 많은 교본을 제작해왔다. 그 결과 동물의 욕정이 인간의 사랑으로 바뀌었다. 그리고 섹스가 지닌 의미와 낭만적인 측면을 살피는 것은 죽음이나 육체적 상태에 관한 걱정과 무관하고 실제로 이로부터 사람들을 보호한다는 사실이 연구를 통해 확인됐다.

팜므 파탈

모든 문화권은 여성의 신체와 성적 행위를 특히 심하게 통제해 왔다. 진화 사상가들은 이런 관행이 전적으로 남성이 여성의 육체적 정절을 감시함으로써 본인의 자손을 양육할 가능성을 높이기 위한 필요에서 비롯됐다고 본다. 물론 이런 이유도 작용하겠지만 동시에 이는 동물성 및 죽음과 관계가 있다.

여성에 대한 이러한 제한은 항상 남성이 규칙을 만들어왔고 여성이 남성에게 성적 욕망을 불러일으키기 때문이라는 이유로 정당화됐다. 또한 월경, 임신, 출산 과정이라는 신체적 특징도 이를 뒷받침한다. 철학자 마사 누스바움Martha Nussbaum은 대부분의 사회에서 "남성은 육체를 비롯해 부패 가능성이 있는 대상을 혐오한다. 여성도 그 대상에 속한다. 섹스, 출산, 월경을 둘러싼 금기사항은 모두 지나치게 육체적이고 신체 분비물이 필요 이상으로 많이 얽히는 상황을 피하려는 욕구를 표출한다." 서양과 대부분의 선진국에서 과거에 비해 여성을 경멸하는 시선은 없어졌지만 월경이나 수유와 관련해서는 여전히 혐오감의 흔적이 남아 있다.

한 가지 가정을 해보자. 당신이 남녀 비율이 같은 한 학생 집단과 함께 '집단 생산성'에 관한 실험을 위해 연구실로 불려왔고 곧 파트너와 함께 어떤 문제를 풀게 될 것이라는 이야기를 들었다. 당신이 연구실 안에 있는 작은 방으로 들어가자 21세의 여성 한 명이 이미 방에 와 있다. 두 사람은 성격 검사지를 작성한 후 실험자에게 제출하고 실험자는 연구의 다음 단계를 준비하기 위해 방에서 나갔다.

당신의 파트너는 립글로스를 찾기 위해 가방을 뒤진다. 그 과정에서 탐폰이 테이블 위에 떨어진다. 당신은 탐폰을 잠시 바라본다. 파트너는 탐폰을 다시 가방에 넣고 립글로스를 바른다. 그때 실험자가 방으로 돌아와 당신들 둘에게 "지금의 파트너와 공동 작업을 한다고 했을 때 상대방이 파트너로서 얼마나 유능하고 지적이고 집중력이 있고 상냥하고 마음에 드는지 평가해 달라"며 설문지를 건넨다.

실험결과는 어땠을까? 탐폰을 떨어뜨린 여성에 대한 평가는 탐폰을 떨어트리지 않았다고 가정할 때에 비해 부정적이었다. 이는 평가자가 남성이거나 여성이거나 마찬가지였다(이 실험에서 탐폰을 떨어뜨린 여학생은 실험보조자였고 그녀는 립글로스를 찾는 척하며 슬며시 가방에서 탐폰 또는 머리핀을 흘림으로써 참여자들의 반응을 살폈다).

실험에서 여성이 머리핀을 떨어뜨렸을 때에 비해 탐폰을 떨어뜨렸을 때, 남녀 참여자들은 그녀를 비교적 덜 유능하고 덜 마음에 든다고 평가했다. 또한 그녀에게서 멀리 떨어져 앉으려고까지 했다. 가장 흥미로운 부분은 탐폰을 떨어뜨렸을 때 남성과 여성 모두 외모가 여성에게 특히 중요하다고 평가했다는 사실이다. 이 결과는 여성미에 대한 강조가 어느 정도는 여성이라는 존재의 동물적 측면을 부정하려는 시도라는 주장을 뒷받침한다.

임신과 수유는 여성의 육체가 다른 암컷 동물과 흡사하다는 사실을 일깨우는 요소이다. 두 건의 연구에서 참여자들은 인간이 동물과 매우 비슷하거나 아니면 반대로 매우 다르다고 주장하는 글을 읽었다. 그런 다음 그들에게 유명배우 데미 무어와 기네스 팰트로가 임신 중 또는 평상시에 노출한 사진을 보여주었다. '인간은 특별하다'는 내용의 글을 읽은 후 참여자들은 임신 여부와 상관없이 두 배우를 모두 높이 평가했다. 그러나 반대로 인간 역시 다른 동물과 마찬가지라는 글을 읽은 후에 두 배우가 임신한 사진을 본 경우 남녀 참여자 모두 부정적인 평가를 내렸다. 같은 맥락에서 죽음에 관한 글을 쓴 실험 참여자들은 모유 수유 중인 여성을 부정적으로 평가하고 그녀에게서 멀리 떨어져서 앉았다.

역사적으로 남성은 여성을 위험하고 불결하고 음란한 존재, 인간에게 불행을 가져오고 특히 내숭을 가장하여 욕망을 주체 못하는 남성의 성적 무절제를 자극하는 요체로 여겨 왔다. 앞에서도 언급했지만 이는 분명히 남성이 문화적 사물 체계를 지배해왔다는 사실을 반영한다.

제임스 브라운James Brown이 말했듯이, 이 세상은 '남성의 남성의 남성의 세계'이다. 태곳적부터 남성은 여성을 지배하고 폄하하고 통제해 왔으며, 우월한 체력, 정치권력, 경제적 영향력을 이용해 여성으로 하여금 남성의 자존감을 떠받드는 열등한 존재의 역할을 수행하도록 강요해 왔다. 남성은 시각적 자극에 더 쉽게, 더 빈번하게 자극을 받으며 여성과 아주 잠깐 감정이 섞이지 않은 접촉을 했을 때에도 성적 자극을 받는다. 이는 1936년 미국의 영화배우 메이 웨스트Mae West가 경찰 호위 대원에게 건넨 풍자적인 말에서도 드러난다. "당신 주머니에 있는 그것은 권총인가요, 아니면 나를 봐서 당신 기분이 좋은 건가요?"

여성이 남성의 발기를 끌어낼 때마다 남성은 자신의 동물적 측면을 부정할 수 없게 된다. 이는 심리적으로 참을 수 없는 상황이다. 남성은 자신이 동물이 아니라 영혼과 영원한 정체성을 가진 특별한 존재라는 인식을 지속시키고자 여성이 가하는 위협을 약화시키는 '어떤 조치를 반드시 취하고자' 한다. 여성이 남성을 자극하거나 성욕을 일깨워 남성이 자기도 동물이라는 사실을 떠올리게 되고 여기에 언젠가 죽는다는 암시가 결부되면 폄하하려는 욕구가 표면으로 나타난다. 한 연구에 따르면, 죽음을 상기한 남성은 성적으로 도발적인 여성보다 착실하고 검소한 복장을 한 여성을 더 선호했다.

다른 연구에서는 애리조나 대학에 다니는 남자 대학생들이 딱 붙은 짧은 청바지와 몸에 꼭 맞는 홀터넥 상의를 입은 매력적인 금발의 여학생 디나(실험 참여자인 척했지만 사실은 실험 협력자였다)를 만났다. 남학생들은 죽음 혹은 통증을 떠올린 후 (추측컨대) 디나와 친해지려는 목적으로 대화를 시작했다. 이후 남학생들에게 디나에게 얼마나 많은 성적 관심을 가졌는지 물어보았다. 그 결과 죽음을 상기했던 남학생들은 더 낮은 성적 관심을 보였다.

많은 종교들이 여성을 폄하하고 통제해야 할 위험한 요부로 묘사한다. 구약성경에 이어지는 아브라함서는 하느님이 이브를 저주하면서 아담에게 이브를 완전히 지배할 권리를 부여하고 이브에게 "네 갈망은 네 남편의 지배를 받게 될 것이고 그는 너를 지배할 것이다"(창세기 3장 16절)라고 말했다고 기록한다. 성 바울은 여성의 역할이 '침묵을 지키는 것'이라고 말했고 이 말은 강력한 여성 혐오 의도를 담고 있다.

이렇듯 여성이 자기 분수를 지키도록 하는 일이 남성의 본분 중 하나라는 인식이 종교와 문화 전반에 드러난다. 그리고 이러한 인식은 여성에 대한 폄하와 정복으로 이어져 여전히 회자되고 있다. 미국에서 발생하는 가정 폭력(가정 폭력으로 인한 여성 피해 사례는 자동차 사고, 강도, 강간을 합친 것보다 더 많다) 사례에서 학대받은 여성의 진술을 살펴보면, 남성이 그들을 폭행할 때 인간성을 말살시키는 전형적인 4가지 단어(개 같은 년, 쌍년, 창녀, 잡년)을 사용한다고 말한다. 여성을 상대로 하는 폭력은 여성을 '창녀', '개 같은 년'으로 표현하는 랩 가사와 항문 성교와 윤간을 당하는 여성이 등장하는 포르노영화에서도 나타난다.

우리 저자들은 여성을 상대로 하는 광범위한 폭력 형태가 어느 정도는 성에 대한 남성의 모순된 감정에 근거한다고 생각한다. 남성은 성욕과 동물성을 부정하려는 욕구 사이에서 갈등을 겪고 있기 때문에 성적으로 흥분할 때 불편함을 느낀다. 남성은 여성이 가진 성적 매혹이 욕정을 불러왔다고 탓하며 자신의 육체적 본능을 상기시켰다는 이유로 여성을 폄하하고 학대한다.

그렇다면 죽음을 떠올릴 때 여성에 대한 공격성이 강해질까? 이를 알아보기 위해 한 실험에서 미국의 남자 대학생들에게 자신의 죽음에 관해 쓰라고 하고 그 다음에 여성에게 강렬한 욕정을 경험했던 때를 서술하도록 했다. 그런 다음 그들에게 여자친구를 상대로 폭력을 휘두른 남성 피고인에게 형벌을 부과하는 판사 역할을 맡겼다. 이 대학생들은 죽음과 자신의 욕정을 떠올린 다음에는 폭력을 행사한 남성에게 유난히 가벼운 형을 부과했다. 사실 여성을 상대로 자행되는 폭력을 남성이 용인하는 데에는 대중매체가 쏟아내는 수많은 이미지가 한몫을 한다. 이들 대중매체는 죽음과 섹스를 결합해 극적으로 보여줌으로써 혼란을 일으킨다. 어찌됐든 여성이 섹스를 한 다음 공격을 받아 살해당하는 고전 공포영화 속 장면처럼 죽음과 섹스 사이의 관계는 모순된 감정을 반영한다. 남성은 섹스를 갈망하나 동시에 그 욕구를 자극했다는 이유로 여성을 벌하고자 한다.

육체를 입고서 죽음을 인식하는 동물로 살아가기란 참으로 어렵다. 인간은 자신이 개, 고양이, 물고기, 지렁이와 다를 것 없다는 생각을 결코 받아들일 수 없다.

사람들은 일반적으로 인간은 동물과 다르며 동물보다 우월하다는 견해를 유난히 좋아한다. 그래서 인간은 육체를 장식하고 변형하여 문화적 상징으로 치장한다. 또 스스로를 호르몬에 따라 조절되는 유전자 복제 기계로 보는 대신 교미를 로맨스로 바꾸는 '사랑'을 한다. 여성이 호르몬과 혈액을 분비하고 아기를 낳을 때 남성은 자신이 느끼는 욕정을 여성의 탓으로 돌린다. 그럼으로써 남성은 여성에 대한 부정적인 고정관념을 영속시키고 여성에 대한 학대를 정당화시킨다.

죽음의 공포는 동물적 본능과 거리를 두려는 인간 성향의 중심에 존재한다. 이는 인간을 육체로부터, 각자로부터, 그리고 인간처럼 코, 입술, 눈, 이, 다리를 가진 다른 모든 동물로부터 구분짓는 요인이다.

9 가깝고도 먼 죽음

난 아니야, 지금은 아니야.
— 스티브 채플린, 《시간과 죽음의 심리학》

당신은 얼마나 자주 의식적으로 죽음을 생각하는가? 막 돌진해 오는 택시를 가까스로 피했거나 생명을 위협하는 질병과 싸우는 중이 아니라면 그렇게 자주 생각하지는 않을 것이다. 대부분의 사람들은 일반적으로 죽음을 염두에 두지 않는다. 그럼에도 불구하고 죽음에 대한 인식은 인간 경험의 다양한 측면에 폭넓은 영향을 미친다.

이 사실을 어떻게 이해해야 할까? 우선, 죽음을 상기시키는 요소가 우리 주변 어디에든 있다는 사실을 아는 것이 중요하다. 그러나 죽음을 떠올리게 하는 것들의 대부분은 신문, 텔레비전, 인터넷(혹은 당신이 지금 읽고 있는 책)에서 추려낸 죽음의 암시일 뿐이다. 물론 개중에는 편찮은 조부모님, 도로로 달려 나갈 뻔한 어린 자녀, 음주운전을 하다가 걸린 십대, 목에서 발견된 수상한 혹 등 실제적 의미의 죽음의 위협도 있다. 지난 24시간 동안 당신이 경험했던 일을 곰곰이 생각해 보라. 아마도 이러한 죽음과의 대면을 조금은 가깝게 느낄 수 있을 것이다. 이 책의 9장 초안을 쓰고 있던 날 중 어느 하루 동안 일어난 일을 정리해 보자.

2012년 7월 11일, 시리아에서 발생한 유혈 내부 분쟁이 본격적인 내전으로 발전할 조짐을 보였고 이 과정에서 바샤르 알 아사드 대통령 지지자들이 수천 명을 살해했다. 예멘의 수도 사나에 위치한 경찰학교에서 발생한 자살 폭탄 테러로 최소 8명이 비명횡사했다. 고무보트를 타고 리비아에서 이탈리아로 가기 위해 지중해를 건너던 도중에 물이 바닥나 54명이 사망했다. 미국에서는 장기간에 걸친 혹서 현상이 전례 없는 고온을 기록하며 중부와 동부를 휩쓸면서 며칠 사이에 적어도 42명이 사망한 것으로 확인됐다. 러시아 크림스크에서는 대규모 홍수 피해로 46명이 사망했다. 쿠바에서 발생한 콜레라는 수도 아바나까지 퍼졌다. 영국에서는 미국 태생으로 영국에서 가장 부유한 여성 중 한 명인 에바 라우싱Eva Rausing이 런던 자택에서 숨진 채 발견됐다. 유타 주에서는 경찰 당국이 한밤중에 여섯 살짜리 소녀가 살고 있는 집에 미닫이 창문을 통해 침입한 범인이 소녀를 강간하고 살해했다고 발표했고 한 남자가 살인 혐의로 체포됐다.

이 모든 나쁜 소식으로부터 주의를 딴 곳으로 돌리기 위해 우리는 흔히 좀 더 재미있는 오락물에 집중한다. 또는 텔레비전을 시청하거나 영화관에 가고 비디오 게임을 한다. 그러나 이런 즐거운 여가 시간에도 죽음의 이미지는 드리워진다. 전체 텔레비전 프로그램 중 57퍼센트가 폭력을 담고 있으며 미국 청소년들은 18세에 이르면 텔레비전에서만 살인 1만 6천 건과 폭력 행위 20만 건을 극적으로 묘사하는 장면을 보게 된다. 또 십대 혹은 성인 등급 비디오 게임의 경우(특히 남성) 40분만 해도 평균 180건에 이르는 공격 행위 장면에 노출된다. 한 달이면 5400건에 이른다.

사실 죽음은 우리의 일상 그 자체이기도 하다. 생명을 앗아가는 살상이 길거리와 집 주변에 가득하다. 매년 발생하는 600만 건 이상의 자동차 사고로 13분에 한 명씩 목숨을 잃는다. 운전자 2명 중 1명은 길에서 동물을 친 경험이 있으며 사슴, 엘크, 무스 같은 대형 동물과 충돌하는 상황도 빈번해지고 있다(펜실베이니아 주에서만 매년 10만 마리에 육박하는 사슴이 차에 치인다). 승용차나 트럭 외 가장 위험한 장소를 꼽자면 뜻밖에도 자택이다. 매년 미국에서는 낙상, 중독, 화재, 질식, 익사로 사상자 1만 8천 명과 부상자 1300만 명이 발생한다. 물론 우리 주변에서 이러한 불상사가 발생하는 일은 드물지만 가까운 누군가가 사고에 휘말릴 뻔하거나 이상한 두통, 소화 문제 혹은 피부 변색을 경험하는 사건은 남의 일이 아니다. 그리고 중년에 나타나는 흰머리, 주름, 신체 통증은 죽음이 얼마나 가까이에 있는지 분명하게 상기시킨다.

만약 삶이 그토록 위험하고 치명적인 위협의 손길에서 벗어날 수 없다면 우리는 항상 옷장 안에 숨거나 다량의 안정제를 미친 듯이 찾아야 하지 않겠는가? 죽음이란 정말로 인간 조건의 핵심에 존재하는 고뇌일까, 아니면 우울한 예술가, 철학자, 심리학자들의 일탈적인 집착에 불과할까?

눈에서 멀어지면 마음에서 멀어질까

"나는 유방암으로 죽어가고 있다"라고 지셀라는 썼다. "유방절제술을 너무 늦게 받았다. 한때 가슴이 있었던 내 흉부에는 겨드랑이까지 이어지는 커다란 절개 자국이 남았다. 보기에도 끔찍하다. 의사는 암이 전이됐다고 말한다. 암은 폐 내부로 옮겨갔고 이 때문에 나는 심하게 기침을 했다. 의사는 아직 화학요법으로 치료하고 있고 덕분에 나는 지독하게 구역질을 한다. 계속 살이 빠지고 있다. 머리카락은 전부 빠졌다. 나치 강제 수용소 생존자처럼 보이기 시작했다. 죽기에 나는 너무 젊고 소름끼치게 무섭다."

사실 지셀라는 암으로 죽어가고 있지 않았지만 어머니가 암으로 끔찍하게 죽어간 모습을 봤기 때문에 암의 진행 과정에서 어떤 증상이 일어나는지 꽤 정확히 알고 있었다. 지셀라는 1990년대 초에 독일의 심리학자 란돌프 옥스만Randolf Ochsmann이 실시한 연구의 참여자였다. 옥스만은 사람이 자신의 죽음을 생각했을 때 떠오르는 감정과 자기가 죽었을 때 일어날 일을 포함해 말기 암 진단을 받으면 어떤 기분일지 서술하고 그후 고통스러운 20분을 보낸 뒤 성매매 여성과 범죄자에 대한 판결을 내려야 한다면 어떤 반응을 보일지 궁금했다. 자신의 죽음을 생각한 후 캐롤 앤 데니스의 보석금을 인상시켰던 애리조나 주 판사들처럼 이 응답자들 역시 더 가혹한 형벌을 내렸을까? 놀랍게도 이렇게 오랜 시간 동안 강력하게 죽음을 상기했음에도 참여자들의 처벌 욕구는 증가하지 않았다. 대체 어찌된 일일까?

옥스만의 연구와 우리가 판사를 대상으로 실시한 연구의 가장 큰 차이점은 참여자가 자신의 죽음을 집중적으로 생각한 시간의 길이가 달랐다는 것이었다. 이 점을 검증하기 위해 동일한 실험에서 죽음을 생각하는 시간을 달리한 다음 나타나는 효과를 비교했다. 일부 참여자들은 자신의 죽음에 관한 두 가지 질문에 답했다. 나머지 참여자들에게는 같은 질문에 답하도록 한 후 추가로 죽음을 생각할 때 떠오르는 가장 강력한 감정이 무엇인지 헤아려보고 죽음을 생각할 때 가장 두려운 것이 무엇인지 서술해달라고 요청했다. 말기 암 진단을 받았다고 상상하면 도움이 될 것이라는 말도 덧붙였다.

잠시 휴식을 취한 뒤 참여자들은 미국에 우호적인 글을 쓴 저자와 적대적인 글을 쓴 저자를 평가했다. 우리가 이전에 실시한 실험에서 자신의 죽음에 관한 두 가지 질문에 답했던 참여자들은 친미 성향 저자에 호의적인 평가를 내리고 반미 성향 저자에 비판적인 평가를 내렸었다. 그러나 자신의 죽음을 깊이 생각했던 참여자들은 친미 성향 저자에게 딱히 긍정적이지도 않았고 반미 성향 저자에게 부정적이지도 않았다.

이 결과는 우리의 예상을 빗나갔다. 자신의 죽음을 더 오래 숙고할수록 더 강렬한 반응을 보여야 하는 것 아닌가? 혹시 죽음을 더 깊이 생각했던 사람들은 평가 대상 글을 읽을 때에도 '여전히' 죽음을 생각하고 있었기 때문에 이런 결과가 나온 것은 아닐까? 보통 우리 연구에 참여하는 피험자들은 자신의 죽음을 생각하고 나서 글쓴이를 평가하기 전까지 잠시 휴식을 취한다. 그래서 죽음을 깊게 생각하지 않았던 참여자들의 경우 휴식 시간 동안 죽음에 관한 생각을 떨칠 수 있었을 것이다. 그러나 자신의 죽음을 심각하게 생각했던 참여자들의 경우 죽음에 관한 생각을 밀어내기가 더 힘들었을 수도 있었다.

이 가정을 확인하기 위해 우리는 친미 및 반미 저작에 대한 반응을 살펴보는 연구를 다시 실시했다. 이번 연구에서 일부 참여자들은 자신의 죽음을 생각했을 때 떠오르는 감정과 자기가 죽었을 때 어떤 일이 일어날 것이라고 생각하는지 서술한 다음 휴식을 취했다. 나머지 참여자들은 죽음을 숙고한 다음 바로 글을 평가했다. 결과는 어땠을까? 죽음을 상기하고 나서 휴식을 취한 참여자들의 경우 친미 성향 저자에게 좀 더 호의적인 평가를 내리고 반미 성향 저자에게 비판적인 평가를 내렸다. 그러나 죽음을 생각한 '직후'에 친미 및 반미 저작을 평가했던 참여자들은 이러한 과장된 방어 반응을 나타내지 않았다. 우리 가정은 옳았다.

우리는 이 사실을 바탕으로 추가 조사를 실시한 결과 인간이 죽음을 생각할 때 두 가지 서로 다른 심리적 방어 기제를 사용한다는 사실을 발견했다. 죽음을 의식하는 경우 '중심 방어proximal defense'가 활성화된다. 이는 죽음에 대한 생각을 제거하려는 합리적인 (혹은 합리화하는) 노력이다. 인간은 이런 불편한 생각을 억누르거나 주의를 딴 곳으로 돌리려고 하거나 죽음이라는 문제를 먼 미래 일로 미룬다.

반면, 죽음을 무의식적으로 생각하는 경우 '말단 방어distal defense'를 활성화시킨다. 이 방어 기제는 죽음이라는 문제와 아무런 논리적 혹은 의미론적 관련이 없다. 범죄자에게 더 가혹한 처벌을 내리거나 자신의 문화적 가치를 거부하는 타인을 폄하하거나 자존감을 북돋우려는 시도는 누구나 언젠가는 죽는다는 적나라한 사실과 직접적 관련이 거의 혹은 전혀 없다. 그럼에도 불구하고 그런 반응은 우리가 죽은 후에도 어떤 실제 불멸성 또는 상징적 불멸성을 획득하여 영원히 존속할 것이라는 믿음을 뒷받침하기 때문에 죽음의 공포를 약화시킨다.

일반적으로 중심 방어와 말단 방어는 동시에 작용한다. 죽음을 상기할 때 그 불쾌한 생각을 머릿속에서 몰아내려는 시도로 중심 방어가 작동하기 시작한다. 이런 상황이 되면 불쾌한 생각이 의식의 가장자리를 맴돌게 되고 그때 말단 방어가 가동하기 시작한다. 우리가 매일 죽음을 암시하는 자극의 공세를 받으면서도 죽음을 생각하지 않거나 그런 생각에 영향을 받지 않는다고 믿는 이유가 중심 방어와 말단 방어의 이러한 작용 때문이다.

간단히 말해, 중심 방어는 죽음에 관한 생각을 정신의 최전선에서 밀어내도록 돕고 말단 방어는 무의식적인 죽음에 관한 생각이 의식으로 떠오르지 않도록 기능한다.

그러나 자신이 의미 있는 문화적 사물 체계에 공헌하는 가치 있는 일원이라고 믿는 방식으로 말단 방어가 계속 작동하면 중심 방어가 활성화된다. 비유를 통해 설명하면 다음과 같다. 심리적 안정감을 폭풍우가 몰아치는 상황에서 물이 새는 오래된 집 내부를 물기 없이 유지하는 방법에 비유해 보자. 당신은 지붕에서 새는 물방울을 받기 위해 집안 곳곳에 양동이를 놓아둔다. 비는 죽음에 관한 생각을 의미한다. 지붕은 말단 방어이다. 그리고 양동이는 중심 방어이다. 빗물이 폭포처럼 집안으로 쏟아져 들어오는 상황을 막는(말단 방어가 죽음에 관한 무의식적인 생각이 의식으로 떠오르지 않도록 제지하듯이) 지붕에 새는 부분이 단 몇 곳뿐이라면 양동이(중심 방어)로 물을 받아 충분히 집안을 물기 없이 유지할 수 있다. 그러나 지붕이 심하게 새거나 폭풍에 통째로 날아가 버린다면 쏟아지는 물을 일일이 양동이로 받아낼 수 없을 것이다. 그렇게 되면 당신의 심리적 주택은 순식간에 격렬한 죽음의 강에 잠기고 만다.

정리하면, 말단 방어는 의식에 죽음에 관한 생각이 들어가지 못하게 막는다. 중심 방어는 죽음이 정신의 최전선과 중심을 차지하는 상황에 대처하도록 돕는다. 그러나 말단 방어가 그런 상황을 대부분의 경우 억누르므로 인간은 중심 방어에 의한 주의 전환과 합리화 작용의 힘이 미치지 못하는 궁극적인 운명에 집착하지 않게 된다.

이제 일상생활에서 중심 방어와 말단 방어가 어떻게 작용하는지 생각해 보자. 당신이 로어맨해튼에 위치한 어떤 아파트에 살고 있는 중년이라고 해보자. 당신은 알람 시계 겸용 라디오에서 흘러나오는 자살 폭탄 테러 뉴스를 들으며 잠에서 깬다. 살며시 눈을 뜨니 날카로운 사이렌 소리가 아파트 앞 도로를 지나는 소리가 들린다. 침대에서 구르듯 일어나 화장실로 가서 거울에 비친 모습을 본다. 관자놀이 주변 머리카락이 하얗게 세어가고 눈 밑 지방은 점점 두툼해지고 있으며 새로 생긴 이상한 점이 코 옆에 자리를 잡고 있다. 면도를 하다가 칼에 베어 피를 흘린다.

당신은 침실에서 재빨리 옷을 입고 텔레비전을 켠다. 지진으로 한 도시가 완전히 폐허가 됐고 수천 명에 달하는 사람들이 사망했다. 당신은 죽은 사람을 돌무더기에서 끌어내는 모습을 본다. 기자가 구조대원과 인터뷰를 나눈다. 검역관들은 사망자 수가 늘고 있고 이 참사 뒤에 엄청난 질병이 따라올 수 있다며 비통해 한다. 우울해진 당신은 채널을 바꾼다. 채널을 돌리던 당신은 기후 변화 때문에 10만 명이 넘는 사람이 고국인 작은 섬나라 키리바시를 떠나 피지의 고지대로 이동해야 할 수도 있다는 뉴스를 본다.

당신은 고개를 흔들며 텔레비전을 끄고 부엌으로 간다. 섬유질 함량이 높은 시리얼을 먹으며 잠시 대장암으로 죽은 사촌을 생각한다. 그 다음 현관문을 열고 나와 엘리베이터를 탄다. 당신은 떨어질 것 같은 느낌 때문에 엘리베이터를 좋아하지 않는다. 온통 검은색 옷에 어두운 표정을 한 맨해튼 사람들 속에서 당신이 길을 건너고 있을 때 과속으로 달려오던 택시가 당신에게 거의 부딪칠 뻔한다. 당신은 아드레날린이 분비되는 끔찍하고 서늘한 전율을 느낀다. 사무실에 도착하자 커피 스테이션에 있던 어떤 동료가 "이봐, 방금 흥미로운 토막 뉴스를 읽었어. 추위에 잘 견디는 사람이 더 오래 산다는 사실, 알고 있었어?"라고 말한다.

끔찍한 사고 소식과 횡단보도 사건으로 급격한 아드레날린 분비를 겪은 오늘 아침의 심리적 정황을 어떻게 설명할 수 있을까? 택시와 부딪칠 뻔한 직후 당신의 뇌는 치일 수도 있었다는 인식을 지우고자 방어 태세를 취한다. 즉 당신이 죽음을 '의식'할 때 죽음에 관한 생각이 생겨나자마자 이를 머릿속에서 몰아내기 위해 중심 방어가 작동한다. 당신은 "아직은 살날이 많이 남았어"라고 되뇐다.

동시에 중심 방어는 당신에게 앞으로도 당신이 오랫동안 살 것이라는 아주 사소하지만 논리적으로 보이는 증거 조각을 찾아보라고 속삭인다. 회사 동료가 추위에 강한 사람이 더 오래 산다고 한 말을 떠올린다. 당신 뇌의 굶주린 촉수가 이 주장을 포착하고 고수한다. 당신은 코트를 입지 않은 채 일하러 걸어갈 수 있다면 죽음을 멀리 할 수 있다고 믿는다. 실제로 이 주장을 증명하고자 했던 한 기발한 실험에서 추위에 강한 정도가 수명과 연관이 있다는 이야기를 들었던 사람들은 이 연관성 정보(완전히 거짓)를 듣지 못했던 사람에 비해 얼음물 양동이에 손을 더 오래 넣고 있었다.

당신이 바쁘게 하루를 보내는 동안 중심 방어는 두툼한 눈 밑 지방, 먼 곳에서 발생한 지진과 폭탄 테러 소식처럼 죽음을 상기시키는 일상적 요소에서 주의를 돌리거나 이를 억압하고 합리화하도록 돕는다. 당신이 스스로에게 "난 아니야, 아직은 아니야"라고 말할 수 있다면 죽음을 상기시키는 요소는 그저 백색 소음과 같다. 이러한 방어 기제가 없다면 인간은 언제나 죽음에 대한 공포심에 사로잡힐 것이다.

말단 방어는 죽음에 관한 생각이 의식에서 지워진 후에야 효과를 나타내기 시작한다. 사무실 책상으로 돌아온 당신은 올해 회사에서 가장 많은 상여금을 받는 꿈을 꾸고 자신의 이름과 업적을 새긴 명판이 걸리는 상상을 한다. 당신이 의미 있는 우주에 존재하는 중요한 사람이라는 느낌을 강화함으로써 죽음을 초월할 수 있는 후보가 된다. 당신은 "난 아니야, 결단코!"라고 되뇐다.

무의식의 힘

당신은 어쩌면 "아니 잠깐만. 무의식적으로 죽음을 생각하는데 어떻게 판단에 영향을 미칠 수가 있지? 죽음을 생각하고는 있지만 의식하지 못할 때 말단 방어가 작동한다는 사실을 대체 어떻게 안다는 거야?"라고 말할지도 모른다.

사실 인간의 뇌는 우리가 생각하는 것 이상으로 죽음에 집착하지만, 중심 방어와 말단 방어가 계속 작동함으로 이를 알아차리지 못할 뿐이다. 먼저, 중심 방어가 점심 식사 메뉴와 다음번에 〈아메리칸 아이돌〉에서 떨어질 참가자를 생각하는 문제로 주의를 유도하면, 그 다음 말단 방어가 우리의 신념이 얼마나 옳은지 혹은 얼마나 많이 성취할지 생각하도록 이끈다.

의식 밖에서 죽음에 관한 생각이 맴돌 때 말단 방어가 실제로 작동하는지 알아보기 위해 서브리미널 메시지(subliminal message, 인간의 감각이 느끼지 못할 정도의 자극을 주어 잠재의식에 호소하는 메시지-옮긴이)를 사용했을 때 어떤 일이 일어나는지 살펴보자. 1957년 시장 조사 전문가 제임스 비커리James Vicary는 뉴저지 주 포트리에 있는 한 극장에서 서브리미널 메시지를 사용한 실험을 실시하면서 주목을 끌었다. 관람객들이 영화를 보는 동안 감지할 수 없는 두 개의 서브리미널 메시지('팝콘을 먹어라'와 '코카콜라를 마셔라')를 5초 간격으로 1000분의 3초 동안 스크린에 비췄다. 처음에 비커리는 팝콘과 콜라 매출이 크게 증가했다고 주장했으나 이후 결과를 조작했다고 인정했다. 그렇기는 하지만 뒤따른 연구에서 서브리미널 메시지가 실제로 매우 효과적이라는 사실이 증명됐다.

사회심리학자 마크 볼드윈Mark Baldwin은 한 연구에서 동료들과 함께 여성 가톨릭교도들을 대상으로 한 여성이 성적으로 도발적인 꿈을 꾼 내용을 서술한 짧은 이야기를 읽도록 했다.

> 기분 좋고 나른한 꿈이었다. 그녀는 마이크 캠벨과 잠자리에 들었지만 … 침대가 아니라 야외에 있었다. … 꿈속에서는 봄이 완연했다. … 그들은 폭신폭신한 푸른 잔디 위에 누워 서로의 손을 만

> 지작거리고 있었다. 마이크는 잠시 아무 말도 하지 않고 그녀를 바라봤다. 그러다가 그의 손이 천천히 그녀의 목 뒤로 움직였다. 그가 그녀의 부드러운 갈색 머리카락을 고정하고 있는 핀을 풀자 머리카락이 그녀의 어깨 위로 흘러내렸다. 그는 몸을 앞으로 굽혀 머뭇거리며 망설이는 듯한 키스로 그녀의 입술을 스쳐 지나가더니 그녀를 팔로 안아 들어 다시 키스를 했다. 그는 조심스럽게 그녀의 옷을 벗기면서 하나를 벗길 때마다 다음으로 바로 넘어가지 않고 벗긴 옷을 단정하게 개었다. 이 과정은 느렸지만 마이크는 완벽했고 재닛은 그 어느 때보다도 더 완전히 벌거벗은 느낌을 받았다.

그 뒤에 여성 절반은 5초 간격으로 1000분의 5초 동안 교황(요한 바오로2세) 혹은 교황과 연령 및 외모가 비슷한 낯선 남자를 찍은 서브리미널 사진에 반복적으로 노출됐다. 교황과 낯선 신사 두 사람 모두 확실히 못마땅해 하는 표정으로 찌푸리고 있는 모습이었다. 그 다음 모두에게 능력, 도덕성, 기질을 척도로 스스로를 평가해달라고 요청했다. 여성들 중 서브리미널 이미지를 봤다고 말한 이는 아무도 없었지만 찌푸리고 있는 교황의 모습에 노출된 이들은 본인을 덜 유능하고 덜 도덕적이며 더 근심이 많다고 평가했다. 서브리미널 자극은 강력한 심리적 효과를 나타냈다.

죽음 관련 단어를 서브리미널 기법으로 보여줬을 때 말단 방어가 활성화되는지 확인하기 위해 우리는 다시 한 번 미국을 지지 혹은 비판한 외국 학생들의 글을 미국인 참여자들에게 평가하도록 했다.

이번에 우리는 몰래 새로운 방식을 집어넣었다. 글을 읽기 전에 우리는 학생들에게 짝지은 단어들을 컴퓨터 모니터로 보여주면서 이 단어들이 유사한지 혹은 상이한지 판단하도록 했다. '꽃'과 '장미' 같은 단어들이 화면에 나타나면 오른쪽 키를 누르게 했고 '파히타'와 '운동화'처럼 무관한 단어가 나타나면 왼쪽 키를 누르도록 했다. 이렇게 단어 쌍들을 보여주면서 그 사이에 '죽음', '들판', '고통', '실패' 중 한 단어를 1000분의 28초 동안 비췄다. 이는 의식이 알아차릴 수 없는 시간이었다.

단어들 사이에 무엇인가를 봤다고 말한 사람은 아무도 없었다. '들판', '실패', '고통'이라는 단어를 서브리미널 메시지로 보여줬을 때는 글쓴이 평가에 아무런 영향을 미치지 않았다. 그러나 참여자가 서브리미널 메시지로 '죽음'이라는 단어에 노출된 경우 친미 성향의 학생에게 더 큰 호의를 나타냈고 반미 성향 학생에 대한 경멸이 심화됐다. '죽음'이라는 단어는 참여자들이 그 단어를 봤다는 사실을 알아차리지 못한 경우에도 판단에 상당한 영향을 미쳤다.

이 실험을 비롯한 여러 유사 실험들은 무의식적으로 죽음을 생각한 경우에 말단 방어가 작동된다는 사실을 증명해주었다.

죽음은 건강에 해로울 수 있다

중심 방어와 말단 방어는 일상생활에서, 특히 건강에 대처하는 방식에 영향을 미친다. 심리학자 제이미 아른트Jamie Arndt와 제이미 골든버그Jamie Goldenberg는 중심 방어와 말단 방어가 건강과 관련해 어떻게 유익한 대응과 유해한 대응을 일으키는지 보여주었다. 흔히 사람들은 다가오는 차를 피하거나 독감 예방 주사를 맞는 일과 같이 자신의 생명과 건강을 유지하기 위해 바람직한 행동을 하지만 담배를 피우거나 무방비한 성관계를 맺는 등의 위험한 행동을 통해 건강을 해치기도 한다. 아른트와 골든버그는 사람에게 가장 중요한 동기는 자신을 돌보는 일 그 자체가 아니라 죽음의 공포를 평정하는 것이기 때문에 의식적으로나 무의식적으로 죽음을 생각하는 것은 건강에 대한 태도와 행동에 영향을 미친다고 주장한다.

중심 방어와 건강

건강에 이로운 중심 방어와 말단 방어가 있는 반면 질병이나 사망을 초래하는 방어도 있다. 의식에서 죽음에 관한 생각 자체를 없애는 중심 방어가 때로는 신체 건강을 향상시킬 수 있다. 당신이 방금 의사를 만났고 동맥경화가 될 가능성이 있다는 말을 들었다면 치명적인 심장 마비를 피하고자 튀긴 치즈 스틱 대신 당근을 먹으려고 할 수 있다. 당신은 당근을 먹음으로써 머릿속에서 죽음을 몰아내고 동맥벽에서 지방을 떼어낼 수 있다. 당신이 그동안 기침하면서 내뱉은 가래는 어떠한가? 그것은 지독한 감기 때문인가, 아니면 악성 종양 때문인가? 당신은 건강 진단을 받기 위해 진료 예약을 하는 것으로 죽음을 머릿속에서 몰아낼 수 있고, 실제로 병원에 가서 의심쩍은 부분을 발견한다면 암 조기진단으로 회복 가능성을 크게 높일 수 있다.

중심 방어 반응은 죽음을 상기시키는 요소를 적절히 처리하는 데 유익하다. 자신의 죽음에 관한 글을 쓴 직후 죽음에 관한 생각이 의식에 남아 있을 때 사람들은 운동량을 늘리는 계획을 세우고 해변에서 사용할 자외선 차단제를 선택시 더 강력한 제품을 선택했다. 같은 맥락에서 가끔씩 담배를 피우는 사람의 경우 자신의 죽음에 관한 글을 쓴 후 흡연량을 줄일 생각이라고 말했다. 죽음에 관한 생각을 의식에서 몰아내는 중심 방어는 이러한 상황에서 신체 건강을 증진시키는 역할도 수행한다.

그러나 중심 방어가 치명적인 결과를 가져올 수도 있다. 때때로 우리는 "내가 뚱뚱하다면 튀긴 치즈 스틱이 해롭겠지만 다행히 단지 뼈대가 굵은 것 뿐이니 많이 먹을 거야"라고 하면서 잘못된 선택을 합리화한다. 이처럼 '난 아니야' 전략은 죽음에 관한 생각을 머릿속에서 몰아내지만 신체 건강을 증진하는 데는 전혀 도움이 되지 않는다. "지금은 운동하기에 너무 덥고 독립기념일 소풍 때 이웃이 계획한 맥주 파티를 돕지 않는 것은 옳지 않아!"라거나 "와인 저장고가 비는 즉시 술을 줄이겠어"와 같은 '지금은 아니야' 전략 역시 마찬가지이다. 죽음에 관한 생각을 머릿속에서 몰아내긴 하겠지만 그 과정에서 실제로 도움이 되는 행동을 종종 무기한으로 미루게 된다.

주의를 자기 자신에서 다른 곳으로 돌리는 것도 죽음에 관한 생각을 의식 밖으로 몰아내는 데 도움이 된다. 자기를 인식할 때, 예를 들어 거울에 비친 자신의 모습을 보거나 누군가가 당신을 보고 있다는 사실을 알아차리고 당신이 자신에 대해 생각하고 있다는 사실을 인식하게 되는 경우 더 쉽게 죽음을 의식하게 된다. 결과적으로, 사람들은 죽음을 생각한 후에 스스로에게 집중하지 않으려고 한다. 과식, 과음, 줄담배, 장시간에 걸친 텔레비전 시청은 모두 자기 인식을 감소시킨다. 제임스 본드 영화를 보면서 라지 피자를 먹고 맥주를 마시며 담배를 피우는 행동만큼 자의식을 약화시키는 일은 없다.

따라서 끔찍한 교통사고를 접한 후 집으로 가면서 속도를 줄이기로 다짐하는 것은 죽음에 관한 의식적인 생각을 무의식으로 몰아내는 효과적인 중심 방어 대책이며, 이는 바람직한 반응이다. 길을 나서기 전 자의식을 약화시키기 위해 독한 술을 몇 잔 걸치는 행동 역시 마찬가지로 중심 방어 기능이지만 바람직하지는 않다.

당신이 이스라엘 헤르츨리야 대학의 아름다운 캠퍼스를 걷고 있다고 상상해 보라. "죽음이 두려우신가요? 우리가 도와드릴 수 있습니다! 우리에게 전화하시면 육체와 정신의 고통을 덜어 드리겠습니다"라고 말하는 칼리마 협회(허구)의 광고 전단을 건네받는다. 광고 문구 뒤에는 전화번호와 담당자 이름이 적혀 있다. 그 다음 몇 초 후 15미터 떨어진 곳에서 어떤 친절한 학생이 노점에서 당신에게 카샤카(매우 독한 브라질의 럼), 원당, 라임으로 만든 음료인 카이피리냐를 판매하려고 한다. 알코올을 30퍼센트나 함유하고 있다고 광고한다.

당신이 이 음료를 마실 가능성은 얼마나 되는가?

이는 길라드 힐쉬베르거Gilad Hirschberger가 동료들과 함께 헤르츨리야 대학에서 실제로 행한 실험이었다. 실험 참여자 절반은 위에서 말한 죽음을 설명하는 전단을 받았다. 나머지 절반은 겉으로 보기에는 칼리마 협회 전단과 비슷하지만 "심각한 허리 통증을 겪고 계신가요? 우리가 도와드릴 수 있습니다! 우리에게 전화하시면 육체와 정신의 고통을 덜어 드리겠습니다"라고 말하는 전단을 받았다. 그 다음 전체 참여자의 절반은 알코올 도수가 높은 카이피리냐를 사라는 권유를 받았고 나머지 절반은 이와 가격이 비슷한 무알코올 음료를 사라는 권유를 받았다.

통증 혹은 죽음에 관한 전단을 받은 뒤 무알코올 음료를 사라는 권유를 받았을 때 판매량은 거의 같았다. 그러나 술을 판매한 경우에는 엄청난 차이가 있었다. 이 경우 죽음에 관한 전단을 받은 사람 중 3분의 1 이상이 카이피리냐를 산 반면 허리 통증에 관한 전단을 받은 사람 중 카이피리냐를 산 사람은 10분의 1도 되지 않았다. 마약과 알코올로 '편안하게 무감각'해지는 것은 죽음에 관한 생각을 의식에서 몰아내는 탁월한 방법이지만 건강과 생명을 유지하기에는 그리 훌륭한 방법이 아니다.

그렇다면 언제 죽음에 관한 의식적인 생각에 건설적인 중심 방어로 대응할까? 유익한 방향으로 대처하기를 결정하는 기본적인 요인은 두 가지가 있다. 첫째, 자존감이 높은 사람들은 죽음을 덜 두려워하기 때문에 심각한 부정맥이나 악성 흑색종과 같이 현실적인 죽음의 위협이 발생했을 때 주의 분산과 합리화에 기대지 않고 능숙하게 정면으로 대응할 수 있다. 둘째, 낙관적인 사람들, 즉 운동, 의료, 건강한 생활이 수명을 연장시킨다고 믿는 사람은 건강 검진을 받고 건강을 증진하는 활동에 참여할 가능성이 높다. 비관주의자, 즉 할 수 있는 일이 별로 없다고 생각하는 사람은 주의를 돌릴 대상을 찾거나 위협을 부정할 가능성이 훨씬 높다.

말단 방어와 건강

죽음의 문제가 의식의 가장자리에 존재할 때 사람들은 건강에 어떤 태도와 행동을 보일까? 자신의 죽음을 상기한 직후 사람들은 죽음에 관한 생각을 의식에서 지우기 위해 운동량을 늘릴 계획을 세우는 등 중심 방어에 몰두한다. 그러나 잠시 뒤 아주 다른 상황이 벌어진다. 일단 죽음에 관한 생각이 의식에서 사라지고 나면 우리의 반응은 자존감에서 끌어내는 가치와 중대한 문화적 신념에 좌우된다.

예를 들어, 당신이 자기 관리에 신경쓰고 음식에 주의를 기울이며 매일 아침 적어도 5킬로미터씩 달리려고 한다고 해보자. 당신의 자존감은 준수한 외모와 건강 유지에 근거하고 있는 것이다. 당신은 다른 사람들과 함께 죽음에 대해 생각하도록 하는 질문을 받았다. 그 다음 당신은 몇 분 동안 소설에서 발췌한 평범한 글을 읽었다. 이는 중심 방어가 죽음에 관한 생각을 의식에서 몰아내기에 충분한 시간이었다. 마지막으로 당신은 향후 운동을 할 의향이 얼마나 있는지에 관한 질문을 포함한 설문 조사를 받았다. 건강한 신체에 기반해 자존감을 유지하는 다른 참여자들과 마찬가지로 당신은 운동을 통한 건강관리를 강화할 것이라고 답했다. 만약 당신의 자존감이 건강이 아닌 우표 수집에 근거하고 있다면 운동 의지는 변화하지 않을 것이다.

또한 이 실험은 중심 방어와 말단 방어가 어떻게 다른지도 분명하게 보여준다. 중심 방어는 죽음에 관한 생각을 의식에서 밀어내는 반면, 말단 방어는 자존감을 강화한다. 죽음에 관한 생각을 의식할 때 대부분의 사람들은 앞으로 운동을 더 많이 할 것이라고 말한다. 이는 운동이 건강과 수명에 긍정적 영향을 끼침으로써 죽음에 관한 생각을 의식밖으로 밀어내기 때문이다. 그러나 일단 죽음에 관한 생각을 의식하지 않게 되면 자존감이 건강 유지에 근거하는 사람들만 더 규칙적으로 운동하겠다는 다짐을 하고 이를 통해 죽음에 관한 무의식적인 생각에 대응한다.

중심 방어와 말단 방어의 차이점을 증명하는 다른 연구에서는 참여자들이 죽음이나 실패에 대해 생각한 후 새로운 생수 브랜드인 'H2O'의 광고 두 종류 중 하나를 읽었다. 한 광고에는 의사 제인 왓슨의 추천사가 실렸고 다른 광고에는 배우 제니퍼 애니스톤의 추천사가 실렸다. 죽음을 생각한 '직후'에 광고를 읽은 참여자들은 의사인 왓슨이 추천한 경우 H2O를 더 우호적으로 평가하고 더 많이 마셨다. 죽음이 여전히 머릿속에 있을 때 사람들은 의학 전문가에게 귀를 기울였다. 그러나 죽음을 생각하고 나서 H2O 광고를 보기 전에 짧은 이야기를 읽은 다른 참여자들은 제니퍼 애니스톤이 더 설득력이 있다고 느꼈다. 그들은 제니퍼 애니스톤이 추천했을 때 그 생수를 더 좋아했고 더 많이 마셨다. 죽음이 의식의 가장자리에 있을 때 사람들은 부자와 유명인들을 모방함으로써 유행에 동참하고 싶어 한다.

유감스럽게도 자존감을 북돋우는 많은 행동이 건강에 유익하지 않다. 그리고 아이러니하게도 죽음에 관한 생각이 우리 의식의 가장자리에 있을 때 이런 행동을 할 가능성이 높다.

예를 들어, 죽음에 관한 글을 쓴 직후에는 거의 모든 사람이 더 강력한 자외선 차단제를 구매할 의향을 보이지만 몇 분이 흐르고 나면 태닝한 외모에서 자존감을 느끼는 사람은 '덜' 강력한 자외선 차단제를 선택하고 태닝 숍에 다니는 데 '더 큰' 관심을 나타낸다. 다른 실험에서는 '흡연자는 더 일찍 사망합니다', '흡연은 치명적인 폐암을 유발합니다'라는 담뱃갑 경고 문구를 읽은 지 15분이 경과했을 때 흡연을 긍정적인 자아상의 일부로 보는 사람은 흡연에 더 호의적인 태도를 보였고 향후에도 담배를 피울 가능성이 높은 것으로 나타났다. 그러나 죽음과 밀접한 관계임을 의미하는 문구 대신 '흡연하는 당신은 매력이 없습니다'식의 문구를 읽은 경우, 흡연을 긍정적인 자아상의 일부로 보는 사람이 금연에 더 열린 태도를 보였다.

마찬가지로 죽음을 생각한 지 몇 분이 흐른 뒤 운전 솜씨에서 자존감을 느끼는 사람들은 불법으로 추월하고 정지 신호를 무시하고 일방통행 도로에 잘못된 방향에서 들어가고 술집에서 맥주를 마신 뒤에 차에 친구들을 잔뜩 태우고 과속 운전할 가능성이 더 높은 것으로 나타났다. 또한 그들은 실제 그대로 재현한 운전 시뮬레이터에서 더 빠르고 무모하게 차를 몰았다.

자신의 죽음을 생각한 지 몇 분이 흐른 뒤 스킨다이빙 마니아들은 불빛 없는 밤에, 날씨가 나쁠 때, 혹은 몸이 아프다고 느낄 때 다이빙을 하고 물위로 나올 때 압력 감소를 위한 안전 정지를 무시할 가능성이 더 높은 것으로 나타났다. 섹스 마니아들의 경우도 마찬가지이다. 죽음을 생각한 지 몇 분이 흐른 뒤 남성들은 더 열렬히 무방비한 성관계를 하고자 했고 향후에 더 많은 성관계 파트너를 만나기를 갈망했다. 또한 암벽 등반, 과속 운전, 오토바이 운전, 스카이다이빙, 과음, 스노보드, 헤로인 복용, 행글라이딩, 번지 점프, 급류 래프팅 등 온갖 위험하고 무모한 활동에 특히 더 적극적으로 참여하고 싶다고 답했다.

중요한 문화적 가치가 죽음에 관한 무의식적인 생각에 대항하는 방어 기제가 될 때에도 건강 관련 태도와 행동에 엄청난 영향을 줄 수 있다. 현대 의학을 세계관으로 받아들인 사람은 그 관점을 한층 더 열렬히 수용하고 죽음에 관한 무의식적인 생각에 응하여 그 관점에 일치하도록 행동한다. 그렇다면 몸이 아플 때 현대 의학보다도 종교적 믿음에 더 의존하는 사람들은 어떨까? 크리스천 사이언스Christian Science와 같은 일부 교파는 모든 육체적 질병이 공포, 무지, 혹은 죄악에서 기인하며 오직 하느님만이 질병을 고칠 수 있다고 믿는다. 결과적으로 신도들은 의료 치료를 거부하도록 교육받으며 그 결과 치료하면 생존율이 90퍼센트가 넘는 질환으로 사망하는 일이 벌어지기도 한다. 널리 알려진 한 사례에서 두 살짜리 남자 아이가 바나나 조각이 목에 걸려 한 시간 동안 숨을 헐떡이고 있었을 때 아이의 부모는 교회 신자들과 원을 이루고 모여 아들이 숨을 거두는 동안 기도를 했다. 또 다른 사례에서 마들린 노이만은 미확진 당뇨로 걸을 수도 말할 수도 먹을 수도 마실 수도 없었다. 그녀는 사람들이 자기를 둘러싸고 기도하는 동안 자기 집 마루 위에서 죽었다.

이는 단발적인 사례에 그치지 않는다. 2009년 아일랜드에서 실시한 한 조사에 따르면, 신앙에 근거한 치료를 강하게 믿고 있는 사람은 처방 의약품을 잘 챙겨먹지 않는 경향을 보였고 의사에게 만족하지 못하는 경우가 많았다. 세속 이데올로기 또한 의학적 치료에 대한 저항을 키울 수 있다. 2010년 가을, 보수 성향의 의료전문가들은 추종자들에게 H1N1 인플루엔자 백신을 피하라고 호소했는데, 그들이 연방 정부를 신뢰하지 않기 때문이었다. 일부는 오바마 대통령이 사회주의 혁명을 재촉하고 불임을 유발하기 위한 목적으로 백신 정책을 펴는 것이라고 주장했고 또 다른 일부에서는 백신 접종을 통해 주입한 초소형 마이크로칩으로 국민들을 추적하기 위한 음모의 하나라고 주장했다.

이제 당신은 죽음을 상기시키는 요소가 현재의 세계관을 고수하고 그 세계관이 지시하는 바대로 살아가도록 이끈다는 사실을 이해했을 것이다. 연구에 따르면, 죽음에 관한 무의식적인 생각은 이데올로기로 인한 의학적 불응을 부추기는 경향을 가진 것으로 나타났다. 예를 들어, 미국의 기독교 근본주의자들의 경우 죽음에 관한 글을 쓴 지 몇 분이 지난 후 의학적 치료의 대안으로 기도를 지지하는 정도가 증가했고 의료보다 기도가 더 효과적이라고 평가했다. 또한 종교적 이유로 의학적 치료를 거부하는 행위를 지지하는 정도가 증가했고 신앙에만 의지하여 신체적 질병에서 회복하겠다는 의향을 나타냈다.

그렇다면 말단 방어 역시 중심 방어와 마찬가지로 양날의 검이라고 할 수 있다. 죽음에 관한 생각이 무의식에 있을 때 말단 방어는 자존감을 높이고 문화적 가치를 견고하게 만든다. 법을 따르는 일이 무엇보다도 중요하다고 믿고 선량한 시민으로서 역할을 다하는 데 자부심을 느끼는 사람은 죽음에 관한 무의식적인 생각이 의식으로 돌아오지 않도록 더 신중하게 운전을 할 것이다. 이는 바람직한 행동이기도 하다. 반면 아슬아슬한 운전 묘기로 스스로를 평가하는 자동차 경주 팬들은 죽음에 관한 무의식적인 생각을 저지하기 위해 되는대로 전속력으로 페달을 밟을지도 모른다. 물론 이는 바람직하지 않다.

중심 방어와 말단 방어 사이에 존재하는 차이를 이해하면 신체 건강을 증진하는 데에 도움이 된다. 죽음에 관한 생각이 의식으로 나타날 때 낙천주의와 건전한 행동의 효과를 떠올리면서 유익한 중심 방어를 꾀할 수 있는 것이다. 이를테면, 에이즈의 치명적인 위험성을 경고함과 동시에 치료 가능성을 일러주면, 죽음을 의식하고 있던 사람들은 중심 방어 수단으로서 HIV 검사를 좀 더 기꺼이 받고자 할 것이다. 그러나 사람들이 HIV 검사가 생명을 유지하는 데 무익하다고 생각한다면 자기가 위험에 처해 있다는 사실을 부정하거나 죽음에 관한 생각을 의식에서 몰아내기 위해 마약과 알코올을 사용하는 등 바람직하지 않은 중심 방어를 사용할 가능성이 높다. 게다가 시간이 흘러 죽음에 관한 생각이 의식의 가장자리로 물러나고 말단 방어가 작동하게 되면 에이즈에 대한 냉정한 묘사는 성적 매력에서 자존감을 끌어내는 사람들에게 효력이 없거나 역효과를 낼 수 있다. 에이즈 방지 비디오를 본 지 30분이 흐른 뒤 2천 명이 넘는 여성과 성관계를 가졌다고 주장한 것으로 악명 높은 농구선수 '윌트 더 스틸트' 챔버레인과 같은 사람들은 아이러니하게도 자존감을 높이고 죽음을 의식의 가장자리에 두는 말단 반응으로 다수의 파트너와 무방비한 섹스를 더 많이 하려고 한다. 그렇다면 사람들이 죽음을 생각하게 만드는 건강 캠페인을 벌이는 가장 좋은 방법은 건강한 중심 및 말단 반응을 모두 활용하는 것이다. 예컨대, 에이즈 검사와 같은 바람직한 행동에 대해 개인이 느끼는 효능을 강화하는 동시에 무분별한 성적 문란은 비난의 대상이며 안전한 성관계가 가치 있다고 강조하는 등 책임 있는 행동이 자존감을 향상시킨다는 암시에 호소하는 방식을 들 수 있다.

그러나 세계보건기구에 따르면, 건강이란 "단순히 질병을 앓고 있지 않거나 허약하지 않은 상태가 아니라 신체적, 정신적, 사회적으로 완전히 행복한 상태"이다. 2천 년 전에 로마 시인 유베날리스는 "건전한 정신은 건전한 신체에 깃든다"라고 말했다. 지금부터 살펴보겠지만 죽음의 공포는 정신 건강에도 문제를 일으킬 수 있다.

10 방패의 틈

> 우리는 죽음의 공포가 정신 기능에 영향을 끼치고 있다는 사실을 당연하게 여기는지도 모른다. … 죽음에 직면할 때 느끼는 불안감, 좌절감, 우울함의 이면에는 항상 근본적인 죽음의 공포, 가장 복잡한 고통을 겪고 수많은 간접적인 방법으로 스스로를 드러내는 공포가 도사리고 있다. … 불안 신경증, 다양한 공포 상태, 우울증으로 자살 충동을 느끼는 많은 경우와 다양한 조현병이 … 늘 존재하는 죽음의 공포를 충분히 입증한다. — 그레고리 질부르그, 〈죽음의 공포〉

갈색 곱슬머리, 푸른 눈에 장난기 어린 태도를 지닌 심리학과 3학년생인 팻은 20대 초반의 아주 영리한 젊은이였다. 어느 날 그는 얼굴 가득 미소를 띠고 눈을 반짝이며 우리 저자들 중 한 명의 연구실로 기운차게 들어오더니 "방금 제가 선생님이 높이 평가해주실 만한 글을 썼습니다"라고 말했다. 그는 일기장을 펼쳐서 다음과 같은 구절을 가리켰다.

> 사람들은 불안을 회피하는 심적 기제를 갖고 있다. 사람들은 왜 불안을 회피해야 하는가? 그렇게 열성적으로 회피하려는 불안의 근원 혹은 '원인'은 무엇인가? 그들은 무엇을 두려워하는가? 진실을 두려워한다는 사실은 확실하지만 대체 그것은 무엇에 관한 진실인가? 사물이 그들에게 보이는 모습과 다르다는 사실일까? 자신이 스스로가 생각하는 자신과 다르다는 사실일까?

"오, 상당히 통찰력 있는 글이네요. 성격 이론과 정신 병리학 수업을 들어보면 흥미를 느낄 수 있을 거예요"

팻은 쾌활하게 "아, 전 그런 수업을 들을 필요 없어요. 심리학에 관해서는 이미 웬만큼 다 알고 있어요. 이제 제 임무는 에이브러햄 링컨, 윈스턴 처칠, 존 F. 케네디, 이소룡처럼 이 세상을 더 좋은 곳으로 만드는 일이에요"라고 말했다.

"이소룡?" 나는 되물었다. "중국 무술 영화배우 말인가요?"

"네, 그 이소룡이요." 그는 계속해서 이소룡이 토스터와 전자레인지로 메시지를 전달하며 자기를 응원하고 조언도 해준다고 말했다. 이 시점에서 나는 팻이 심리학자가 되기보다는 우선 심리학자를 만나야 한다는 사실을 깨달았다.

나는 나중에 팻이 정신과 병동에 잠시 입원했었고 조현병 진단을 받았다는 사실을 알게 됐다. 그때부터 나는 종종 아침 7시에 연구실 밖에서 나를 기다리고 있는 팻을 발견하곤 했다. 팻은 동네 피자 가게에서 함께 일하는 동료들이 자기의 엄청난 재능을 알아보지 못한다는 사실에 낙담했다. 그리고 그 이유가 동료들이 무지하기 때문이라고 생각했다. 그는 케네디와 이소룡이 계속 자기를 이끌어준다면 자기가 우주 통치자로서 정당한 지위를 차지하는 것은 단지 시간문제일 뿐이라고 확신했다.

고객들이 자기들에게 중요한 문제는 행성에 급격한 변화를 초래하는 것이 아니라 저녁 식사가 제 시간에 도착하는 것이라고 항의한 이후 팻은 결국 피자 배달 일자리에서 잘렸다. 팻은 몇 주 동안 점점 더 흐트러졌고 어느 날 아침 내 연구실에 나타났을 때에는 특히 더 정신없는 모습이었다. 그는 밤새도록 생각을 정리해 다음의 내용을 포함하여 일관성 없는 산문을 100쪽 이상 적었다.

> 이상한 사건들: 에델 케네디, 에밀리.* 워런과 죽은 그의 형의 전화.* 닐과 전화로 전해오는 "너 피해망상이니?"라는 질문.* 전화선이 끊어졌을 때.* 나는 할머니가 어떤 카드를 내던질지 알고 있었다.* 내가 목부터 그 위 전체를 긁고 있었을 때.* 이 문서는 내가 이해하지 못했고 이해하지 않을 내게 일어난 모든 이상한 사건을 기록한 것이다.* 내가 텔레비전을 통해 세상을 통제하고 있었을 때.* 정신과 병동에 두 번째로 들어왔을 때 문득 머릿속에 떠오른 생각들.* 내 생각이 아닌 생각들, 두 번째로 떠났을 때.* 잠재적 자연 발화 위험 피하기.* 목소리가 들려올 때 "내 머릿속에서 꺼져"라고 말하면 절대로 실패하지 않는다.* 팻을 아는 세계 지도자들이 있다.* 닌자가 나를 노린다.

그 일이 있은 직후 팻은 정신 병원에 강제 수용됐다. 2주 후 팻은 다시 내 연구실에 나타났고 정신 병원에서 자기가 겪은 경험을 쓴 일기를 보여줬다.

> 일주일 이상 나는 모든 일이 가능할 것 같은 기분이었다. 나는 자연의 법칙에 거스를 수 있을 것 같았다. … 언젠가 나는 존 F. 케네디, 어쩌면 그 누구보다 탁월한 생각을 품을 것이다. 나는 이것이 온건한 목표라고 생각한다. 그렇게 되기 위해 필요한 것 중 하나는 내가 학문에 통달하는 것이다. 팻은 이전에 그 어떤 사람에게서도 보지 못한 성장을 이룰 것이다. 어쩌면 내게 공식적인 대통령 자리는 결코 필요하지 않을 것이다. 아마도 펜, 종이, 강의만 있으면 충분할 것이다. 그리고 바로 지금과 마찬가지로 내가 대통령이 되는 데에 가장 큰 장애 요인은 투표자의 편견이다. 나는 틀림없이 그 업무를 맡기에 가장 적합한 사람일 것이다. 그저 시늉만 하면 되는 문제라고 생각한다. 나는 아무런 중압감을 느끼지 않는다. 아무런 불안을 느끼지 않는다.

이후 몇 년 간 팻은 몇몇 일자리를 전전했고 여러 정신 병원에 입원을 했다. 한때 상당히 좋아지기도 했다. 그는 지역의 한 공장에 구한 일자리를 마음에 들어 했다. 다만 동료들이 팻의 명석함을 알아보지 못했고 회사 사장은 팻이 본사와 면담을 하고 싶다고 반복해서 요청하는데도 이에 응하지 않을 뿐이었다. 팻은 자신을 중역에 임명하는 일을 포함하여 회사 절차에 몇 가지 변화를 주면 회사, 국가, 나아가 전 세계에 얼마나 큰 이득이 될지 설명했다. 팻은 어느 날 출근했다가 자기가 해고됐다는 사실을 알고 무척 놀랐다. 나는 그 회사가 팻을 그렇게 오랫동안 고용했다는 사실에 무척 놀랐다.

팻이 일자리를 잃고 나서 몇 주가 흐른 뒤 팻의 어머니가 전화로 팻이 자살했다는 소식을 전했다. 팻은 그가 쓰던 램프, 책, 그리고 가장 좋아하던 그림을 꼭 내게 전해달라고 부탁하는 쪽지를 어머니에게 남겼다. 그 그림은 앞의 5장에서 언급했던 16세기 중국 풍경화가 당인이 그린 〈몽선초당도〉의 거대한 복제화였다.

팻이 〈몽선초당도〉를 가장 좋아했고 인간을 말할 때 '말하는 소시지'라는 별명으로 불렀다는 사실은 우연이 아니다. 조현병을 비롯한 여러 정신 질환으로 고통 받는 다른 많은 사람들처럼 핵심에 존재하는 고뇌가 팻을 갉아먹고 있었다.

일반적으로 정신 질환은 여러 가지 요인이 결합하여 발생하지만 죽음 불안이 한몫을 한다는 것은 의심할 여지가 없다. 인간이 소멸한다는 공포에 대항하는 이중 방패, 즉 인생이 의미 있고 스스로가 가치 있다는 관점이 온전한 한, 사람들은 비교적 아주 적은 정신적 혼란만을 느낀 채 살아간다. 그러나 일부 사람들은 유전적 소인, 생화학적 불균형, 불우한 양육과정, 혹은 스트레스가 많은 인생 경험으로 인해 이런 방패로 죽음에 대항하는 데 실패한다. 따라서 그들은 종종 감탄스러운 용기와 상상력을 발휘하여 자기만의 방어를 확립하고자 한다.

그러나 유감스럽게도 실존주의 심리치료사 어빈 얄롬Irvin Yalom의 말처럼 대개 이런 '공포에 대처하는 서투른 방식들'은 불충분하다. 공포가 방패의 틈으로 스며들어오고 그 결과 그들은 심각한 고통에 시달린다.

조현병:
죽음에 저항하다

팻과 같은 조현병 환자는 공통의 문화 신념 체계를 공유할 수 없거나 공유하기를 꺼린다. 극도의 공포에 시달리는 조현병 환자들은 두려움에 대응하기 위해 상상의 나래를 펼치며 그들에게 그 세계는 매우 현실적이다.

그들의 세계는 보통 적대적이고 가공할 만한 힘을 지닌 사람들로 바글거린다. 조현병 환자를 위한 어떤 웹사이트의 망상 대화방에서 한 익명의 기고자는 "정신병을 앓고 있었을 때 나는 누군가가 나를 죽이려고 한다는 망상을 자주 했다. 나는 그 상대가 마피아라고 생각했다. 그후 길거리에서 보는 모든 사람이 의심스러웠고 나는 그들을 망상 속에 어떻게든 투입했다. 곧 모든 사람이 나를 잡으러 나왔다"라고 썼다.

이런 세력과 싸우기 위해 조현병 환자들은 흔히 거창한 망상을 펼쳐 자신이 신비하리만치 전능하고 불사신과 같은 육체를 지녔다고 상상한다. 팻과 같은 일부 환자들은 자기가 이 세상의 불의를 바로잡는 일생일대의 사명을 띠고 있다고 생각한다. 따라서 조현병 환자들은 악의에 찬 세력으로부터 일촉즉발의 위협을 받고 있다고 느끼다가도 그들을 좌절시킬 찬란한 권한을 부여받았다고 확신한다. 팻이 자주 자연 발화나 닌자에게 쫓기는 일을 우려한 데서 죽음의 공포가 드러난다. 그러나 그는 자신을 처칠, 케네디, 이소룡과 같은 부류라고 생각함으로써 자존감을 부풀렸다. 팻은 자연의 법칙에 저항할 수 있다고 믿음으로써 자신이 천하무적이라고 느꼈다. 스스로 장착한 공포 방패가 일시적으로 불안을 해소했다.

임상 관찰에 따르면, 조현병 환자는 극심한 죽음의 공포를 느끼거나 죽음을 집요하게 곱씹으면서 고통을 겪는다. 입원 중인 조현병 환자 205명을 대상으로 실시한 연구에서, 환자 80명이 명백하게 죽음에 집착하고 있음이 드러났고 죽음의 공포는 조현병 증세가 시작되는 때나 증세가 악화되는 시기와 맞물려 발생한다는 사실이 밝혀졌다. 팻이 일기에서 사람들이 어떤 진실을 두려워하는지, 그리고 "그들 자신이 스스로가 생각하는 자신과 다른지" 여부가 궁금하다고 했을 때 그는 심리적 문제를 에둘러 말하고 있었다. 사실 그는 죽음을 자기 자신을 포함한 인간 경험의 핵심에 존재하는 고뇌로 파악하는 데에 그가 할 수 있는 최대한으로 가까이 다가가고 있었다.

다른 사람들이 조현병 환자 특유의 세계관을 받아들일 가능성은 낮다. 그렇다. 비록 그것이 '정상적인' 사람들이 지지하는 세계관에 비해 딱히 더 믿기 어렵지 않다고 해도 당신이 조현병 환자이고 닌자들이 당신을 뒤쫓고 있다고 생각하거나 대통령이라고 생각한다면 상대방은 노골적인 적대감과 조롱까지는 아니더라도 의심하는 태도를 보일 것이다.

공포증과 강박증:
죽음을 추방하다

제시 휴잇슨은 "나는 병원에 누워있다. 아는 사람은 아무도 없고 의사와 산파들만이 내 위를 맴돌고 있으며 그들은 소리 없이 입을 움직이고 있다. 진통은 멈추지 않고 나는 지독하게 혼란스럽다. 나는 단 한 번도 임신할 만한 짓을 하지 않았는데 어떻게 진통을 겪고 있을 수가 있을까?"라는 글을 썼다.

휴잇슨은 영국 신문 〈가디언〉에 계속 반복되는 이 악몽을 설명하면서 자신이 십대였던 시절 이런 악몽을 꾸기 시작하면서 처음으로 분만공포증에 시달리게 됐다고 말했다. 그녀는 "분만공포증 환자 중에는 자기가 죽을 것이라고 생각하는 사람도 있고 견딜 수 없는 일이 일어나리라고 상상하는 사람도 있다. 많은 이들이 자기 안에서 아기가 자라고 있다는 생각에 깊은 불안을 느낀다"라고 썼다. 정말로 임신을 하게 됐을 때 휴잇슨은 다달이 커지는 공포를 느꼈다.

휴잇슨이 앓고 있는 이런 증상을 가리켜 공포증phobia이라고 한다. 이는 구체적인 사물, 활동, 혹은 어떤 상황을 지속적이고 과도하게 두려워하고 회피하는 증상이다. 거미, 뱀, 세균, 높은 곳에 극심한 공포를 느끼는 경우는 꽤 흔하지만 왜 그런 공포가 생겨나는지는 여전히 수수께끼이다.

약 1세기 전에 프로이트는 공포증과 강박증이 상상 속 참사를 피하는 역할을 하며 그 기저에는 죽음이 존재한다고 주장했다. 어쩌면 이는 중대한 발견이었을지도 모른다. 억제되지 않은 죽음의 공포에 저항하기는 힘들다. 죽음은 언제나 무시무시하고 언제나 마지막이다. 항상 모든 것을 두려워하기보다는 때때로 어떤 것을 두려워하는 편이 낫다. 따라서 각종 공포증과 강박증을 앓고 있는 사람들은 죽음의 공포를 먼지공포증amathophobia에서 거대뒤쥐공포증zemmiphobia에 이르기까지 좀 더 통제 가능한 대상에 대한 공포로 바꾼다.

그렇다면 죽음에 관한 생각은 그런 공포증과 얼마나 밀접한 관계를 맺고 있을까? 공포증을 앓는 사람에게 죽음을 상기시키면 두려움이 증가할까? 이를 알아보기 위해 우리는 콜로라도 주 스프링스 지역의 한 신문에 거미를 무서워하는 사람과 거미를 무서워하지 않는 사람을 모집하는 광고를 냈다. 거미를 무서워하지 않는 통제집단의 사람들에게 "거미에 대해 전반적으로 어떻게 느끼는지 말해 주시겠습니까?"라고 물었을 때 가장 흔한 답변은 "아무 신경도 쓰이지 않습니다"였다(한 여성은 "그 작은 털북숭이 녀석들이 너무 좋아요"라고까지 말했다).

그러나 거미공포증 환자들은 공포증을 진단하는 기준에 정확히 들어맞았다. "거미에 대해 전반적으로 어떻게 느끼는지 말해 주시겠습니까?"라고 물었을 때 가장 흔한 답변은 "너무 무섭습니다"였다.

"거미가 있을지도 모르기 때문에 나는 되도록이면 공원에 가지 않습니다", "거미가 있었을지도 모른다는 생각이 드는 방에서는 결코 잠을 잘 수 없습니다"라고 답한 사람도 있었다.

그런 다음 참여자 전원이 성격 검사 설문지를 받았다. 이들 중 참여자 절반은 자신의 죽음에 관한 글을 쓰는 질문에 답했고 나머지 절반은 텔레비전 시청에 관해 답했다. 설문지 작성을 마친 후에는 참여자가 원하는 속도로 꽃과 거미 사진을 스크롤하면서 '인지 처리 과제'를 수행했다. 그 뒤에 그들은 각 거미가 얼마나 위험하다고 인식했는지, 각 거미가 접근하는 사람을 공격할 가능성이 얼마나 되는지 응답했다. 자신의 죽음을 상기했고 공포증이 있는 참여자들은 텔레비전 시청을 떠올렸고 공포증이 있는 참여자들보다 거미를 더 짧은 시간 동안 보았고 거미가 더 위험하고 공격성이 높다고 답한 반면, 공포증이 없는 참여자들의 경우 죽음에 관한 생각은 거미에 대한 반응에 아무런 영향을 끼치지 않았다.

이 결과는 공포증이 죽음처럼 거대하고 통제할 수 없는 데서 오는 공포를 거미같이 비교적 작고 상대적으로 더 감당하기 쉬운 문제에 투영하는 경우가 많다는 사실을 말해준다.

강박장애obsessive-compulsive disorder 역시 불안에 기인하는 중대한 질환 중 하나이다. 강박장애를 앓는 사람 중에는 세균 감염을 우려하여 계속해서 손을 씻는 부류가 있다. 음식, 우편물 혹은 신문을 버리면 뭔가 나쁜 일이 일어나리라는 두려움에 이를 계속 쌓아두는 사람도 있다.

세 아이를 둔 서른다섯 살의 여성 안나는 누군가가 자기 차에서 번호판을 떼서 훔쳐갈 것이라는 생각을 반복해서 했다. 안나는 "이런 생각이 들 때면 나는 할 수 없이 상황을 확인해야 해요. 즉시 확인하지 않으면 보게 될 때까지 걱정해요"라고 말했다. 안나가 가장 두려워하는 상황은 '누군가'가 그녀의 번호판을 떼어간 다음 그녀가 어떤 끔찍한 범죄를 저질렀다고 뒤집어씌우는 일이었다. 안나는 그 사람이 경찰에게 그녀가 차량 조회를 할 수 없게 하기 위해 번호판을 뗐다고 말할까봐 무서워했고 "그 다음 경찰이 제 차에 번호판이 없다는 사실을 확인하고 그 제보가 사실이라고 생각하는 거죠. 그렇게 제가 위험한 범죄자라고 생각한 경찰은 분명히 제게 총을 쏠 거예요"라고 말했다. 번호판을 확인하지 못할 때 안나는 심각한 공황발작을 일으켰다. 때로는 한밤중에 잠자리에서 일어나 번호판을 확인하러 가기도 했다.

강박장애와 죽음의 공포 사이의 관계를 확인하기 위해 우리는 강박적으로 손을 씻는 사람들과 강박증이 없는 통제집단 참여자들을 대상으로 성격 검사를 실시했다. 참여자 절반은 우리가 표준적으로 사용하는 죽음에 관한 질문에 답했고 나머지 절반에게는 다른 사람들이 그들을 피했을 때를 떠올려 보라고 요청했다. 그 다음 우리는 신경계 활성을 측정하겠다고 말하면서 참여자 손가락에 무균 전극크림을 바른 다음 2분 동안 생체반응측정기(3장에서 설명했던 것과 같은 기계)에 연결된 전극을 부착했다. 그 다음 전극을 떼어내고 참여자들에게 실험실 세면대에서 손가락에 묻은 크림을 씻어도 된다고 말했다. 우리는 그들이 얼마나 오랫동안 손을 씻는지 세밀히 관찰했다. 강박적으로 손을 씻는 사람들 중 죽음을 상기했던 이들은 특히 오랫동안 손을 씻었다.

강박장애를 가진 참여자들은 공포증을 가진 참여자들과 마찬가지로 자기 통제 범위를 넘어서는 대상인 죽음의 공포를 세균과 같이 좀 더 손쉽게 피할 수 있는 대상에 투영하는 듯하다.

거미에게 물리거나 세균에 감염되면 실제로 죽을 수도 있다고 생각하면 죽음을 상기할 때 공포 반응과 강박적 행동이 증가한다는 사실이 그렇게 놀랍지만은 않다. 그러나 죽음과 직접적인 물리적 관계가 없는 사회공포증과 같은 불안의 경우는 어떨까?

짐은 처음으로 병원을 찾았을 때 자기는 어릴 때부터 수줍음이 많고 사회공포를 느꼈다고 말했다. 그는 "제가 기억하는 한 저는 이 공포로 고생해 왔습니다. 심지어 학교에서도 내성적이었고 무슨 말을 해야 할지 몰랐습니다. 결혼한 이후 아내가 온갖 일상적인 가족사를 책임지기 시작했고 저는 정말 기꺼이 아내가 그렇게 하도록 두었죠"라고 말했다.

짐의 아내는 아이들의 진료 예약을 전부 정했고 학교에서 실시하는 학부모 면담에도 참석했으며 모든 사교상의 약속을 관리했다. 짐이 전화 사용을 너무 무서워하고 수줍어했기 때문에 음식 포장을 주문하는 전화까지 맡았다. 짐은 CD를 판매하는 작은 음반 가게에서 일했으나 고객과 직접 이야기를 해야 할 때는 겁에 질렸다. 그는 "고객에게 주문한 음반이 입고됐다고 전화를 걸어야 할 때 제 목소리는 약하고 끊어졌고 말은 웅얼거리죠. 더듬거리다가 목이 메요. 전달사항을 엄청나게 빠른 속도로 내뱉는 바람에 고객들이 제 말을 알아듣지 못하는 일도 많죠. 때때로 같은 말을 되풀이해서 해야 할 때면 못 견디게 부끄럽습니다"라고 말했다. 짐은 출근이나 사교 모임을 생각하는 것만으로도 끔찍하고 기진맥진했다.

실존주의 철학자 장 폴 사르트르가 쓴 유명한 문구처럼, 사회공포증을 지닌 사람들에게 '지옥, 그것은 타인'이다. 사회공포증은 대체적으로 자존감 및 타인에게 인정받는 감정과 관련이 있으며, 앞에서 살펴본 바와 같이 죽음에 관한 생각은 인정받고 싶은 욕구를 심화하므로 우리 저자들은 죽음에 관한 생각이 사회공포를 증폭시킬 것이라는 가설을 세웠다.

성격 특성이 사회적 상호작용과 어떤 관계에 있는지 살펴보는 연구에 당신이 참여했다고 가정해 보자. 당신이 짐이고, 당신과 다른 연구 참여자들(그들은 사회공포가 높거나 낮다는 이유로 선택됐다)은 각각 독방에서 우리가 늘 실시하는 설문조사를 작성했다. 그중 일부는 죽음에 관해 쓰고 나머지는 극심한 통증에 관해 썼다. 그 후에 독방에서 당신이 쓰고 싶은 그 어떤 주제에 관해서 원하는 만큼 글을 쓰라고 했다. 글을 다 쓴 뒤에는 좀 더 넓은 방으로 와서 다른 참여자들과 함께 당신의 취미와 시사 문제에 관한 의견을 나눠야 했다. 실험자는 당신에게 지금부터 한 시간 후까지 그 사이에 언제라도 원하는 때에 다른 참여자들에게 합류할 수 있다고 설명하고 현재 시간을 알려준다. 당신은 넓은 방으로 가기 전까지 독방에서 얼마나 오랫동안 혼자 글을 쓸 것인가? 죽음을 상기했을 때 이는 당신의 행동에 어떤 영향을 미칠 것인가?

우리가 실시한 실험에 따르면, 사회공포증을 지닌 사람들 중 극심한 통증에 관한 글을 썼던 집단은 통증이나 죽음 중 어느 쪽을 상기했던 사회공포증을 지니지 않은 사람들에 비해 전체 참여자들과 합류하기까지 더 오래 지체하지 않았다. 그러나 짐처럼 사회공포증을 갖고 있고 자신의 죽음에 관해서 썼던 사람들은 독방에 상당히 더 오랫동안 머물렀다.

음식과 관련된 불안 장애도 흔하다. 미국에서는 여성은 날씬해야 한다는 문화적 가치 기준 때문에 섭식 장애가 빈번하게 발생한다. 임상의들은 섭식 장애를 지닌 사람들이 죽음의 공포로 가득 차 있는 경우가 흔하다고 말한다. 거식증 환자들은 섭식을 죽어서 부패할 운명인 동물의 몸과 연관된 짐승 같은 행동이라고 본다. 에이미 리우(Aimee Liu, 소설가 겸 수필가로 거식증, 여성 건강에 관한 글을 많이 썼다-옮긴이)는 거식증을 앓고 있을 때 호화로운 식사 후 받은 포춘 쿠키를 열었을 때 나온 글을 "먹어라, 죽을 것이다"라고 읽었던 경험을 떠올리면서 섭식과 죽음을 아주 명확하게 연결짓는다.

섭식과 죽음의 공포 사이에 입증할 수 있는 연관성이 존재할까? 당신이 수영 대표 팀에 소속된 여대생이라고 상상해 보라. 당신은 매일 많은 열량을 소모함에 따라 말랐고 굶주려 있지만 건강에 좋은 음식을 먹고 가끔 맥주를 마시는 식생활을 고수하려고 한다. 당신이 듣는 심리학 수업 교수가 당신에게 국내 음식 제조업체가 실시하는 마케팅 연구를 위해 건포도와 견과류, 요구르트를 입힌 건포도, 초콜릿과 토피 사탕을 입힌 땅콩을 혼합한 맛있고 비교적 영양가가 높은 '건강에 좋은' 간식을 맛보는 한 연구에 참여해 달라고 요청한다. 용기 하나당 맛있는 간식이 10그램씩 담겨 있다. 실험자는 당신에게 "4분 동안 각 제품을 맛보고 평가하세요. 먹고 싶은 만큼 드시면 됩니다"라고 말한 다음 방을 나간다.

평소라면 당신은 가장 좋아하는 간식인 요구르트를 입힌 건포도를 금방 먹어치웠을 것이다. 그러나 간식을 맛보는 연구에 참여하라는 요청을 받기 전에 당신은 죽음을 어떻게 느끼는지에 관한 질문에 답해야 했다(통제집단은 치통에 대해 생각해야 했다). 당신은 얼마나 많이 먹었을까?

실험결과, 통증에 관해 생각했던 남녀 참가자들은 10그램이 들어 있는 그릇에서 같은 양을 먹었으나 죽음을 생각한 여성들은 이에 비해 약 40퍼센트 적게 먹었다. 그렇다면 죽음을 떠올렸던 남성들은 어땠을까? 그들은 통증을 떠올렸던 통제집단과 같은 양을 먹었다. 확실히 죽음을 떠올릴 때 여성들은 문화가 이상적으로 생각하는 날씬함의 기준을 충족시키고자 애쓰는 듯하다.

외상 후 스트레스 장애:
산산조각 난 방패

2004년 3월, 마이크 나시프는 적군 목표물을 탐지하기 위해 포트 후드에서 이라크로 출발했다. 마이크와 그의 팀은 무기나 적군 전투원이 있는지 주택들을 확인하거나 전투장갑 차량을 타고 그 지역을 정찰하는 야간 임무를 수행했다. 적어도 일주일에 한 번은 급조 폭발물에 차량이 폭발하거나 폭발할 뻔하는 사고가 발생했다. 한번은 그가 차를 운전하고 있을 때 옆에 주차된 차에서 250파운드짜리 폭탄이 폭발했다. 폭탄이 터졌을 때의 기분을 마이크는 이렇게 털어놓았다. "폭탄을 느끼고 폭탄의 냄새를 맡고 맛을 보게 됩니다. 몸을 크게 강타하죠. 누군가가 몸의 양쪽을 아주 세게 후려갈기는 것 같습니다. 발가락, 가슴, 머리, 손가락, 몸 전체로 느끼게 됩니다."

급조 폭발물로 동료가 죽었을 때 마이크는 차량 내부에 장착된 구조용 무선 장치에 묻은 전우의 피와 신체 조직을 네 시간에 걸쳐 닦아냈다. 정말이지 슬프고 섬뜩한 일이었다. 미국으로 돌아온 뒤 마이크는 편두통, 악몽, 기억력 쇠퇴, 불안, 과도한 각성에 시달렸다. 점점 아내와 아이들에게 무심해졌다. 그는 "마치 집 밖에 서서 창문 너머로 가족을 지켜보는 느낌이었습니다"라고 말했다. 그러나 짜증이 날 때나 누군가 자기 말을 듣지 않는다고 느낄 때면 '욱'하는 기세를 드러냈다. 큰아들이 계속해서 동생을 괴롭히자 마이크는 큰아들 멱살을 잡고 벽에 밀어붙였다. 또 한번은 거실에서 야구방망이로 아들의 몬스터 트럭 장난감을 내리쳐 산산조각 냈다. 결국 결혼생활은 파탄 났고 그는 이주일에 한 번씩만 아이들을 볼 수 있게 됐다.

외상 후 스트레스 장애post-traumatic stress disorder, PTSD로 고통 받는 많은 사람들처럼 마이크 또한 죽음의 공포를 바로 눈앞에서 가장 노골적인 형태로 경험했다. 군 심리학자들은 이라크와 아프가니스탄에서 복귀한 미국 군인 중 약 17에서 25퍼센트가 외상 후 스트레스 장애를 안고 돌아왔다고 추정한다. 지진과 허리케인, 테러 공격, 강간이나 가정 폭력처럼 개인에게 자행된 폭행이 외상 후 스트레스 장애를 유발하기도 한다. 외상 후 스트레스 장애를 겪는 사람들은 한 가지 혹은 그 이상의 끔찍한 사건을 겪으면서 정신적으로 엄청난 충격을 받았다. 이런 경우 앞에서 말단 방어를 설명하기 위해 묘사했던 낡은 집의 지붕이 폭풍우에 날아갔을 때처럼 현실 감각이 뿌리부터 흔들리게 된다. 따라서 악몽, 플래시백, 심각한 불안과 공황, 통제할 수 없는 생각이 요동치는 물결에 무방비 상태로 노출된다.

삶의 바깥에 서서 창문을 통해 이를 들여다보는 것 같다는 마이크의 느낌은 외상 후 스트레스 장애를 겪고 있는 사람에게 흔하게 나타나는 증상이다. 절멸 가능성에 직면해서 싸울 능력도 도망칠 능력도 없다고 느낄 때 사람들은 갑자기 멍한 상태에 빠지곤 한다. 세상이 슬로모션 영상처럼 느껴진다. 마치 자신이 꿈을 꾸거나 영화를 보는 듯이 자기 육체에서 동떨어져 멀리서 스스로를 바라보는 듯한 느낌을 받는다. 혼란에 빠지고 어떤 일이 일어나고 있는지 정확히 파악할 수 없게 된다. 외상 후 스트레스 장애를 앓는 사람은 스스로를 끔찍한 대면과 '분리'해서 생각하며 이 상태를 심리학 용어로는 '분열dissociation'이라고 칭한다. 물리적으로 도피할 수 없는 이들은 분열 상태를 통해 정신적 외상을 초래하는 사건으로 인한 공포에서 심리적으로 탈출한다.

분열 상태에 들어서면 적어도 단기간 동안은 견딜 수 없는 일을 견딜 수 있게 되지만 동시에 그 끔찍한 경험을 받아들이려는 노력도 할 수 없게 된다. 정신적 외상을 초래하는 사건을 겪으면서 분열을 경험한 사람들은 외상 후 스트레스 장애를 일으키기 쉽다. 분열을 경험한 사람들은 항상 위험에 처해 있다고 느끼고 불안에 떨면서 위험 요소를 살핀다. 깨어 있는 동안에는 생생한 플래시백으로, 잠자는 동안은 끔찍한 악몽 속에서 실제로 겪은 정신적 외상 경험을 반복해서 다시 돌려본다. 외상 후 스트레스 장애 환자들은 만성 불안과 실제 정신적 외상 경험을 반복해서 떠올리는 상황에 맞서 임상의들이 '정신적 마비psychic numbing'라고 부르는 장기간에 걸친 분열 상태에 들어가는 경우가 많다(흔히 알코올을 비롯한 여러 약물의 과다 복용을 수반한다).

정신적 외상에 대한 반응으로 일어나는 분열 현상의 기저에는 죽음에 관한 우려가 있다는 사실은 연구로도 확인된다. 정신적 외상 사건을 겪으며 극심한 죽음의 공포를 경험한 사람은 분열을 일으키고 이어서 외상 후 스트레스 장애를 앓게 될 가능성이 특히 높다. 2005년에 한 실험에서 자신의 죽음을 상기한 뉴욕의 대학생들에게 9·11

테러 공격 당시의 경험이나 그 공격을 담은 비디오 기록을 봤을 때 어떤 기분이었는지 떠올려 보라고 요청했다. 이들은 통증이나 다가올 시험을 생각했던 통제집단 학생들과 비교할 때 더 심한 분열 반응을 나타냈고 이는 결과적으로 미래에 대한 불안 고조로 이어졌다.

2005년에 이란 자란드에서 발생해 엄청난 피해를 초래했던 지진에서 살아남은 사람들을 추적한 연구도 있었다. 이 지진으로 700명 이상이 사망하고 7천 명에 가까운 사람이 집을 잃었다. 지진 생존자들 또한 극심한 정신적 외상을 경험했다. 지진 여파로 분열 반응을 일으키지 않았던 생존자들은 몇 달 후 자신의 죽음이나 지진을 상기했을 때 불안해하지 않고 대응했지만 외국인들에게 부정적 감정을 드러내는 경향을 보였다. 이는 공포에 대처하기 위한 전형적인 방어 반응이다. 지진을 겪으면서 분열 반응을 일으켰던 생존자들은 몇 달 후 지진을 상기했을 때 엄청난 불안을 느낀다고 했으나 외국인을 향한 반감은 나타내지 않았다. 분열을 경험했던 생존자들은 타 집단을 폄하함으로써 내집단을 강화하는 일반적인 공포 관리 수단을 사용하지 못하는 듯했다. 이렇게 높은 수준의 분열을 일으킨 사람들은 그렇지 않은 사람들에 비해 2년 뒤 외상 후 스트레스 장애를 일으킬 확률이 훨씬 더 높았다. 아프가니스탄 전쟁에서 살아 돌아온 폴란드 군인들과 코트디부아르 내전 생존자들에게서도 비슷한 결과가 나타났다.

생명을 위협하는 정신적 외상을 겪을 때 거의 모든 사람들이 어느 정도의 불안을 경험하지만 대부분의 사람들은 부적응을 나타낼 정도로 분열 증상을 보이거나 외상 후 스트레스 장애를 나타내지는 않는다. 이런 위협에도 불구하고 사람들이 회복할 수 있는 이유를 알기 위해서는 아직 많은 연구가 필요하다. 그러나 삶의 의미와 사회 안에서 스스로의 가치를 강하게 실감할 때 그런 죽음의 공포에 대항할 수 있다는 사실은 확실하다.

우울증:
눈에 보이는 죽음

지금까지 조현병, 불안장애, 외상 후 스트레스 장애가 적어도 부분적으로는 죽음의 공포에 부적응한 데서 비롯된다는 사실을 살펴봤다. 그렇다면 심리적 질병계의 감기라고 불리면서 연중 미국 성인 인구 전체 중 약 16퍼센트가 앓고 있다는 우울증은 어떨까?

윌리엄 스타이런William Styron은 "해질녘의 그림자는 더욱 어두침침하다. 나의 아침은 활기를 잃었으며 숲속 산책에도 흥미가 떨어졌다. 늦은 오후 일을 하고 있을 때 뱃속에서 끓어오르는 메스꺼움과 함께 공황과 불안이 나를 엄습하는 순간이 찾아왔다"라고 회상했다. 이전에는 무척 마음에 들었고 생기 있었던 정든 집도 불길하게 느껴졌다. 수면은 중독성을 지닌 수면 유도제의 도움 없이는 결코 찾아오지 않는 축복이었다. 그는 자존감을 전부 잃었고 거의 말을 하지 않았다. 그리고 가까스로 움직였다.

이는 《냇 터너의 고백*The Confessions of Nat Turner*》, 《소피의 선택*Sophie's Choice*》 같은 훌륭한 소설을 쓴 뛰어난 작가 스타이런이 겪은 고통이다. 스타이런은 "함께 있는 사람이 다가오는 참사에 맞서 괴로워하는 동안 냉정한 호기심으로 바라볼 수 있는 두 번째 자아가 있는 느낌"이고 자신의 뇌는 "매순간 다양한 고통을 기록하는 기구"가 됐다고 말했다. 그는 자기 마음이 "홍수에 서서히 잠기는 더 이상 쓸모없는 작은 도시의 전화교환국처럼, 하나씩 차례로 정상 회로가 가라앉기 시작해 신체 기능과 본능, 지적 능력이 끊어지면서" 천천히 가라앉는 듯하다고 덧붙였다.

창조적인 일을 하는 많은 화가와 작가에게 흔히 나타나는 증상인 극심한 우울증의 저주를 밝히기로 결심한 스타이런은 1989년 《배니티페어*Vanity Fair*》 수필과 존 밀턴이 생각하는 지옥의 광경에서 제목을 빌려온 1990년 회고록 《보이는 어둠*Darkness Visible*》에서 자신의 괴로운 경험을 상세히 털어놓았다.

> 끔찍한 지하 감옥, 거대한 용광로처럼
> 사방을 둘러싸고 불길이 타오르지만
> 그 불꽃에는 빛은 없고
> 가까스로 보이는 어둠에
> 비통한 광경만이 드러난다.
> 애달픈 지역, 애절한 그늘,
> 평화와 안식이 결코 깃들 수 없고

모두에게 찾아오는 희망마저 결코 오지 않으며
끝없는 고문만이 있다.

스타이런은 우울증을 낱낱이 묘사하면서 극심한 우울증은 "광기의 한 형태"임을 분명히 밝혔다.

우울한 사람들은 일반적으로 삶이 불만스러우며 자기 자신 혹은 자기가 살고 있는 세계에 별다른 가치를 느끼지 못한다. 그들은 우울한 상태를 연장시키고 악화시키기 쉬운 죽음과 관련된 음울한 생각을 되새기며 삶에서 목적과 의미를 찾지 못한다. 우울증은 가까운 사람이 죽거나 심각한 질병에 걸리거나 일자리를 잃는 등 특정한 사건 때문에 생겨나기도 한다.

반면에 확실한 이유 없이 우울증이 서서히 몰려오는 경우도 있다. 죽음에 대한 사색과 삶의 의미 및 자기 존재의 중요성에 대한 의심은 우울증의 발생 원인과 무관하게 불안과 좌절이 뒤섞인 악순환에 분명히 일조한다. 또한 우울한 사람들은 문화적 사물 체계를 확실하게 지지하지 못하고 자기가 사회의 가치 있는 일원이라고 생각하지 못한다.

삶의 의미와 스스로의 가치에 대한 믿음이 빈약하다는 사실로 미뤄볼 때 우울한 사람들이 죽음을 상기시키는 요소에 특히 취약할 것이라고 우리 저자들은 추측했다. 극도로 우울한 사람에게 자신의 죽음을 생각하도록 유도하는 일은 비윤리적일 수도 있겠지만 우리는 가벼운 우울증을 앓고 있는 사람들을 대상으로 몇몇 연구를 실시했다. 일반적으로 우울한 미국인은 그렇지 않은 미국인에 비해 미국을 지지하는 태도를 비교적 드러내지 않는 편이다. 그러나 가벼운 우울증을 앓고 있는 미국인은 죽음을 상기했을 때 국수주의적인 태도를 비교적 강하게 나타냈고 삶이 더 의미 있게 느껴진다고 말했다.

이런 결과는 가벼운 우울증을 앓고 있는 사람은 대체적으로 자신의 세계관에서 삶에 대한 열정을 발휘하기에 충분한 의미와 자존감을 획득할 수는 없으나 그렇다고 그 세계관을 저버리지는 않는다는 사실을 암시한다.

그러나 우리 저자들은 외상 후 스트레스 장애에 시달리는 사람과 마찬가지로 심각한 우울증을 앓고 있는 사람은 아마도 자신의 문화적 사물 체계를 완전히 버렸을 것이라고 생각한다.

자살:
죽음을 행동에 옮기다

고뇌에 찬 조현병 환자 팻의 사례와 우울증 사례에서도 흔히 찾아볼 수 있듯이 때때로 정신적 고뇌는 자살 시도로 이어진다. 자신을 위협하는 바로 그 사건, 죽을 날이 머지않은 모든 이가 애써 피하려고 하는 그 사건을 자초하는 이유는 무엇일까?

어떤 사람은 육체적 혹은 정신적 고통이 너무 커서 죽음이 유일한 위안처럼 느껴지기 때문에 자살을 시도한다. 이런 경우 두려움을 누그러뜨리고 자살 시도를 행동에 옮기기 위해 대개 약물과 알코올을 사용한다. 또 정말 죽고 싶어서가 아니라 타인으로부터 도움 혹은 어떤 반응을 끌어내기 위해 자살을 시도하는 경우도 있다.

아이러니하게도 많은 자살은 죽음의 공포 그 자체에서 기인한다. 어떻게 하든 죽음이 닥친다면 계속 살아봐야 무슨 소용이겠는가? 스페인의 철학자 미겔 데 우나무노Miguel de Unamuno는 "자살자 대부분은 자신이 이 지구상에서 절대 죽지 않는다고 확신한다면 스스로 목숨을 끊지 않을 것이다. 자살자는 죽음을 기다리지 않으려고 자살한다"라고 썼다.

《악령》에서 도스토옙스키도 비슷한 결론에 도달한다. 《악령》의 등장인물인 표트르 스테파노비치는 곧 닥칠 자신의 자살을 이렇게 설명한다. "나는 내게서 삶을 박탈하고 싶다. 죽음의 공포를 맛보고 싶지 않기 때문이다."

자살은 실제 불멸성을 기원하는 오랜 바람에서 비롯되기도 한다. 자살하는 사람은 자기가 죽은 후에도 계속 살아남을 것이라고 진정으로 믿는 경우가 많다. 자살하는 어린이조차 이렇게 느끼는 듯하다. 임상 연구에 따르면, 자살 충동을 느끼는 어린이는 그렇지 않은 어린이보다 죽음을 오래된 소원이 이뤄질 수 있는 삶의 연속으로 보는 경향이 강하다. '죽음 속에서 실제 불멸성이나 상징적 불멸성 혹은 양쪽 모두로 향하는 문을 통해 걸어갈 것'이라는 셰익스피어 작품 속 클레오파트라의 생각에 공감하는 이들도 많다. 클레오파트라는 독사를 들어올리며 "내게 예복을 주고 왕관을 씌우라. 내 안에는 불멸을 향한 갈망이 있다"라고 선언했다.

문화가 자살을 승인하는 경우도 있다. 독실한 신자들은 때때로 덧없는 세속적인 존재에서 벗어나 천국으로 가는 승차권을 예약하기도 한다. 초기 기독교는 열렬하고 적극적인 순교자들이 '불멸로 가는 생일'을 축하하기 위한 연례 기념행사를 열었다. 전통적인 일본 문화에서 죽음의 초월이란 오랜 과거로 확장되고 미래로 무한히 나아가는 불멸하는 조상 혈통의 일부가 되는 행위에서 비롯된다. '하라키리'(할복을 통한 자살 의식)를 실시하면 불명예스러운 행위를 속죄하고 집안에서 가치 있는 지위를 되찾을 수 있었다. 다양한 문화권에서 이와 비슷한 관례가 지금까지도 계속되고 있다. 2001년 9월 11일 세계무역센터를 공격한 비행기 납치범 중 한 명인 모하메드 아타는 "죽기로 충성을 맹세하라. … 충실한 신도들에게 신이 무엇을 준비하셨는지 깨달으라. 신은 순교자들을 위해 영원히 변치 않는 낙원을 준비하셨다"라는 내용의 쪽지를 남겼다. 불멸, 목숨과도 바꿀 수 있다!

자살 행위를 신이나 조국에게 충성하는 용감한 행위로 볼 때 죽음의 공포가 자살 행위에 일조한다는 사실이 연구로 밝혀졌다. 7장에서 언급했듯이 이란 학생들은 죽음을 생각한 후에 자살 폭탄 테러범에 더 많은 관심을 나타냈다. 죽음을 상기한 후 영국 시민들은 '이 축복받은 터, 이 땅 … 여기 영국'을 위해 기꺼이 죽겠다는 의향을 더 많이 나타냈다. 이렇게 다양한 맥락에서 자살은 실제 불멸성이나 상징적 불멸성으로 가는 길로 통한다.

알코올과 기타 약물:
죽음을 퍼트리다

자살이 언젠가 반드시 죽는 공포와 삶의 고통에서 벗어나려는 극단적이고 돌이킬 수 없는 방법이라면 알코올과 기타 약물은 잠깐이기는 하지만 훨씬 더 흔한 탈출 방식이다. 향정신성 물질을 의례에 사용하는 관례는 태곳적부터 사실상 모든 문화권에 널리 퍼져 있었고 지금도 남아 있다. 어린이들은 어지러움을 느끼기 위해 빙글빙글 돌거나 언덕을 구르는 놀이를 즐긴다. 이는 인간이 어지러운 상태를 선천적으로 좋아함을 암시한다. 사람들은 알딸딸한 상태를 즐긴다. 약물과 알코올을 종교, 여가, 혹은 의료 목적으로 적당히 사용하는 경우 반드시 지속적인 해를 유발하지는 않으며 유익한 효과를 미칠 수도 있다.

사람들은 쾌감, 지각 및 감각 경험 증폭, 통증 완화, 에너지 증진, 효능감 및 자존감 증대, 창조성 자극, 사교 및 영적 관계 증진, 공포 관리와 같은 여러 가지 이유로 약물을 사용한다. 현실에서 벗어나고 불안을 가라앉히기 위해 약물에 의존하는 사람이 있다는 사실은 익히 알려진 바다. 대체로 충분한 의미와 자존감을 느끼지 못하는 사람이 약물에 중독되기 쉽다. 향정신성 물질은 종류에 따라 다양한 생화학적 효과를 내지만 공통적으로 불안감을 낮추고 자의식을 흐리며 지각을 왜곡하고 시간 감각을 바꿔 공포에 대처하도록 한다.

사람들이 자신의 죽음을 생각한 뒤에 더 많은 알코올을 마셨다는 사실을 떠올려 보라. 최근 실시한 연구에서는 죽음을 상기했을 때 흡연 역시 증가한다는 결과가 나왔다. 제이미 아른트와 그의 동료들은 죽음을 상기시키는 요소를 접했을 때 중독 행동이 강화된다는 사실을 증명하기 위해 '기본 성격 및 흡연 행위'를 조사하는 연구실에 흡연자들을 모았다. 먼저 참여자들은 니코틴 중독 여부를 알아보는 질문에 답했다. 예를 들어, '나는 지금 당장 담배를 피우고 싶다'와 '나는 지금 담배를 피울 수 있다면 일을 더 잘 통제할 수 있다'와 같은 문장에 얼마나 동의하는지 평가하고 기상 후 얼마 만에 첫 번째 담배를 피우는지, 너무 아파서 하루 종일 거의 침대에 누워있을 때에도 담배를 피우는지 여부에 답했다. 그러고는 참여자들에게 각자가 가장 좋아하는 브랜드의 담배를 주고 얼마나 많이 빨아들이는지, 각각의 모금은 얼마나 길게 이어지는지, 얼마나 빨리 빨아들이는지 측정하는 장치에 연결한 채 다섯 모금을 빨아들이도록 했다. 그러고는 자신의 죽음 혹은 다음 번 시험에 떨어질 가능성을 숙고했다. 마지막으로 전원에게 다시 각자가 가장 좋아하는 브랜드의 담배를 주고 장치에 연결된 채 다섯 모금을 빨아들이게 했다.

그 결과는 충격적이었다. 죽음을 생각한 이후 중독 흡연자들은 빨아들이는 니코틴 양을 늘리기 위해 더 세게, 더 길게, 그리고 더 빨리 담배를 피웠다.

도박도 마약과 비슷한 기능을 수행하며 불안을 감소시키고 자의식을 지우며 순간적으로 자존감을 높인다. 그러나 실존적 공포를 약화시킬 목적으로 강박적으로 빠지는 경우 문제를 일으킬 수 있다. 최근에는 비디오 게임 중독이 특히 심각한 문제가 되고 있다. 게임을 하는 사람들은 영웅 같은 행동을 한다는 느낌을 받을 수 있고 무엇보다도 환생이 가능한 환상 세계의 매력에 현혹된다. 아바타(게임 이용자의 화신이 되는 캐릭터-옮긴이)들은 '영생'을 얻을 수 있다. 죽는다고 해도 다시 시작하면 된다. 모든 중독이 그렇듯 그 원인은 다양하지만 병적인 도박 및 게임 중독 현상에는 언젠가는 반드시 죽는 삶의 공포에서 도피하려는 동기가 분명히 작용하고 있다.

방패의 틈 보수하기

물론 조현병, 공포증, 강박증, 사회공포증, 섭식 장애, 외상 후 스트레스 장애, 우울증, 자살, 중독에는 서로 다른 근원적 원인이 존재한다. 따라서 이런 질병으로 고통 받는 사람들에게는 생화학, 행동, 심리사회적 치료 수단을 다양하게 사용함으로써 도움을 줄 수 있다. 그러나 정신 건강 전문가들, 그리고 일반인들도 어려움에 처한 사람들을 돕기 위해서는 죽음의 공포가 어떻게 다양한 심리 장애를 일으키고 악화시키는지 고려해야 한다.

오토 랭크, 빅터 프랭클Viktor Frankl, R. D. 랭R. D. Laing, 롤로 메이Rollo May, 어빈 얄롬과 같은 임상의들이 개발한 실존주의 심리치료 접근법은 심리 장애를 일으키는 병인病因과 치료법을 찾을 때 죽음 불안의 역할

및 연관된 실존적 문제를 고심한다. 얄롬은 1980년에 발표한 저서 《실존주의 심리치료Existential Psychotherapy》에서 실존주의 심리치료에서 가장 중요한 원칙들을 자세하고 분명하게 설명했다. 얄롬은 실존주의 심리치료에 적용되는 정해진 구체적인 기법은 없다고 주장한다. 그는 실존주의 심리치료사들은 각각의 내담자를 고유한 개인으로 대하면서 깊고 진실한 관계를 발전시키는 작업이 중요하다고 강조한다. 이 과정에서 치료사는 내담자의 세계관, 개인적 분투, 사회적 관계를 상세하게 숙지하고 내담자가 치료사를 다른 모든 인간과 마찬가지로 폭넓은 실존 문제와 자기 개인의 심리 문제에 영향을 받을 수밖에 없는 고유한 개인으로 알아가도록 격려한다.

또한 실존주의 심리치료사는 인간의 자유와 책임을 강조한다. 사람들이 하는 일에는 선택이 따르며 선택에는 책임이 따른다. 자유와 책임감이 뒷받침하는 강하고 참된 관계는 가장 흔한 세 가지 실존주의 문제, 즉 무의미, 고립, 죽음과 씨름하는 동안 공포에 대처할 자원이 되어준다.

실존주의 심리치료사는 무의미라는 문제를 다루기 위해 내담자가 어떻게 이 세상에서 의미를 끌어내 왔는지 혹은 끌어내려고 하는지 파악해야 한다. 이런 의미는 신경 손상, 생화학적 불균형, 가혹하거나 혼란스러운 양육 과정, 정신적 외상을 초래하는 경험, 대체적 신념 체계 인식, 신체와 성욕에 대한 불안감, 경제적 동요, 사랑하는 사람에게 배신당하거나 사랑하는 사람을 잃는 경험, 신체의 질병

등이 원인이 되어 어린 시절에 부적절하게 형성됐거나 성인기에 들어 퇴색됐을 수 있다. 이로 인해 다양한 심리 장애에 시달리는 이들은 흔히 삶의 의미를 잃는다. 과대망상에 빠진 조현병 환자는 자기가 케네디 대통령과 어울리고 자연의 법칙에 저항한다고 주장하거나 기이하고 지속 불가능한 망상에 사로잡힌다. 강박장애 환자는 인도의 금을 밟지 않는 일이나 소변을 본 다음 변기에 물을 세 번 내리는 일에 집착하게 된다. 즉 중요하다는 감각을 느끼기에는 너무 좁고 상징적으로 빈곤한 의미에 집중한다. 환멸을 느끼는 상태는 우울증 환자의 경우에는 서서히, 외상 후 스트레스 장애 환자의 경우에는 갑작스럽게 찾아오며, 대개 의미를 완전히 포기하거나 제거할 때 유발된다. 의미에 구체적으로 어떤 문제가 발생했든, 실존주의 치료는 개인이 이전에 지녔던 의미를 재차 확인하거나 기존 신념을 좀 더 설득력 있고 지속 가능하도록 수정하거나 혹은 완전히 새로운 의미를 만들도록 돕는다.

무의미하다는 감각은 대개 문화에 근거한 의미가 모두 사라지고 부조리하고 허무한 우주만이 남았다는 세계관을 받아들일 때 발생한다. 자긍심을 지닌 실존주의 심리치료사 중 삶에 내재된 혹은 궁극적인 의미가 있다고 주장하는 이는 아무도 없을 것이다. 그 대신 내담자가 자신의 삶에서 중요한 대상에 집중하도록 격려함으로써 비교적 덜 거창한 삶의 관점에 관심을 가지게 할 것이다.

얄롬은 이러한 현상학적 변화를 설명하기 위해 19세기 독일 철학자 쇼펜하우어의 예를 든다. 쇼펜하우어는 자신이 쓴 철학 논문에서 부조리하고 허무한 거대 우주 체계에서 아무것도 중요하지 않으며 따라서 얻기 위해 노력할 만한 가치 있는 대상은 없다고 주장했다. 이렇게 모든 것에 회의적인 그였지만 이 주장에는 신경을 썼다. 즉 인생에는 아무런 의미나 목적이 없다는 사실이 그에게 중요했다는 뜻이다. 나아가 아이러니하게도 쇼펜하우어에게 아무것도 중요하지 않다는 사실을 남에게 납득시키는 일 또한 분명 중요했다. 그는 자살하는 대신 죽을 때까지 계속해서 철학서를 썼다. 이 역시 분명히 그에게 중요한 일이었다. 따라서 얄롬은 일단 개인이 이론만으로 분석한 거대한 존재관을 포기하고 나면 세상에는 자신에게 중요한 삶의 측면이 사실상 언제나 존재한다고 지적한다. 실존주의 심리치료사의 목표는 내담자가 그런 의미를 찾도록 돕고, 그 의미를 강화하고 긍정하는 활동에 참여하도록 이끄는 일이다. 이때 그 의미는 자존감을 키우고 유지하기 위한 견고한 토대로 작용할 것이다.

새로운 혹은 새로워진 의미와 가치를 받아들인 개인은 실제 자신과 타인이 기대하는 인물 사이의 차이점을 더 잘 구별할 수 있고 자신이 원하는 바가 무엇인지 명백히 알 수 있다. 그러면 그들은 자신의 욕구에 따라, 즉 실존주의 용어로 표현하자면 '자발적'으로 행동할 수 있고 과거에 내렸던 부적응적 선택을 받아들이는 동시에 자신의 현재 및 미래 관심사에 대해 좀 더 성숙하고 용감한 결정을 내릴 수 있으며 자기가 내린 결정을 더 확실하게 책임질 수 있다.

실존적 고립감에 대한 대응은 실존주의 심리치료에서 두 번째로 흔한 목표이다. 2장에서 부모의 애정이 미숙하고 불안감을 느끼기 쉬운 유아에게 안정감과 안심감을 준다고 설명했던 부분을 떠올려 보라. 친구, 가족을 비롯하여 상호 애착, 신뢰, 존경에 근거한 중요한 타인들과 맺는 친밀한 관계 역시 같은 기능을 수행한다. 실제로 사랑하는 사람들을 생각하면 죽음을 상기했을 때 일반적으로 발생하는 방어적 반응이 감소하거나 사라진다. 반대로 친밀한 관계가 붕괴되거나 사라진다고 생각하면 죽음에 관한 생각이 의식에 더 가까이 떠오른다. 따라서 사람들이 새로운 사회 유대를 구축하고 기존 관계를 강화하고 멀어진 관계를 복구하도록 돕는 작업은 실존주의 치료에서 높은 우선순위를 차지한다. 탄탄한 대인관계는 문화적 사물 체계에 대한 신념을 강화시키고 개인이 자존감을 획득하고 유지하도록 돕는다.

만약 내담자가 자신이 철저히 고립됐고 혼자라고 주장한다면 실존주의 심리치료사들은 일반적으로 그 주장에 이의를 제기하지 않는다. 실존주의자에 따르면, 인간은 모두 궁극적으로 다른 인간으로부터 고립된 존재라는 점에서 결코 타인과 직접적으로 의사소통할 수 없고 언어를 비롯한 상징을 통해 간접적으로 소통할 수 있을 뿐이다. 언어와 상징은 강력한 힘을 지녔지만 결코 우리가 타인을 완전하게 알도록 혹은 타인이 우리를 완전하게 알도록 해주지는 못하기 때문이다. 베커는 "우리는 오직 외면을 통해서만 다른 사람들과 접촉하지만 우리 각자는 풍부한 내면의 삶과 함께 살아간다. … 우리는 다른 모든 사람들과 고립될 수밖에 없다. … 타인과 접촉할 때 우리는 상대의 육체 외부에 닿을 뿐이다. 상대 역시 우리에게 그렇지만 우리는 상대의 내면을 접할 수 없고 우리 내면을 상대에게 드러낼 수도 없다"라고 설명한다. 최고의 관계일지라도, 아무리 서로 친밀하다고 할지라도 이 간극을 완전히 메울 수는 없다. 베커는 이를 가리켜 "때때로 우리는 아주 친밀한 어떤 말을 배우자나 부모, 친구에게 하려고 하고 우리가 저녁 노을을 정말로 어떻게 느끼는지, 우리가 정말로 어떤 사람이라고 느끼는지 전하려고 하지만, 어색하고 초라하게 완전히 실패하고 만다. 실존주의 심리치료를 받을 때 내담자는 이 부정할 수 없는 진실을 받아들이는 데에 필요한 도움을 받는다. 그때서야 내담자는 다른 사람들과의 관계에서 얻을 수 있는 것과 얻을 수 없는 것이 무엇인지 이해할 수 있게 된다. 타인이 당신을 완전히 이해해주길 바라면서 관계를 맺으면 필연적으로 실망하고 좌절하게 된다. 실존적 고립을 극복하기 위해 다른 사람을 이용하려고 시도할 때 인간은 너무 많은 것을 추구하고 그 결과 기대보다 너무 적게 얻게 된다.

일단 타인과의 관계에서 얻을 수 없는 것이 무엇인지 이해하고 나면 타인과의 관계가 제공할 수 있는 긍정적인 측면에 초점을 맞추기 시작한다. 실존적 고립감과 고독감을 줄이는 좋은 관계의 핵심은 자신의 욕구를 충족시키는 목표 대신 타인을 알아가려는 목표를 수립하는 것이다. 이상적으로 말하자면 치료사와 내담자의 관계는 이런 시도가 어떤 양상을 띠는지 알려주는 모범 사례여야 한다. 얄롬은 오스트리아 출신 이스라엘 철학자 마르틴 부버Martin Buber의 말을 빌려 이를 '나와 그것(I-it)'의 관계가 아닌 '나와 너(I-thou)' 관계라고 부른다. 상대방을 욕구 충족자가 아니라 완전한 인간으로 대함으로써 그 사람 역시 당신과 마찬가지로 궁극적으로 외로운 존재임을 깨닫게 된다. 이제 당신과 상대방은 이 사실을 공유한다. 일단 서로에 대해 알 수 있는 지식에는 한계가 있다는 사실을 받아들이고 나면 상대방을 친밀하게 느끼고 사랑할 수 있게 되며 상대방에게 사랑받을 수 있게 된다. 사랑이 사람들 사이에 존재하는 모든 차이를 없애줄 수는 없다. 그러나 사랑은 인간이 가치를 부여하고 가치를 평가 받을 수 있도록 하고 자신이 탑승한 바로 그 실존적 배에 함께 탄 타인과 연결돼 있다는 느낌을 부여함으로써 불안감과 고독감을 최소화한다.

내담자는 의식적으로 죽음을 걱정할 때도 있지만 자신이 어려움을 겪는 이유가 죽음 불안에 대한 부적절한 방어 때문이라는 사실을 깨닫지 못하는 경우가 많다. 그래서 실존주의 심리치료는 일반적으로 내담자가 공포에 대처할 자원, 인생이 의미 있다는 의식, 자존감, 다른 사람들과 연결돼 있다는 느낌을 강화하는 데에 초점을 맞춘다. 그러나 내담자가 언젠가는 죽는다는 사실을 의식적으로 문제라고 느끼는 경우 이 사실을 받아들이는 법을 배우도록 하는 데 주력한다. 매일 맞닥뜨리는 죽음을 상기시키는 요소들은 죽음에 관한 생각이 의식에서 사라지도록 중심 방어를 작동시키고, 그 다음에는 말단 방어가 문화적 사물 체계에 대한 신념을 강화하고 자존감을 증진시킨다.

이런 방어 기제가 계속 작동해 실존적 공포를 저지하긴 하지만 죽는다는 사실을 받아들이는 데는 별 도움이 되지는 않는다. 이를 위해서는 정신분석학자 해럴드 셜즈Harold Searles가 설명하듯이 “삶이라는 대단히 복잡한 일, 이렇게 온전히 매력적이고 고통스럽고 짜릿하고 지루하고 위안을 주고 두려운 일이 단순한 평화와 복잡한 혼란이 교차하는 순간과 함께 언젠가 불가피하게 끝난다는 간단한 사실”을 일관적이고 의도적이며 격렬하게 대면하고 받아들여야 한다. 이 사실을 좀 더 쉽게 받아들이기 위해 실존주의 심리치료사들은 때때로 죽음에 대한 지속적인 명상을 제안하고 죽음에 대한 민감성을 낮추도록 유도한다.

죽을 뻔한 적이 있는 사람과 여생이 얼마 남지 않았다고 인정하는 노년층은 지금 이 순간에 감사하고 물질적 부유함보다는 친밀한 관계를 더 중요하게 여기며 자신이 죽는다는 사실을 덜 두려워하고 이에 덜 방어적인 태도를 보인다. 그리고 이런 사실은 실존주의 접근방법과도 일맥상통한다.

그렇다면 생명을 위협하는 위험과 노령이라는 요소가 없는 조건에서도 인간은 자신의 유한성을 수용할 수 있을까? 또 가능하다면 그 방법은 무엇일까? 이 의문은 다음 장에서 좀 더 자세히 다루도록 하겠다.

정도의 차이는 있지만 죽음의 공포는 보편적으로 존재한다. 대부분의 사람들이 문화적 사물 체계를 포용하고 자존감을 확보함으로써 실존적 공포로부터 스스로를 보호한다. 그러나 우리가 공포를 막을 때 사용하는 방패에는 어느 정도 틈이나 패인 부분이 있기 마련이며 이로 인해 수많은 보완책이 생겨난다. 인간은 제아무리 잘났어도 언젠가는 죽을 운명이다. 그러니 죽음과 함께 최선을 다해 살아가는 방법을 생각해 보아야 한다.

11 죽음과 함께 살아가기

두 가지 오래된 단순한 문제가 언제까지나 뒤얽혀 친숙하지만 잡히지 않고, 생각하지만 이해할 수 없고, 고민스럽기만 하다. 각 세대 사람들이 계속 풀지 못하고 넘겨 오늘날 우리 세대까지 왔고 우리 역시 똑같이 넘긴다. — 월트 휘트먼, 〈삶과 죽음〉

이 책은 처음에 역사와 과학, 인문학, 수많은 실험 결과, 사람들이 매일 겪는 몸부림을 통해 죽음이 인간 경험의 핵심에 존재하는 고뇌라는 사실을 밝힐 것이라고 제안했다. 인간의 마음속에서 죽음이 차지하고 있는 곳을 탐색하고자 고대 매장지에서 미래의 초저온 실험실까지, 킬리만자로 산기슭에서 샌프란시스코 소재 학교 식당까지, 평범한 세 살배기 아이의 마음부터 조현병 환자의 마음까지 들여다보았다. 지금까지 논의한 바를 간단히 요약한 다음 개인 및 사회가 어떻게 하면 죽음을 바람직하게 다룰 수 있을지 생각해 보자.

이 책은 어니스트 베커에서 시작했다. 인간이 죽음을 두려워하고 죽음을 초월하는 일에 집착한다는 생각은 종교와 철학 사상 양쪽 분야에서 고대부터 있었지만 1973년 베커는 이 개념을《죽음의 부정》에서 자세히 설명함으로써 독자들을 사로잡았다.《죽음의 부정》은 당시 상당한 관심을 모으면서 죽음을 공공 담론으로 끌어들였고 퓰리처상을 수상했으며 영화 〈애니 홀〉에 등장하는가 하면, 젊은 시절 빌 클린턴을 포함한 많은 독자들의 삶에 영향을 미쳤다. 그러나 베커의 분석이 특정 학문의 진보로까지 이어지지 않았기 때문에 그 영향력은 금방 사라졌다. 과학이 길거리와 인터넷 상의 대화를 지배하는 세계에서, 대학교 교실과 학술회의에서, 정치 회담과 이사회 회의에서 그 개념은 잠자고 있었다.

우리 저자들은 죽음의 공포가 인간 행동의 상당 부분을 좌우한다는 베커의 주장에 끌렸다. 그 주장을 널리 알리고자 열정을 불태우면서 사회과학 분야에 커다란 파장을 일으킬 수 있기를 기대했지만 결국 우리는 실망스러운 반응에 맞닥뜨렸다. 많은 동료 과학자들은 인간은 자신이 죽음에 대해 그렇게 많이 생각하지 않으며 따라서 죽음에 관한 공포가 생각하고 느끼고 행동하는 모든 이면에 만연한다고는 도저히 상상할 수 없다고 주장했다. 또 일부는 죽음이 인간 만사를 좌우한다는 주장을 이론적으로는 기꺼이 인정하지만 그 개념을 경험적으로 확인할 수는 없기 때문에 죽음에 관한 문제는 단순한 화젯거리 이상으로 결코 발전할 수 없으리라고 단언했다.

우리 세 명의 저자는 베커가 인간 조건을 분석한 내용을 공포 관리 이론으로 정리하여 형식을 갖춘 뒤 우리는 이 이론이 담고 있는 많은 가설을 확인하기 위해 실험을 설계하기 시작했다. 지금까지 약 30년 동안 500건 이상 연구를 실시하면서 인간은 죽음을 인식할 때 어쩔 수 없는 공포로 약해지며 스스로를 문화 세계에 이바지하는 중요한 공헌자라고 인식함으로써 이에 대처한다는 베커의 주장이 사실임을 보여주는 수많은 증거를 모을 수 있었다. 우리는 베커가 가정한 대로 자존감이 전반적인 불안, 특히 죽음에 대한 불안을 완화한다는 사실을 확인했다. 미묘하게, 심지어 부지불식간에 죽음을 상기시키는 경우에도 문화적 사물 체계에 대한 애착, 카리스마 지도자에 대한 지지, 신의 존재에 대한 확신과 기도의 효능에 대한 믿음이 증가했다. 죽음을 상기했을 때 자기와 다른 신념을 지닌 사람에 대한 경멸은 그들의 죽음에서 위안을 얻는 수준으로까지 치솟았다. 죽음을 상기했을 때 인간은 강박적으로 담배를 피우고 술을 마시고 먹고 쇼핑을 한다. 그리고 육체와 성생활을 불편하게 여기게 된다. 자존감을 강화하기 위해 무모하게 운전하고 인공 태닝을 하기도 한다. 그리고 공포증, 강박증, 사회 불안이 심화된다.

이러한 결과는 섹스와 죽음 사이의 상관관계처럼 언뜻 보기에는 불가사의한 관계까지 포함해 베커가 책에서 밝힌 개념들이 사실임을 증명한다. 그러나 그런 상관관계를 제안하는 것과 이를 경험적으로 증명하는 것은 별개이다. 연구결과가 쌓여감에 따라 우리 연구자들은 베커와 그 선배 학자들조차 예측하지 못했던 다양한 방향, 심지어 이 책에서 탐구한 영역을 넘어서는 분야로 나아갔다.

1장에서 소개했던 최초의 공포 관리 실험을 기억할 것이다. 지방법원 판사들은 자신의 죽음에 관해 생각한 뒤 성매매 혐의자에게 좀 더 가혹한 처벌을 내렸다. 이는 법률 체계에 상당히 불길한 영향을 미칠 수 있다. 소송 절차에서 자주 나타나는 죽음의 암시가 실제 증거와 무관하게 사법 결과에 결정적인 영향을 미치며 이런 현상은 사형 판결 사건에서 특히 두드러지게 나타난다. 아칸소 대학 법학대학원의 도널드 저지스Donald Judges(법률가로서 아주 좋은 이름이다!)는 "어쩌면 판결과 법률 제정 과정에서 사형을 부추기는 숨은 원동력이 공포 관리일 수도" 있으며 이는 "죽음의 인식을 피하기 위한 세계관의 무의식적인 방어"에 자극을 받는다고 주장했다. 실제로 최근 연구결과, 살인과 폭력 범죄 비율이 높고 죽음의 공포를 자극하기 쉬운 어수선한 시기에 보수적인 주에서는 사형 선고와 집행이 증가한 반면 진보적인 주에서는 감소했다. 뉴욕 시립대학 법학대학원의 제프리 키르히마이어Jeffrey Kirchmeier는 판사, 검사, 피고측 변호인이 "사건 판결 시 정의와 좀 더 공평한 사형 제도를 구현하기 위해 공포 관리의 영향력을 인식해야 한다"라는 결론을 내렸다.

죽음을 상기시키는 요소는 의료 환경에도 아주 많으며 의료인이 환자를 진단하고 치료하는 방식에도 영향을 미칠 수 있다. 이슬람교도가 아닌 미국 의대생이 자신의 죽음을 상기한 후 가슴 통증을 호소하는 이슬람교도 혹은 기독교도 환자에 대한 동일한 응급실 서류를 검토했을 때 기독교도의 경우 심장병 위험이 좀 더 심각하다고 추정한 반면 이슬람교도의 경우 그 위험이 덜 심각하다고 추정했다. 이는 의료인이 자기가 느끼는 죽음 불안에 대처하기 위해 문화적 정체성에 의존하는 경우 진단에 편향이 발생할 수 있음을 암시한다. 한 사례에서는 의대생들이 심각한 폐 질환을 앓고 있는 환자가 호흡 곤란 상태로 응급실에 실려 왔을 때 어떻게 치료할 것인가를 연구했다. 응급실에 들어왔을 때 환자 의식이 또렷했고 인공적인 생명 연장에 반대한 경우라도 자신의 죽음을 상기했던 의대생들은 환자의 생명을 가능한 한 길게 연장하기로 결심했다. 그들의 치료 선호는 환자의 의도가 아니라 자신의 실존적 문제에 좌우됐다.

끝으로, 공포 관리 연구는 죽음에 관한 의식적인 생각이 중심 방어를 유발하고 의식 외부에서 발생하는 죽음의 생각이 말단 방어를 유발한다는 사실을 증명했고, 이로써 사람들이 죽음의 암시에 어떻게 반응하는지 더 잘 이해할 수 있게 됐다. 9장에서 살펴봤듯이 이 새로운 통찰은 건강 관련 의사결정에 중대한 영향을 미친다.

죽기 전에 잠에서 깨야 한다면

우리 저자들이 이 책을 쓸 때 세웠던 목표 중 하나는 사람들로 하여금 자신의 문화적 세계관에 완전히 매몰돼 꾸는 인생의 꿈에서 깨도록 하는 것이었다. 오스트리아 화가 구스타프 클림트Gustav Klimt는

> 구스타프 클림트의 〈죽음과 삶〉

1910년에 그린 유명한 작품 〈죽음과 삶*Death and Life*〉에서 이와 비슷한 견해를 묘사했다.

이 그림에 나오는 사람들은 다들 죽음의 현실에 눈을 감고 있지만 한 젊은 여성은 눈을 뜨고 깨어 있다. 우리 또한 죽음에 눈을 뜬 그 여성과 같지만 그렇다고 우리가 무엇을 할 수 있겠는가?

〈창세기〉에 따르면 태초에 하느님은 당신의 형상을 본떠 아담과 이브를 만들었고 그들을 에덴 동산의 관리인으로 임명했다. 태초는 더없이 행복한 시간이었고 에덴 동산은 완벽한 곳이었다. 죽음도, 수치도, 죄악도 없었다. 아담과 이브는 선악과나무에 열리는 사과 가까이에 가지 않는 한 에덴 동산에 널려 있는 모든 쾌락을 마음껏 누릴 수 있었다. 만사가 순조로웠다. 그러나 어느 날 뱀이 선악과나무에서 금단의 열매를 따서 맛보라고 이브를 유혹했고 이브는 사과를 따서 아담에게 건넸다. 하느님은 노하셨다. 하느님은 아담과 이브를 낙원에서 추방했고 그들과 그들의 후손인 우리에게 죽음의 서막으로 노동과 고통이 따르는 삶을 살게 했다.

성경의 관점에서 볼 때 아담과 이브는 사과를 먹음으로써 얻은 지식 때문에 언젠가 죽을 운명을 맞이했다. 과학의 관점에서 볼 때 인간은 신피질의 발달로 상징적 사고, 자의식, 과거를 반성하고 미래를 예측하는 능력, 그리고 자신이 언젠가는 죽는다는 사실을 인지하게 됐다. 이렇게 해서 서양 종교의 우화적 토대인 '인간의 타락'이 현대 과학과 수렴한다. 지식이 증가하면서 죽음을 인식하게 됐고 그 사실이 모든 것을 바꿨다.

죽음 그 자체보다 누구나 언젠가는 죽는다는 인식이 인간 존재 핵심에 존재하는 고뇌이다. 그것이 우리를 인간답게 만들고 끊임없는 불멸 추구의 길로 이끈다. 그 탐색은 인간 역사의 과정에 심오한 영향을 미쳤고 오늘날까지도 계속되고 있다.

수천 년 전 그리스 철학자 에피쿠로스는 의식하지 못하는 죽음의 공포와 그로부터 발생하는 문제들이 인간이라는 종족을 정의하는 특징이라고 말했다. 기원전 1세기, 로마의 시인이자 철학자였던 에피쿠로스의 추종자 루크레티우스는《사물의 본성에 대하여*On the Nature of Things*》에서 사람은 죽음의 공포 때문에 종교 및 세속적 권위에 지나치게 의존하고 스스로의 경험과 비판적인 판단에 의지하는 대신 미신적이고 비이성적인 믿음에 집착하게 된다고 설명했다. 더욱이 인간은 자신의 유한성을 인지하거나 자기를 인식하는 상황을 피하기 위해 사소한 소일거리에 인생을 허비하거나 돈과 재산을 탐욕스럽게 축적하거나 권력과 명예를 맹목적으로 갈망하는 데 혈안이 된다. 루크레티우스는 채울 수 없는 그런 욕망 때문에 인간은 불행에 취약하고 대단히 위험한 존재가 된다고 주장했다.

에피쿠로스와 루크레티우스 두 사람은 모두 명석하고 선견지명이 있었다. 그들은 우주가 무한히 많은 원자들이 공간 속에서 튀어오르고, 계획이나 목적 없이 계속해서 합쳤다가 갈라지며 때로는 예측할 수 없는 쪽으로 방향을 틀어 예기치 않은 결과를 낳는 곳이라고 설명했다. 이 통찰이 현대 물리학의 기초, 다윈의 진화론, 아인슈타인의 상대성 이론을 이끌었다. 인간이 죽음을 초월하려는 노력에서 강력한 동기부여를 받는다는 두 학자의 설명은 어니스트 베커와 공포 관리 연구가 쌓은 현대 심리학의 실존적 기초를 형성했다.

어떻게 하면 개인적인 고통과 증오, 살인을 유발하지 않으면서 언젠가는 죽는다는 불가피한 사실에 대처하는 법을 배울 수 있을까?

어떻게 하면 죽음과 함께 더 잘 살아가는 법을 배울 수 있을까?

에피쿠로스 학파의 치유법

루크레티우스를 포함한 에피쿠로스 학파가 보기에 이 수수께끼에서 탈출할 방법은 간단했다. 먼저, 우리는 자기가 느끼는 죽음의 공포를 알아야 한다. 그 다음 죽음을 두려워하는 일이 비이성적임을 인식해야 한다. 에피쿠로스 학파는 결국 나쁜 일이란 감각을 느낄 수 있는 사람에게만 일어날 수 있다고 주장했다. 죽은 사람은 우리 모두가 잉태되기 전에 그러했듯이 감각을 느끼지 못한다. 따라서 죽은 상태는 아예 존재하지 않은 상태와 전혀 다르지 않다. 태어나기 전의 시간을 두려워하는 사람은 아무도 없다. 그렇다면 우리가 태어나기 전 영겁의 세월을 지배했던 무감각한 상태와 똑같은 죽음에 왜 조바심을 내는가? 일단 이 사실을 깨달으면 죽음 불안은 사라질 것이고 우리는 더 이상 불멸성을 갈구하지 않을 것이다. 에피쿠로스는 결국 이로써 '생자필멸의 이치를 좀 더 즐길 수' 있을 것이라고 주장했다.

때로는 죽음을 인식할 때 삶의 감사함을 더 간절하게 느끼게 된다. 들판에 피어 있는 백합과 하늘을 나는 새들은 우리가 느끼는 실존적 고뇌를 느끼지 않는다. 그러나 저들은 유한한 자기 성찰적 존재만이 느끼는 독특한 경외심과 기쁨 또한 느끼지 못한다. 스코틀랜드 출신 수필가 알렉산더 스미스Alexander Smith는 1863년에 "삶은 죽음이라는 사실을 어렴풋이 인식할 때 최후의 달콤함을 끌어낸다"라고 썼다. 어린 시절 우리는 한순간의 즐거움을 누리지만 성인이 된 후에는 "생전과 사후를 살피고 이 세상과 다음 세상을 모두 받아들이는 진지한 기쁨"을 누린다. 우리는 가장 좋았고 가장 기억할 만한 경험이 결코 다시는 일어나지 않을 것임을 희미하게나마 알고 있다. 그것이 우리가 그런 경험을 그토록 소중히 여기는 이유이다.

나아가 마사 누스바움, 타일러 볼크Tyler Volk, 스티븐 케이브Stephen Cave 같은 현대 사상가들은 생명이 지속되기 위해서는 죽음이 필요하다고 덧붙여 말한다. 죽음이 없다면 인류는 유동적인 환경 조건에 적응할 수 없을 것이다. 만약 아무도 죽지 않는다면 유전적 변이, 독창적인 발견, 기술 혁신, 예술 창작품을 새로 태어난 사람에게 전달할 여지도 없을 것이다. 결국 인간의 생물 및 문화적 진화는 필연적으로 정지할 것이다. 루크레티우스는 우리 한 사람 한 사람은 "미래 세대가 성장하도록" 죽어야만 하며 "미래 세대 역시 주어진 삶을 다 살고나면 당신 뒤를 따를 것이다. 이전 세대들도 바로 당신과 같이 사라졌고 앞으로도 사라질 것이다. 따라서 어떤 것에서 또 다른 것이 결코 멈추지 않고 계속 생겨날 것이다. 삶은 누군가의 사유 재산이 아니라 모두가 사용하는 것"이라고 주장했다.

에피쿠로스식 세계에서 하느님은 아담과 이브가 인간 조건의 현실을 의식하지 못한 상태로 남아 있는 편을 선호한다고 보는 대신 에덴동산에서 두 사람에게 루크레티우스의 《사물에 본성에 대하여》

를 이야기할 것이다. 그리고 아담과 이브는 시간의 모래 위에 아무런 발자국을 남기지 않고 덧없이 살다간다 하더라도 기꺼이 그들의 지상 낙원에 살 것이다.

지속되는 죽음의 공포

안타깝게도 논리적인 설명으로 죽음 불안을 제거하려는 에피쿠로스 학파의 노력은 지금까지 전혀 성공을 거두지 못했다. 지난 3천년 동안 사람들은 그리 많이 변하지 않았다. 사람들은 한결같이 죽고 싶어 하지 않고 실제 불멸성 및 상징적 불멸성을 얻고자 노력한다. 햄릿이 '그 어떤 여행자도 돌아가지 않는 미지의 나라'라고 묘사한 죽음은 자의식을 지닌 존재 입장에서는 너무 두려운 대상이다. 죽음 불안은 논리적이지 않겠지만 인간 역시 논리적이지 않다.

인간은 동물이고 다른 모든 생물과 마찬가지로 단명에 저항한다. 죽음에 순순히 따르는 생물은 즉시 유전자 집단에서 퇴출될 것이다. 인간은 생존이 위협 받을 때 공포를 느끼도록 하는 변연계를 비롯하여 생명 유지에 기여하는 다양한 신체 시스템을 갖추고 있다. 위험한 세상에서 살아남으려면 이런 공포심은 꼭 필요하다. 동시에 인간은 대뇌피질 덕분에 자기가 취약한 존재이며 언젠가 반드시 죽을 수밖에 없다는 사실을 알고 있다. 따라서 죽음을 경험할 가능성에 계속해서 대처해야 한다.

죽음 불안을 즉시 몰아낼 수 없다면 죽음 그 자체를 사라지게 하면 어떨까? 만약 우리가 죽지 않는다면 아마 전혀 걱정할 일이 없을 것이다. 아니 있을까? 오브리 드 그레이나 레이 커즈와일과 같은 현대판 불멸주의자들이 삶을 무기한으로 연장하거나 신체 부위를 로봇 부품으로 대체하거나 자신을 플래시 드라이브와 컴퓨터 클라우드에 저장하는 방법을 알아낸다고 하더라도 돌이킬 수 없고 치명적인 결과를 유발하는 무작위 사건과 사고까지 완전히 제거할 수는 없을 것이다. 오늘날에도 비행기 추락 사고로 인한 사망은 누군가의 수명을 몇 십 년이나 앗아간다는 점에서 비극이다. 그러나 방대한 혹은 영원한 수명을 지닌 존재가 항공기 사고로 불탄다면 훨씬 더 긴 수명을 잃게 된다는 점에서 한층 더 무서운 일일 것이다. 아이러니하게도 죽음을 피할 수 있는 세계에서는 죽음 불안이 없어지기는 커녕 더욱 고조될지도 모른다.

이처럼 죽음 불안 혹은 죽음 그 자체를 제거하기가 불가능하고 어쩌면 바람직하지도 않다면 그밖에 무슨 일을 할 수 있겠는가? 이런 점에서 삶과 죽음은 소아마비 치료나 달에 우주선을 보내는 일과 달리 명확한 해결책이 없으며, 각 세대의 사람들이 현존하는 지식, 역사적 조건, 개인 경험에 비추어 고심해야 하는 아주 오래된 문제라고 한 휘트먼의 주장은 아마도 옳을 것이다. 그러나 공포 관리 관점에서 볼 때 우리 저자들은 죽음과 함께 더 잘 살아갈 수 있는 실행 가능한 접근법이 두 가지 있다고 생각한다. 첫째, 생자필멸이라는 현실을 더 잘 알고 수용하기. 둘째, 죽음을 초월한다는 감각을 파괴적이지 않은 방식으로 강화하기가 바로 그것이다.

죽음과 타협하기

알베르 카뮈는 《작가수첩》에서 "죽음과 타협하라. 그러고 나면 어떤 일이든 가능하다"라고 썼다. 머나먼 고대부터 신학자와 철학자(그리고 좀 더 최근 들어서는 심리학자)들은 무의식적인 죽음의 공포가 미치는 파괴적인 영향력을 약화시키고 일상생활에 감사하는 마음을 지니려면 죽을 수밖에 없는 자신의 운명을 수용하는 것이 중요하다고 강조해 왔다.

예를 들어, 훌륭하고 부드러운 당신의 육체가 예전에 존재했던 다른 모든 동물과 인간들이 갔던 미천한 길을 가게 되리라는 노골적인 사실에 당신이 맞서려고 한다고 가정해 보자. 이는 슬프고도 달갑지 않은 일이다. 당신은 어떻게 그 냉정한 현실과 맞설 것인가?

동서고금을 막론하고 사람들은 죽음에 정면으로 맞서는 수많은 방법을 실천해 왔다. 중세시대 수도자들은 인간의 해골을 책상 위에 놓아두었다. 티베트 승려들은 삶의 일시성을 상기하기 위해 인간 해골로 만든 의례용 그릇을 사용했다. 같은 이유로 동서양의 현자들은 관 속 혹은 관 근처에서 잤다. '바르도 퇴돌Bardo Thodol'(현재 《삶과 죽음을 바라보는 티베트의 지혜*Tibetan Book of Living and Dying*》라는 책으로 널리 알려져 있다), 아르테스 모리엔디Artes Moriendi'(잘 죽는 법)와 같은 '안내' 책자 역시 많은 사람들이 이용해 왔다.

루크레티우스를 열렬히 흠모했던 미셸 드 몽테뉴Michel de Montaigne는 1580년에 발표한《철학 학습이란 죽는 법을 배우는 일*That to Study Philosophy Is to Learn to Die*》에서 죽음과 타협하는 법을 소개했다. 몽테뉴에게 죽음이란 피할 수 없고 따라서 맞서야만 하는 적수이다.

> 용감하게 자기 입장을 지키며 이 적과 싸우는 법을 배우자. 죽음이 차지하고 있는 대단히 유리한 지위를 뺏고자 평범한 경로와 상반되는 방도를 취해 보자. 죽음에게서 색다름과 기묘함, 괴이함을 빼앗고 죽음과 이야기를 나누며 스스럼없이 지내보자. 그 무엇보다도 죽음을 더 자주 생각해 보자. 그 어떤 때라도 죽음을 온갖 형태로 상상 속에 그려 보자. 말이 발을 헛디딜 때, 기와가 떨어질 때, 핀에 찔렸을 때 바로 곰곰이 생각해 보고 '음, 이것이 바로 죽음이라면 어떨까?'라고 자문한 다음 스스로를 격려하고 북돋우자. 즐겁게 잔치를 벌이는 가운데에도 항상 연약한 우리 상태를 기억하고 우리 스스로가 지나치게 쾌락에 너무 끌려가게 두지 말고 우리에게는 반성할 잠깐의 여유가 있음을 기억하고 이렇게 우리가 느끼는 즐거움이 얼마나 많은 방법으로 죽음을 지켜보는지, 얼마나 많은 위험 요소로 죽음을 위협하는지 생각해 보자.

죽는다는 예상(그리고 죽음은 불가피하다는 사실)에 친숙해지고자 노력한다면 다음과 같이 말한 몽테뉴의 수준에 이를 수 있다. "나는 언제든지 내가 원하는 만큼 준비 태세를 갖추고 있고, 언제 온다해도 죽음은 내가 훨씬 이전부터 예상했던 것 이외에는 그 어떤 것도 가져오지 못할 것이다." 이에 더해 몽테뉴는 "축제에 질린 손님처럼 인생을 뜨지 않겠는가?"라는 루크레티우스의 조언에 동의하기에 이르렀다.

몽테뉴 시대에서 몇 세기 지난 후, 덴마크 철학자 키에르케고르는 죽음과 타협하는 가장 좋은 방법으로 불안의 학교에 등록할 것을 추천했다. 그는 억제되지 않은 죽음의 공포가 개인 정체성과 모든 신념이 일시적으로 산산이 부서지는 지점까지 의식 속에 들어오도록 허용하라고 제안했다. 이처럼 극도로 취약한 순간에 개인은 '신앙의 도약'을 경험할 수 있으며 키에르케고르의 경우 이는 기독교였다. 불안의 학교를 졸업한다고 해도 죽음 불안을 완전히 제거할 수는 없을 것이다. 그보다는 죽음을 부정하지 않고 마주봄으로써 삶에 더 깊이 감사하고 인류에 더 큰 연민을 느낄 수 있을 것이다.

키에르케고르 이후 등장한 철학자와 신학자 중에서 세상에 존재하는 모든 종교가 이와 동일한 기능을 담당한다고 보는 학자들이 있다. 자신의 죽음과 진지하게 대면하고자 할 때 의례적인 신앙심은 필요하지 않다고 주장하는 실존주의 사상가들도 있다. 하이데거는 각 개인은 자신이 '죽음을 향해 가는 존재'임을 인식해야 하며 모든 사람이 죽음을 맞이한다는 점에서 죽음을 용기 있게 인식하고 수용하는 삶은 필연적으로 개인이 짊어져야 하는 의무라고 주장했다.

영혼과 내세라는 종교적 개념에 깊이 젖어 있는 사회인 경우 좀 더 개방적인 태도로 죽음을 지속적으로 숙고할 수 있을 것이다. 특히 미국인들은 죽음을 생각하고 임종에 대처하는 일을 그저 피하려고만 하며 풍족한 부와 기술 덕분에 죽음의 암시를 비교적 손쉽게 억누를 수 있다. 하지만 서양 문화에서도 죽음과의 타협에 열린 태도를 보이기 시작했다.

1980년 저널리스트 데릭 험프리Derek Humphry가 평화롭고 품위 있게 죽을 권리를 지지하는 법률을 제정하기 위해 헴록 협회Hemlock Society를 설립했다. 2004년 스위스 사회학자 베르나르 크레타Bernard Crettaz는 스위스, 벨기에, 프랑스에서 사회복지사와 사제들의 주최로 커피숍과 레스토랑에 모여 개인들이 편안한 환경에서 죽음에 관해 이야기하는 '죽음의 카페Mortal Cafés'라는 이름의 모임을 조직했다. 2011년에는 존 언더우드Jon Underwood가 '죽음의 카페Death Café'를 영국과 미국에 전했다. 언더우드는 참여자들이 "확실히 죽음에 관해 이야기하고 싶어 하는 사람들입니다. 거의 모든 참여자들이 잠시 동안이라도 죽음과 마주하는 이 모임이 긍정적이고 인생을 충만하게 하는 과정이라고 말합니다"라고 말했다.

삶의 연속성과 동일시하기: 무상 대 초월

자신의 죽음을 평화롭게 받아들이는 일은 분명히 여러 가지 심리적 및 사회적 이득이 따르는 가치 있는 목표이다. 그러나 개인의 존재 너머에까지 영향을 끼칠 정도의 의의가 없다면 그런 마음의 평정을 완전히 습득할 심리적 능력을 갖추기란 불가능하다. 로버트 제이 리프턴Robert Jay Lifton은 《망가진 관계: 죽음과 삶의 연속성에 관하여*The Broken Connection: On Death and the Continuity of Life*》에서 죽음을 초월하는 핵심적인 방법 다섯 가지를 소개했다(그 중 일부는 실제 및 상징적 불멸성을 다룬 장에서 이미 살펴봤다).

첫째, 생물사회적 초월은 자신의 유전자, 역사, 가치, 소유물을 전하거나 무한히 이어지는 혈통 혹은 종족 및 민족 정체성과 동일시하는 행동을 통해 미래 세대와 연결됨으로써 얻을 수 있다.

둘째, 신학적 초월은 영혼에 대한 믿음과 실제 불멸성을 수반한다. 또한 생명력과 영적으로 연결된다는 상징적인 의미일 수도 있다.

셋째, 창조적 초월은 혁신과 예술, 과학, 기술 등으로 미래 세대에 기여함으로써 획득할 수 있다.

넷째, 자연적 초월은 모든 생명체, 자연, 심지어 우주와 동일시하는 것이다. 찰스 린드버그는 결국 이 방법으로 마음의 평화를 찾았다. 린드버그가 죽음의 공포에 사로잡혀 삶의 대부분을 실제 불멸성을 다급히 추구하느라 보냈다는 사실을 기억해 보라. 그러나 그는 아프리카를 방문하면서 심경의 변화를 겪었고 자연적 불멸성을 받아들였다. "아프리카 평원에서 뛰노는 야생동물을 볼 때 내가 생각하던 문명의 가치는 삶이 죽음의 필연성을 받아들인 시간을 초월한 광경에 무너진다. 각각의 동물이 불멸하는 생명의 흐름을 생생히 보여주는 필멸의 존재로 보인다. 인간이 자기가 태어날 때부터 가지고 있었다는 사실을 깨닫지 못한 채 수세기 동안 그토록 맹목적으로 찾아 헤맨 영원한 삶은 죽음 속에 있다."

마지막으로, 경험적 초월은 경외감과 영원함이라는 감각을 수반한다는 특징이 있다. 명상, 다양한 문화 의식, 몰입하는 감각, 사색과 기쁨에 몰두하는 감각을 제공하는 활동을 비롯하여 특정한 약물도 이런 경험을 불러일으킬 수 있다. 이런 경험적 상태는 자녀와 함께 놀 때나 종교 의례에 참여할 때, 창조 활동에 몰두할 때, 자연 세계에 심취할 때 가장 큰 성취감을 안겨준다.

문화적 세계관:
진퇴양난

이러한 죽음 초월 방식은 모두 문화를 근거로 구성된 사물 체계에 입각하고 있으며 그중에는 좀 더 건설적인 방법으로 죽음을 초월하는 길로 인도하는 문화적 세계관이 존재한다. 그렇다면 이제는 베커의 말처럼 "삶을 충만하게 하는 환상은 무엇일까?"가 관건이다.

1941년 작 고전 공포 영화 〈늑대 인간〉에서 늑대 인간의 아버지 존 탤벗 경은 인생에 접근하는 두 가지 서로 다른 방식을 설명한다.

> 어떤 사람들에게 인생이란 무척 단순하다. 그들은 이것은 좋고 저것은 나쁘며 이것은 그르고 저것을 옳다고 결정한다. 그름 안에 옳음은 존재하지 않고 나쁨 안에 좋음은 존재하지 않으며 음영과

회색은 존재하지 않고 흑과 백만이 존재한다. … 또 다른 사람들은 좋고 나쁨, 옳고 그름은 다양한 측면을 지닌 복잡한 가치라고 본다. 이들은 모든 측면을 보려고 노력하지만 많이 보면 볼수록 점점 더 확신이 사라진다.

이런 관점들은 서로 다른 두 가지 세계관을 반영한다. 우리 저자들은 둘 중 하나는 '절벽rock', 나머지 하나는 '소용돌이hard place'이라고 부른다. '절벽'은 실제 및 상징적 불멸성을 획득하기 위한 명쾌한 처방을 알려주는 흑백 논리의 사물 체계이다. 유감스럽게도 절벽 관점을 고수하는 많은 사람들이 자기의 신념이 절대 진리라고 선언하고 자신은 선과 악을 분명하게 구별할 수 있다고 주장한다. 근본주의, 파시즘, 공산주의, 일부 자유 시장 자본주의와 같은 '주의主義'는 절벽 관점이다. 개신교 신학자 폴 틸리히Paul Tillich는 모든 '주의'에 내재된 근본적인 문제가 그들의 방식이 '유일한 방식'이라고 착각하고 있다는 점이라고 지적하면서 "주의는 해당 주의의 신화와 교리, 의례와 규율을 궁극이라고 규정하고 이를 지키지 않는 사람들을 박해한다"라고 주장한다.

절벽 세계관은 의미, 자존감, 불멸성의 근거를 분명하고 단순하게 제공하기 때문에 그 세계관에 대한 믿음을 유지하고 그 안에서 가치 있다고 느끼는 사람들에게 심리적 안정감을 제공한다. 히틀러 유겐트(나치가 만든 청소년 조직-옮긴이) 대원이었던 헨리 메텔만Henry Metelmann은 "굉장한 느낌이었다. 다시 자신감을 찾아가는 위대한 국가에 속한 기분이었다. 훌륭한 지도자들이 독일을 이끌고 있었고 나는 강한 독일 건설에 일조하고자 했다"라고 회상했다.

용감하게 악을 무찌르는 일은 초월감을 느끼기에 정말 좋은 방법이고 이는 나치에 국한되지 않는다. 19세기에 토머스 매콜리Thomas Macaulay가 쓴 유명한 시 〈고대 로마의 노래*Lays of Ancient Rome*〉는 이런 정서를 보여주는 전형적인 예이다.

> 그때 용감한 호라티우스
> 성문의 수문장이 말했다.
> "이 땅에 존재하는 모든 이에게
> 죽음은 조만간 찾아온다.
>
> 그렇다면 선조가 남긴 유해와
> 신들을 모시는 사원을 지키기 위해
> 두려운 강적에 맞서다가
> 죽는 것보다 더 고귀한 죽음이 있겠는가."

이처럼 죽을 운명을 호기롭게 인정하는 태도는 설득력을 지니지만 조상의 유해와 신들의 사원을 지킨다는 이유는 어쩌면 모든 인간의 동기를 다 합친 것보다 더 많은 잔혹 행위와 살인으로 이어질 수도 있다. 그 이유는 무엇일까? 이는 절벽 유형의 세계관이 우리가 앞에서 살펴본 바와 같이 증오를 키우고 집단 간 갈등을 악화시키는

'우리 대 그들' 종족 사고방식을 조장하는 경향을 띠기 때문이다.

절벽 세계관의 대안은 '소용돌이' 세계관이다. 이는 애매모호함을 수용하고 모든 신념은 어느 정도 불확실성을 내포한다고 인정하는 인생관이다. 소용돌이 세계관은 융통성을 지닌다. 소용돌이 세계관을 지지하는 사람들은 본인의 신념과 가치를 진지하게 받아들이지만 다른 생각에도 귀 기울이며 자기 생각만이 유일한 진실이라고 주장하지 않는다. 그들은 옳음과 그름, 선과 악을 항상 정확히 구분할 수 없다는 것을 인정한다. 결과적으로 그들은 자기와 다른 사람들에게 좀 더 관용적인 태도를 취한다.

소용돌이 세계관은 의미와 가치를 인간이 만들어낸 산물의 하나라고 인정한다. 인간은 각자 경험의 일부로 자기가 살고 있는 현실을 구성하고 그 현실에 대처하면서 맞닥뜨리는 발상 및 '진실'과 결합한다. 어쩌면 세상에는 궁극적인 의미와 진실이 존재할 수도 있지만 우리의 감각 기관, 지능, 문화적 장애물로 인한 한계가 의식을 제약하기 때문에 결코 완전히 이해할 수는 없다. 이것은 혼란스러운 깨달음이지만 동시에 자유로운 깨달음이기도 하다. 우리는 타인이 우리에게 주입한 현실에 대한 통찰을 수용하지 않아도 된다. 도리어 인생에서 얻을 수 있는 바를 극대화하고 다른 사람들에게 끼칠 수 있는 해악을 최소화하는 의미를 만들고자 노력하면 된다.

'소용돌이'는 의미, 자존감, 불멸성이 결코 명료하게 확실하지 않기 때문에 심리학 관점에서 말할 때 고수하기 힘든 태도이다. 불안이 엄습한다. 죽음의 공포가 희미하고 집요한 불편함으로 나타난다.

소용돌이 속에 사는 사람들은 약물과 알코올을 통한 자기 치료, 대량소비와 경솔한 쾌락주의를 통한 방종, 의심쩍은 서적, 뉴에이지 전문가, 유행하는 종교를 통한 자력 구제에서 위안을 구하는 경우가 많다.

이렇게 우리는 진퇴양난에 놓여 있다. 절벽 세계관은 심리적 안정감을 주지만 악의 세계를 제거하려는 독선적 개혁 운동의 희생자에게 끔찍한 피해를 입힌다. 소용돌이 세계관은 연민이 넘치는 세계관이지만 죽음 불안을 완화하기에는 역부족이다. 어떻게 해서든 우리는 절벽 세계관처럼 심리적 안정감을 주면서도 동시에 소용돌이 세계관처럼 관용과 애매모호함의 수용을 장려하는 세계관을 만들어야 한다.

최후에 대한 마지막 생각

죽음과 타협하라. 언젠가 죽을 수밖에 없는 존재라는 사실은 무섭기는 하지만 동시에 우리에게 용기, 연민, 그리고 미래 세대를 배려하는 마음을 불어넣음으로써 삶을 숭고하게 만든다. 의미와 가치, 사회적 관계, 영성, 개인적 성취, 자연과 동일시, 순간적인 초월 경험을 자기 나름대로 잘 조합함으로써 영원히 지속될 의미를 찾으라. 이런 방도를 제공하는 문화적 세계관을 장려하고 불확실성 및 자기와 다른 신념을 품은 사람에게 관용을 베풀라.

고대의 지혜는 당대 과학으로 강화됐다. 그러나 이런 생각이 가까운 미래에 일어날 인간사의 경로를 바꿨을 가능성이 있을까? 인간이 예측불가능하고 비극적이고 괴기스러운 세계에 사는 덧없는 존재라는 사실을 생각할 때 고통과 갈등은 십중팔구 계속될 것이고 어쩌면 인간이 자멸하는 지점에 이를지도 모른다.

우리는 에덴동산으로 돌아갈 수 없다. 사실 단 한 번도 그곳에 있었던 적이 없다. 그러나 죽음의 인식이 미치는 영향력에 대해 우리가 지금 알고 있는 지식은 삶을 더 잘 살 수 있는 방법에 대한 실마리를 제공할 수도 있다. 우리 저자들은 이 책에서 제시한 아이디어들이 당신 자신과 당신이 살고 있는 세계를 이해하기 위한 단초가 될 것이라고 생각한다. 또한 죽음에 대한 의식적 및 무의식적 생각이 어떻게 불운한 심리적 및 행동적 방어를 부추기는지 이해함으로써 변화를 꾀하기를 희망한다. 이를 통해 당신은 자의로 어떤 선택을 하고 행동을 취할 수 있을 것이다.

당신은 두려운 마음에 행동하고 있는가, 아니면 타인에 의해 그렇게 하도록 조종당하고 있는가? 당신은 완고한 방어 본능에 따라 움직이는가, 아니면 인생에서 정말로 소중히 여기는 목표를 위해 움직이고 있는가? 당신은 죽음의 공포에 대처하려는 당신의 노력이 상대방에게 어떤 영향을 미치는지 고려하고 있는가? 이런 의문을 제기하고 이에 답함으로써 우리는 아마도 더 즐거운 삶을 누리고 주변 사람들의 삶도 풍요롭게 만들어 줄 수 있을 것이다.

우리 저자들은 30년 이상 공동으로 연구해 온 결과물을 이 책에 담았다. 우리는 수많은 동료, 이전 및 현재 학생들, 그리고 일에서나 사생활에서나 우리 삶을 무척이나 풍요롭게 해 주는 동시에 특히 삶에서 죽음 인식의 역할을 이론적으로나 실증적으로 한층 더 깊게 이해할 수 있도록 해 준 우리 학생들의 학생들에게 감사 인사를 전하고 싶다.

우리의 친구이자 동료인 제이미 골든버그와 제이미 아른트에게 특별히 감사드린다. 이들의 연구는 제8장부터 제10장에 걸쳐 소개되었다. 이 두 사람 외에도 감사함을 전해야 할 사람이 정말 많다. 이 지면을 빌어 소개하고자 한다. 존 앨런, 알리사베스 아야스, 잭 브렘, 마이크 브레우스, 브라이언 버크, 존 벌링, 임마누엘 카스타노, 스티븐 케이브, 스티브 채플린, 아르망 샤타르, 플로레트 코헨, 캐시 콕스, 데이비드 컬리어, 마크 데센, 서맨사 다우드, 셸리 듀발, 게리 얼착, 빅터 플로리안, 이모 프리체, 마이클 할로란, 에디 하몬 존스, 조시 하트, 조 헤이스, 네이선 헤플릭, 길라드 힐쉬베르거, 니콜라스 험프리, 데바 요나스, 펠린 케세버, 샌더 쿨, 스피 코슬로프, 마크 랜도, 조엘 리버먼, 대니얼 리치, 우리 리프신, 뎁 라이언, 앤디 마틴스, 몰리 맥스필드, 사이먼 매케이브, 섀넌 매코이, 홀리 맥그리거, 마리오 미쿨린서, 매트 모틸, 밸푸어 마운트, 랜돌프 옥스만, 헤더 오마헨, 제리 피븐, 마커스 퀴린, 토미-앤 로버츠, 에이브럼 로젠블랫, 자크 로젠펠드, 클레이 러트리지, 바스티안 뤼트옌스, 마이크 살즈먼, 제프 쉬멜, 미셸 시, 레일라 세림베고비치, 린다 사이먼, 멜리사 쇤케, 에릭 스트라찬, 대니얼 '설리' 설리반, 오리트 타우브먼-벤-아리, 켄 베일, 매트 베스, 타일러 볼크, 데이브 위즈, 밥 위클런드, 토드 윌리엄스에게 고마움을 전한다.

또한 우리 저자들이 어니스트 베커의 사상을 유지하고 계승할 수 있도록 우리의 공포 관리 이론 및 연구를 20년 이상 재정적, 지적으로 뒷받침해 준 닐 엘지와 어니스트 베커 재단에게 심심한 감사의 마음을 전한다. 어니스트 베커와 공포 관리 이론을 다뤘으며 상을 수상하기도 한 다큐멘터리 영화 〈죽음으로부터의 도피*Flight from Death: The Quest for Immortality*〉를 만들고 영화의 장면을 이 책에 사용하도록 흔쾌히 허락해 준 영화감독 패트릭 쉔과 그렉 베닉에게 감사한다. 또한 W. H. 오든의 시 '문화의 추정*The Cultural Presupposition*' 중 일부를 전재하도록 허락해 준 랜덤하우스 출판사, 《아동기와 그 이후 죽음의 발견*The Discovery of Death in Childhood and After*》 중에서 실비아 앤서니가 아이들 및 엄마들과 나눈 인터뷰 중 일부를 전재하도록 허락해 준 베이직북스 출판사, 당인이 그린 〈몽선초당도〉의 전재를 허락해 준 스미스소니언 박물관에 고마움을 전한다.

덧붙여 우리 연구를 재정적으로 지원해 준 국립 과학 재단(특히 리스베스 닐슨에게 감사한다)과 존 템플턴 재단(특히 존 마틴 피셔에게 감사한다)에도 고마운 마음을 전한다. 우리가 연구하고 집필하는 데 필요한 자유와 자원을 누리도록 적절한 학술 환경을 마련해 준 스키드모어 대학, 애리조나 대학, 콜로라도 대학 콜로라도 스프링스 캠퍼스, 그리고 이들 학교를 진정한 고등교육기관으로 만들어 나가는 많은 사람들에게 감사의 인사를 전한다.

우리의 멋진 에이전트인 질 니어림과 니어림 윌리엄 앤 블룸 출판 에이전시 직원들(특히 호프 데네캄프)에게 심심한 감사와 찬사를 표한다. 이 책은 변함없이 집필을 독려하고 지혜롭게 이끌어주며 열의를 보여준 니어림 덕분에 빛을 볼 수 있었다. 또한 우리가 많은 독자에게 전달할 가치 있는 아이디어를 갖고 있다는 니어림의 믿음에 공감하고 우리가 제대로 쓸 때까지 원고를 고쳐 쓰도록 단호하게 독려한 랜덤하우스 선임 편집자 윌 머피에게도 고마움을 전한다. 날카로운 피드백을 해준 보조 편집자 미카 카스가, 그리고 에반 캠필드를 비롯한 랜덤하우스 편집팀 전체에게 감사 인사를 전한다. 배경 조사를 도와주고 구상에 일부 기여했으며 문체, 특히 연구의 서술이 한층 더 생생하고 흥미롭게 전개되도록 충고를 아끼지 않은 브로닌 프라이어에게도 감사를 전한다.

마지막으로 우리 부모님, 배우자, 자녀들에게 감사한다. 블랜시 솔로몬과 프랭크 솔로몬, 모린 모나한, 루비 솔로몬과 샘 솔로몬, 머레이, 에디스, 리즈, 조너선, 카밀라 그린버그, 토머스 피진스키, 메리 앤 피터색, 웬디 마투셰프스키, 마리아 미진스키. 가족들의 사랑과 성원 덕분에 우리가 이 책을 낼 수 있었다. 가족은 평생에 걸쳐 우리에게 "죽음이 아니라 삶이야말로 위대한 모험이다"라는 셔우드 앤더슨의 묘비명을 깨우쳐 줬다.

서문

Ernest Becker, *The Birth and Death of Meaning: An Interdisciplinary Perspective on the Problem of Man,* 2nd ed. (New York: Free Press, 1971), vii.

Keen, "Beyond Psychology," 219.

Sam Keen, "Beyond Psychology: A Conversation with Ernest Becker," in Daniel Liechty, ed., *The Ernest Becker Reader* (Seattle: University of Washington Press, 2005), 219, reprinted from "The Heroics of Everyday Life: A Conversation with Ernest Becker by Sam Keen," *Psychology Today,* April 1974, 71–80.

William James, *The Varieties of Religious Experience: A Study in Human Nature* (New York: Mentor, 1958; first published 1902), 121.

1장 죽음의 공포 관리하기

A. Rosenblatt, J. Greenberg, S. Solomon, T. Pyszczynski, and D. Lyon, "Evidence for Terror Management Theory I: The Effects of Mortality Salience on Reactions to Those Who Violate or Uphold Cultural Values," *Journal of Personality and Social Psychology* 57, no. 4 (1989), 681–90, doi:10.1037/0022-3514.57.4.681.

J. Greenberg, L. Simon, E. Harmon-Jones, S. Solomon, T. Pyszczynski, and D. Lyon, "Testing Alternative Explanations for Mortality Salience Effects: Terror Management, Value Accessibility, or Worrisome Thoughts?" *European Journal of Social Psychology* 25, no. 4 (1995), 417–33, doi:10.1002/ejsp.2420250406.

J. Greenberg, S. Solomon, and J. Arndt, "A Basic but Uniquely Human Motivation: Terror Management," in J. Y. Shah and W. L. Gardner, eds., *Handbook of Motivation Science* (New York: Guilford Press, 2008), 114–34.

J. Greenberg, T. Pyszczynski, S. Solomon, and A. Rosenblatt, "Evidence for Terror Management Theory II: The Effects of Mortality Salience on Reactions to Those Who Threaten or Bolster the Cultural Worldview," *Journal of Personality and Social Psychology* 58, no. 2 (1990), 308–18, doi:10.1037/0022-3514.58.2.308.

Juliane Koepcke and Piper Verlag, *When I Fell from the Sky* (New York: Titletown Publishing, 2011). Her story was made into a documentary (*Wings of Hope*) by the German filmmaker Werner Herzog, who had unsuccessfully tried to board the same doomed flight.

Otto Rank, *Truth and Reality* (New York: Norton, 1978; first published 1936), 4.

Vladimir Nabokov, *Speak, Memory: A Memoir* (New York: Putnam, 1966; first published 1951 by Grosset and Dunlap), 1.

W. H. Auden, "The Cultural Presupposition," in *The Collected Poetry of W. H. Auden* (New York: Random House, 1945), 46.

2장 사물 체계

Allen Wheelis, *The Scheme of Things* (New York: Harcourt Brace Jovanovich, 1980), 69, 72, 73.

C. DeWall and R. Baumeister, "From Terror to Joy: Automatic Tuning to Positive Affective Information Following Mortality Salience," *Psychological Science* 18, no. 11 (2007), 984–90, doi:10.1111/j.1467-9280.2007.02013.x.

E. Castano, V. Yzerbyt, M. Paladino, and S. Sacchi, "I Belong, Therefore I Exist: Ingroup Identification, Ingroup Entitativity, and Ingroup Bias," *Personality and Social Psychology Bulletin* 28, no. 2 (2002), 135–43, doi:10.1177/0146167202282001.

E. de Selincourt and H. Darbishire, eds., *The Poetical Works of William Wordsworth* (Oxford: Clarendon Press, 1947), 463.

E. Jonas, I. Fritsche, and J. Greenberg, "Currencies as Cultural Symbols: An Existential Psychological Perspective on Reactions of Germans Toward the Euro," *Journal of Economic Psychology* 26, no. 1 (2005), 129–46, doi:10.1016/j.joep.2004.02.003.

Ernest Becker, *The Denial of Death* (New York: Free Press, 1973), 25.

Harry F. Harlow, "The Nature of Love," *American Psychologist* 13 (1958), 573–685.

http://en.wikipedia.org/wiki/William_Harvey_Carney.

Irvin Yalom, *Existential Psychotherapy* (New York: Basic Books, 1980).

J. Greenberg, L. Simon, J. Porteus, T. Pyszczynski, and S. Solomon, "Evidence of a Terror Management Function of Cultural Icons: The Effects of Mortality Salience on the Inappropriate Use of Cherished Cultural Symbols," *Personality and Social Psychology Bulletin* 21, no. 11 (1995), 1221–28, doi: 10.1177/01461672952111010.

J. Greenberg, T. Pyszczynski, S. Solomon, L. Simon, and M. Breus, "Role of Consciousness and Accessibility of Death-Related Thoughts in Mortality Salience Effects," *Journal of Personality and Social Psychology* 67, no. 4 (1994), 627–37, retrieved from http://www.ncbi.nlm.nih.gov/pubmed/7965609.

J. Schimel, J. Hayes, T. Williams, and J. Jahrig, "Is Death Really the Worm at the Core? Converging Evidence That Worldview Threat Increases Death-Thought Accessibility," *Journal of Personality and Social Psychology* 92, no. 5 (2007), 789–803, doi:10.1037/0022-3514.92.5.789.

James Joyce, *Portrait of the Artist as a Young Man* (Wilder Publications, 2011; first published 1916), 4–5.

Jean Piaget, *The Language and Thought of the Child,* 3rd ed., translated by M. Gabain (London: Routledge and Kegan Paul, 1959; first published 1926).

John Bowlby, *Attachment and Loss,* vol. 1, *Attachment* (New York: Basic Books, 1969).

R. Lapouse and M. Monk, "Fears and Worries in a Representative Sample of Children," *American Journal of Orthopsychiatry* 29 (1959), 803–13.

Stephen J. Gould, *Dinosaur in a Haystack: Reflections in Natural History* (New York: Three Rivers Press, 1997; first published 1995), 369.

Sylvia Anthony, *The Discovery of Death in Childhood and After* (New York: Basic Books, 1972; first published 1940), 139, 154, 157, 158

V. Florian and M. Mikulincer, "Terror Management in Childhood: Does Death Conceptualization Moderate the Effects of Mortality Salience on Acceptance of Similar and Different Others?" *Personality and Social Psychology Bulletin* 24, no. 10 (1998), 1104–12, doi:10.1177/01461672982410007.

3장 자존감, 굽히지 않는 용기의 토대

Alan Schwarz, "A Disabled Swimmer's Dream, a Mother's Fight," *New York Times*, June 18, 2008, retrieved from http://www.nytimes.com/2008/06/18/sports/othersports/18swimmer.html?pagewanted=all&_r=0.

Arthur Miller, *Death of a Salesman,* http://www.pelister.org/literature/ArthurMiller/Miller_Salesman.pdf, 100.

B. J. Bushman and R. F. Baumeister, "Threatened Egotism, Narcissism, Self-esteem, and Direct and Displaced Aggression: Does Self-love or Self-hate Lead to Violence?" *Journal of Personality and Social Psychology* 75, no. 1 (1998), 219–29, doi:10.1037/0022-3514.75.1.219.

C. H. Jordan, S. J. Spencer, M. P. Zanna, E. Hoshino-Browne, and J. Correll, "Secure and Defensive High Self-esteem," *Journal of Personality and Social Psychology* 85, no. 5 (2003), 969–78, doi:10.1037/0022-3514.85.5.969.

Carol Pogash, "Free Lunch Isn't Cool, So Some Students Go Hungry," *New York Times,* March 1, 2008, retrieved from http://www.nytimes.com/2008/03/01/education/01lunch.html?pagewanted=all&_r=0.

D. H. Bennett and D. S. Holmes, "Influence of Denial (Situation Redefinition) and Projection on Anxiety Associated with Threat to Self-esteem," *Journal of Personality and Social Psychology* 32, no. 5 (1975), 915–21, doi:10.1037/0022-3514.32.5.915; T. G. Burish and B. K. Houston, "Causal Projection, Similarity Projection, and Coping with Threat to Self-esteem," *Journal of Personality* 47, no. 1 (1979), 57–70, doi:10.1111/j.1467-6494.1979.tb00614.x.

D. M. Ogilvie, F. Cohen, and S. Solomon, "The Undesired Self: Deadly Connotations," *Journal of Research in Personality* 42, no. 3 (2008), 564–76, doi:10.1016/j.jrp.2007.07.012.

Dan Buettner, *The Blue Zones: Lessons for Living Longer from the People Who've Lived the Longest* (Washington, D.C.: National Geographic, 2008).

E. Harmon-Jones, L. Simon, J. Greenberg, T. Pyszczynski, S. Solomon, and H. McGregor, "Terror Management Theory and Self-Esteem: Evidence That Increased Self-esteem Reduces Mortality Salience Effects," *Journal of Personality and Social Psychology* 72, no. 1 (1997), 24–36, doi:10.1037/0022-3514.72.1.24.

Ernest Becker, *The Birth and Death of Meaning: An Interdisciplinary Perspective on the Problem of Man,* 2nd ed. (New York: Free Press, 1971), 67.

Ernest Becker, *The Birth and Death of Meaning: An Interdisciplinary Perspective on the*

Problem of Man, 2nd ed. (New York: Free Press, 1971), 75.

Gilbert Herdt, *Guardians of the Flutes: Idioms of Masculinity* (New York: McGraw-Hill, 1981).

H. J. Peters, J. Greenberg, J. M. Williams, and N. R. Schneider, "Applying Terror Management Theory to Performance: Can Reminding Individuals of Their Mortality Increase Strength Output?" *Journal of Sport and Exercise Physiology* 27, no. 1 (2005), 111–16.

J. Greenberg, S. Solomon, T. Pyszczynski, A. Rosenblatt, J. Burling, D. Lyon, L. Simon, and E. Pinel, "Why Do People Need Self-Esteem? Converging Evidence That Self-esteem Serves an Anxiety-Buffering Function," *Journal of Personality and Social Psychology* 63, no. 6 (1992), 913–22, doi:10.1037/0022-3514.63.6.913.

J. Hayes, J. Schimel, E. H. Faucher, and T. J. Williams, "Evidence for the DTA Hypothesis II: Threatening Self-esteem Increases Death-Thought Accessibility," *Journal of Experimental Social Psychology* 44, no. 3 (2008), 600–613, doi:10.1016/j.jesp.2008.01.004.

J. L. Goldenberg, S. K. McCoy, T. Pyszczynski, J. Greenberg, and S. Solomon, "The Body as a Source of Self-esteem: The Effect of Mortality Salience on Identification with One's Body, Interest in Sex, and Appearance Monitoring," *Journal of Personality and Social Psychology* 79, no. 1 (2000), 118–30, doi:10.1037/0022-3514.79.1.118.

K. A. Fanti and E. R. Kimonis, "Bullying and Victimization: The Role of Conduct Problems and Psychopathic Traits," *Journal of Research on Adolescence* 22, no. 4 (2012), 617–31, doi:10.1111/j.1532-7795.2012.00809.x.

M. A. Johnson, "Gunman Sent Package to NBC News," 2007, retrieved from http://www.nbcnews.com/id/18195423/page/2/#.VA4N5_PD9Mw.

M. A. Milkie, "Social Comparisons, Reflected Appraisals, and Mass Media: The Impact of Pervasive Beauty Images on Black and White Girls' Self Concepts," *Social Psychology Quarterly* 62, no. 2 (1999), 190–210, doi:10.2307/2695857 (quote from p. 200).

M. B. Salzman, "Cultural Trauma and Recovery: Perspectives from Terror Management Theory," *Trauma, Violence, and Abuse* 2, no. 2 (2001), 172–91, doi:10.1177/1524838001002002005.

M. Donnellan, K. H. Trzesniewski, R. W. Robins, T. E. Moffitt, and A. Caspi, "Low Self-esteem Is Related to Aggression, Antisocial Behavior, and Delinquency," *Psychological Science* 16, no. 4 (2005), 328–35, doi:10.1111/j.0956-7976.2005.01535.x., doi:10.1111/j.0956-7976.2005.01535.x; T. D'Zurilla, E. C. Chang, and L. J. Sanna, "Self-esteem and Social Problem Solving as Predictors of Aggression in College Students," *Journal of Social and Clinical Psychology* 22, no. 4 (2003), 424–40, doi:10.1521/jscp.22.4.424.22897; L. Krabbendam, I. Janssen, M. Bak, R. V. Bijl, R. de Graaf, and J. van Os, "Neuroticism and Low Self-esteem as Risk Factors for Psychosis," *Social Psychiatry and Psychiatric Epidemiology* 37, no. 1 (2002), 1–6, doi:10.1007/s127-002-8207-y; A. Laye-Gindhu and K. A. Schonert-Reichl, "Nonsuicidal Self-harm Among Community Adolescents: Understanding the 'Whats' and 'Whys' of Self-harm," *Journal of Youth and Adolescence* 34, no. 5 (2005), 447–57, doi:10.1007/s10964-005-7262-z; P. M. Lewinsohn, P. Rohde, and J. R. Seeley, "Psychosocial Risk Factors for Future

Adolescent Suicide Attempts," *Journal of Consulting and Clinical Psychology* 62, no. 2 (1994), 297–305, doi:10.1037/0022-006X.62.2.297; T. E. Lobel and I. Levanon, "Self-esteem, Need for Approval, and Cheating Behavior in Children," *Journal of Educational Psychology* 80, no. 1 (1988), 122–23, doi:10.1037/0022-0663.80.1.122; R. McGee and S. Williams, "Does Low Self-esteem Predict Health Compromising Behaviours Among Adolescents?" *Journal of Adolescence* 23, no. 5 (2000), 569–82, doi:10.1006/jado.2000.0344; R. Rodrı́iguez-Villarino, M. Gonzáalez-Lorenzo, ÁA. Fernáandez-Gonzáalez, M. Lameiras-Fernáandez, and M. L. Foltz, "Individual Factors Associated with Buying Addiction: An Empirical Study," *Addiction Research and Theory* 14, no. 5 (2006), 511–25, doi:10.1080/16066350500527979; M. Rosario, E. W. Schrimshaw, and J. Hunter, "A Model of Sexual Risk Behaviors Among Young Gay and Bisexual Men: Longitudinal Associations of Mental Health, Substance Abuse, Sexual Abuse, and the Coming-Out Process," *AIDS Education and Prevention* 18, no. 5 (2006), 444–60, doi:10.1521/aeap.2006.18.5.444; D. Stinson, C. Logel, M. P. Zanna, J. G. Holmes, J. J. Cameron, J. V. Wood, and S. J. Spencer, "The Cost of Lower Self-esteem: Testing a Self-and Social-Bonds Model of Health," *Journal of Personality and Social Psychology* 94, no. 3 (2008), 412–28, doi:10.1037/0022-3514.94.3.412; K. H. Trzesniewski, M. Donnellan, T. E. Moffitt, R. W. Robins, R. Poulton, and A. Caspi, "Low Self-esteem During Adolescence Predicts Poor Health, Criminal Behavior, and Limited Economic Prospects During Adulthood," *Developmental Psychology* 42, no. 2 (2006), 381–90, doi:10.1037/0012-1649.42.2.381; V. R. Wilburn and D. E. Smith, "Stress, Self-esteem, and Suicidal Ideation in Late Adolescents," *Adolescence* 40, no. 157 (2005), 33–45; L. G. Wild, A. J. Flisher, A. Bhana, and C. Lombard, "Associations Among Adolescent Risk Behaviours and Self-esteem in Six Domains," *Journal of Child Psychology and Psychiatry* 45, no. 8 (2004), 1454–67, doi:10.1111/j.1469-7610.2004.00330.x.

O. Ben-Ari, V. Florian, and M. Mikulincer, "The Impact of Mortality Salience on Reckless Driving: A Test of Terror Management Mechanisms," *Journal of Personality and Social Psychology* 76, no. 1 (1999), 35–45, doi:10.1037/0022-3514.76.1.35.

Philip Kennicott, "Yo-Yo Ma, a Virtuoso at More Than the Cello," *Washington Post,* December 2, 2007, retrieved from http://www.washingtonpost.com/lifestyle/style/yo-yo-ma-a-virtuoso-at-more-than-the-cello/2011/11/22/gIQAkvNnKO_story.html.

R. F. Paloutzian, J. T. Richardson, and L. R. Rambo, "Religious Conversion and Personality Change," *Journal of Personality* 67, no. 6 (1999), 1047–79, doi:10.1111/1467-6494.00082.

R. Fournier and S. Quinton, "How Americans Lost Trust in Our Greatest Institutions," *The Atlantic,* April 20, 2012, retrieved from http://www.theatlantic.com/politics/archive/2012/04/how-americans-lost-trust-in-our-greatest-institutions/256163/.

S. Solomon, J. Greenberg, and T. Pyszczynski, "A Terror Management Theory of Self-Esteem," in C. R. Snyder and D. Forsyth, eds., *Handbook of Social and Clinical Psychology: The Health Perspective* (New York: Pergamon Press, 1991), 21–40.

Tom O'Neill, "Untouchable," *National Geographic,* June 2003, retrieved from http://ngm.nationalgeographic.com/features/world/asia/india/untouchables-text.

William James, *Principles of Psychology* (1890), retrieved from http://www.archive.org/stream/theprinciplesofp01jameuoft/theprinciplesofp01jameuoft_djvu.txt.

"Ted Kennedy and Health Care Reform," *Newsweek,* July 2009, retrieved from http://www.newsweek.com/ted-kennedy-and-health-care-reform-82011?piano_t=1.

4장 호모 모르탈리스

About oldest known cave paintings in the world: Recent studies in Spain with more accurate dating techniques suggest that some cave paintings are at least forty thousand years old. A.W.G. Pike, D. L. Hoffmann, M. Garcíia-Diez, P. B. Pettitt, J. Alcolea, R. De Balbíin, C. Gonzáalez-Sainz, C. de las Heras, J. A. Lasheras, R. Montes, and J. Zilhãao, "U-Series Dating of Paleolithic Art in 11 Caves in Spain," *Science* 336, no. 6087 (2012), 1409–13, doi:10.1126/science.1219957.

Ajit Varki and Danny Brower, *Denial: Self-deception, False Beliefs, and the Origins of the Human Mind* (New York: Twelve, 2013).

Ajit Varki, "Human Uniqueness and the Denial of Death," *Nature* 460, no. 7256 (2009), 684, doi:10.1038/460684c.

Alfonso Ortiz, *The Tewa World: Space, Time, Being, and Becoming in a Pueblo Society* (Chicago: University of Chicago Press, 1969).

David Lewis-Williams, *The Mind in the Cave* (London: Thames and Hudson, 2002), 209–10.

David Lewis-Williams, *The Mind in the Cave* (London: Thames and Hudson, 2002).

David Sloan Wilson, *Darwin's Cathedral: Evolution, Religion, and the Nature of Society* (Chicago: University of Chicago Press, 2002).

Dissanayake, *Homo Aestheticus.*

E. O. Wilson, *Consilience: The Unity of Knowledge* (New York: Alfred A. Knopf, 1998).

E. O. Wilson, *The Social Conquest of Earth* (New York: Liveright Publishing Corporation, 2012) for an overview of important mammalian and primate adaptations leading up to bipedalism.

Ellen Dissanayake, *Homo Aestheticus: Where Art Comes From and Why* (Seattle: University of Washington Press, 1995; first published 1992).

Ernest Becker, *Escape from Evil* (New York: Free Press, 1975), 7, 102–3.

Ernest Becker, *The Birth and Death of Meaning: An Interdisciplinary Perspective on the Problem of Man,* 2nd ed. (New York: Free Press, 1971), 19.

Examples from Harrison, *Ancient Art and Ritual.*

F. Cohen, D. Sullivan, S. Solomon, J. Greenberg, and D. M. Ogilvie, "Finding Everland: Flight Fantasies and the Desire to Transcend Mortality," *Journal of Experimental Social Psychology* 47, no. 1 (2010), doi:10.1016/j.jesp.2010.08.013.

Friedrich Nietzsche, *The Gay Science,* translated by Walter Kaufmann (New York: Vintage

Books/Random House, 1974; first published 1882), 299.

George Bernard Shaw, *Back to Methuselah,* 1921, http://www.gutenberg.org/files/13084/13084-8.txt.

Grant Allen, *The Evolution of the Idea of God: An Inquiry into the Origins of Religions* (Escondido, Calif.: Book Tree, 2000; first published 1897).

http://www.smithsonianmag.com/history/gobekli-tepe-the-worlds-first-temple-83613665/?no-ist=.

I. Chukwukere, "A Coffin for 'The Loved One': The Structure of Fante Death Rituals," *Current Anthropology* 22, no. 1 (1981), 61–68.

Ian Tatersoll, *Becoming Human: Evolution and Human Uniqueness* (New York: Harcourt Brace, 1998).

J. E. Pfeiffer, *The Creative Explosion: An Inquiry into the Origins of Art and Religion* (New York: Harper and Row, 1982).

J. Lyons, "Paleolithic Aesthetics: The Psychology of Cave Art," *Journal of Aesthetics and Art Criticism* 26, no. 1 (1967), 107–14, doi:10.2307/429249.

Jacob Bronowski, "The Reach of Imagination," *American Scholar* 36, no. 2 (1967), 193–201.

Jane Ellen Harrison, *Ancient Art and Ritual* (New York: Henry Holt, 1913).

Jared Diamond, *The Third Chimpanzee: The Evolution and Future of the Human Animal* (New York: HarperCollins, 1992).

Jonathan Kingdon, *Lowly Origin: Where, When, and Why Our Ancestors First Stood Up* (Princeton, N.J.: Princeton University Press, 2003).

Julian Jaynes, *The Origin of Consciousness in the Breakdown of the Bicameral Mind* (Boston, Mass.: Houghton Mifflin, 1976), 9.

L. Aiello and R. Dunbar, "Neocortex Size, Group Size, and the Evolution of Language," *Current Anthropology* 34, no. 2 (1993), 184–93, retrieved from ttp://www.jstor.org/stable/2743982; R.I.M. Dunbar, "Co-evolution of Neocortical Size, Group Size and Language in Humans," *Behavioral and Brain Sciences* 16, no. 4 (2010), 681–735, doi:10.1017/S0140525X00032325.

M. Balter, "Why Settle Down? The Mystery of Communities," *Science* 282, no. 5393 (1998), 1442–45.

Merlin Donald, *Origins of the Modern Mind: Three Stages in the Evolution of Cognition and Culture* (Cambridge, Mass.: Harvard University Press, 1991).

Nicholas Humphrey, *Consciousness Regained* (Oxford: Oxford University Press, 1976).

Nicholas Wade, *The Faith Instinct: How Religion Evolved and Why It Endures* (New York: Penguin Press, 2009).

Otto Rank, *Will Therapy and Truth and Reality* (New York: Alfred A. Knopf, 1945; first published 1936).

P. L. Berger and T. Luckmann, *The Social Construction of Reality: A Treatise on the Sociology of Knowledge* (Garden City, N.Y.: Anchor Books, 1967; first published 1966).

Paul Bloom, "Is God an Accident?" *The Atlantic* 296 (December 1, 2005), 105–12; Pascal Boyar, *Religion Explained: The Evolutionary Origins of Religious Thought* (New York: Basic Books, 2001).

R. G. Klein, "Paleoanthropology: Whither the Neanderthals?" *Science* 299, no. 5612 (2003), 1525–27, doi:10.1126/science.1082025.

Roy A. Rappaport, *Ritual and Religion in the Making of Humanity* (New York: Cambridge University Press, 1996).

S. Kraft, "Spelunker's Passion Pays Off : Jean-Marie Chauvet and His Small Team of Cave-Diggers 'Hit the Jackpot,' Finding a Cache of Stone Age Art," *Los Angeles Times,* Culture section, February 14, 1995; J. Thurman, "First Impressions: What Does the World's Oldest Art Say About Us?" *The New Yorker,* June 2008, retrieved from http://www.newyorker.com/magazine/2008/06/23/first-impressions; Werner Herzog's 2010 documentary film *Cave of Forgotten Dreams.*

Steven Mithen, *The Prehistory of the Mind: The Cognitive Origins of Art, Religion, and Science* (London: Thames and Hudson, 1996).

Steven Mithen, *The Singing Neanderthals: The Origins of Music, Language, Mind, and Body* (Cambridge, Mass.: Harvard University Press, 2006).

Steven Pinker, *How the Mind Works* (New York: W. W. Norton, 1997).

Susan Isaacs, "The Nature and Function of Phantasy," *International Journal of Psycho-Analysis* 29 (1948), 73–97. Quotation is from p. 94.

Susanne K. Langer, *Mind: An Essay on Human Feeling,* vol. 3 (Baltimore: Johns Hopkins University Press, 1982), 87, 103.

Terrence Deacon, *The Symbolic Species: The Co-evolution of Language and the Brain* (New York: W. W. Norton, 1997).

V. Formicola, "From the Sunghir Children to the Romito Dwarf: Aspects of the Upper Paleolithic Funerary Landscape," *Current Anthropology* 48, no. 3 (2007), 446–53.

Walter Burkert, *Homo Necans: The Anthropology of Ancient Greek Sacrificial Ritual and Myth,* translated by Peter Bing (Berkeley: University of California Press, 1983).

William Hardy McNeill, *Keeping Together in Time: Dance and Drill in Human History* (Cambridge, Mass.: Harvard University Press, 1995).

5장 실제 불멸성

A. Carrel, "On the Permanent Life of Tissues Outside of the Organism," *Journal of Experimental Medicine* 15 (1912), 516–28, 516.

A. Norenzayan and I. G. Hansen, "Belief in Supernatural Agents in the Face of Death," *Personality and Social Psychology Bulletin* 32, no. 2 (2006), 174–87, doi:10.1177/0146167205280251.

A. R. Williams, "Death on the Nile," *National Geographic* 202, no. 4 (2002), 2–25.

Alan Harrington, *The Immortalist* (New York: Random House, 1969).

Aldous Huxley, *The Devils of Loudun* (New York: Harper and Brothers, 1952), 259.

Aubrey de Grey, "War on Aging."

Aubrey de Grey, "The War on Aging," in *The Scientific Conquest of Death: Essays on Infinite Lifespans* (Libros en Red, 2004), 29–46.

B. Best, "Aubrey de Grey, Ph.D.: An Exclusive Interview with the Renowned Biogerontologist," *Life Extension Magazine,* February 2006, retrieved from http://www.lef.org/magazine/mag2006/feb2006_profile_01.htm.

Charles Lindbergh, *Autobiography of Values* (New York: Harcourt Brace Jovanovich, 1978), 5.

David M. Friedman, *The Immortalists: Charles Lindbergh, Dr. Alexis Carrel, and Their Daring Quest to Live Forever* (New York: Harper Perennial, 2008), 13.

E. Jonas and P. Fischer, "Terror Management and Religion: Evidence That Intrinsic Religiousness Mitigates Worldview Defense Following Mortality Salience," *Journal of Personality and Social Psychology* 91, no. 3 (2006), 553–67, doi:10.1037/0022-3514.91.3.553.

Erik Hornung and Betsy M. Bryan, eds., *The Quest for Immortality: Treasures of Ancient Egypt,* National Gallery of Art, Washington, and United Exhibits Group (New York: Prestel Publishers, 2002).

Friedman, *Immortalists,* 77.

Gerald J. Gruman, "A History of Ideas About the Prolongation of Life: The Evolution of Prolongevity Hypotheses to 1800," *Transactions of the American Philosophical Society* 56, no. 9 (1966), 1–102, doi:10.2307/1006096.

Gruman, "A History of Ideas About the Prolongation of Life."

http://cnsnews.com/news/article/susan-jones/poll-americans-belief-god-strong-declining.

http://forum.bodybuilding.com/showthread.php?t=141791771&page=1.

http://video.google.com/videoplay?docid=3847943059984264388.

http://www.alcor.org/FAQs/faq02.html#neuropreservation.

http://www.drfuhrman.com/library/metabolism_longevity.aspx.

http://www.iep.utm.edu/phaedo/.

http://www.mfoundation.org/.

http://www.philosophy-index.com/descartes/meditations/.

J. A. Witkowski, "Dr. Carrel's Immortal Cells," *Medical History* 24 (1980), 129–42, 130.

J. Jong, J. Halberstadt, and M. Bluemke, "Foxhole Atheism Revisited: The Effects of Mortality Salience on Explicit and Implicit Religious Belief," *Journal of Experimental Social Psychology* 48, no. 5 (2012), 983–89, doi:10.1016/j.jesp.2012.03.005.

J. Sparks, *The Works of Benjamin Franklin,* vol. 8 (Boston: Hilliard, Gray and Company, 1840), 418.

Jane Portal, ed., *The First Emperor: China's Terracotta Army* (Cambridge, Mass.: Harvard University Press, 2007).

M. Soenke, M. J. Landau, and J. Greenberg, "Sacred Armor: Religion's Role as a Buffer Against the Anxieties of Life and the Fear of Death," in K. I. Pargament, J. J. Exline, and J. W. Jones, eds., *APA Handbook of Psychology, Religion, and Spirituality,* vol. 1, *Context, Theory, and Research* (Washington, D.C.: American Psychological Association, 2013), 105–22, doi:10.1037/14045-005.

Maxine Sheets-Johnstone, "Death and Immortality Ideologies in Western Philosophy," *Continental Philosophy Review* 36, no. 3 (2003), 235–62, doi:10.1023/B:MAWO.0000003937.47171.a9; Descartes quote on p. 238.

O. L. Mazzatenta," A Chinese Emperor's Army for an Eternity," *National Geographic* 182, no. 2 (1992), 114–30.

Otto Rank, *Psychology of the Soul: A Study of the Origin, Conceptual Evolution, and Nature of the Soul,* translated by G. C. Richter and E. James Lieberman (Baltimore: Johns Hopkins University Press, 1998; first published 1930), xi.

Quoted in the 2000 documentary film *I Dismember Mama* by Errol Morris.

R. P. Taylor, *Death and the Afterlife: A Cultural Encyclopedia* (Santa Barbara, Calif.: ABC-CLIO, 2000).

Raymond Kurzweil, "Human Body Version 2.0," in *The Scientific Conquest of Death: Essays on Infinite Lifespans* (Libros en Red, 2004), 93–106.

Renée Descartes, "Discourse on the Method of Rightly Conducting the Reason, and Seeking Truth in the Sciences," in John Veitch, trans., *A Discourse on Method, etc.* (London, Toronto, and New York: Everyman's Library, 1912), 50.

Renée Descartes, *Treatise of Man*, ed. T. S. Hall (Cambridge, Mass.: Harvard University Press, 1972), 4.

Robert Jay Lifton, *The Broken Connection: On Death and the Continuity of Life* (New York: Simon and Schuster, 1979).

The Epic of Gilgamesh, translated by N. K. Sandars (London: Penguin Books, 1972; first published 1960), 97.

Thomas Robert Malthus, *An Essay on the Principle of Population, as It Affects the Future Improvement of Society, with Remarks on the Speculations of Mr. Godwin, M. Condorcet, and Other Writers* (London: J. Johnson, 1798), 240–42.

William Sims Bainbridge, "Progress Toward Cyberimmortality," in *The Scientific Conquest of Death: Essays on Infinite Lifespans* (Libros en Red, 2004), 107–22.

www.iminst.org.

Y. Yu, "Life and Immortality in the Mind of Han China," *Harvard Journal of Asiatic Studies* 25 (1964), 80–122, doi:10.2307/2718339.

"Freezing Time: Ted Williams," *New York Times,* July 11, 2002, retrieved from ttp://www.nytimes.com/2002/07/11/opinion/freezing-time-ted-williams.html.

"U.S. Religious Landscape Survey: Religious Beliefs and Practices; Diverse and Politically

Relevant," Pew Forum on Religion and Public Life, June 2008, http://www.pewforum.org/files/2008/06/report2-religious-landscape-study-full.pdf.

6장 상징적 불멸성

A. M. Vicary, "Mortality Salience and Namesaking: Does Thinking About Death Make People Want to Name Their Children After Themselves?" *Journal of Research in Personality* 45, no. 1 (2011), 138–41, doi:10.1016/j.jrp.2010.11.016.

A. N. Christopher, K. Drummond, J. R. Jones, P. Marek, and K. M. Therriault, "Beliefs About One's Own Death, Personal Insecurity, and Materialism," *Personality and Individual Differences* 40, no. 3 (2006), 441–51, doi:10.1016/j.paid.2005.09.017.

Achilles' search for immortality is recounted in the *Iliad,* book 12, lines 363–69, http://www.essortment.com/achilles-search-immortality-iliad-61186.html.

Adam Kirsch, "Cloudy Trophies: John Keats's Obsession with Fame and Death," *The New Yorker,* July 2008, retrieved from http://www.newyorker.com/magazine/2008/07/07/cloudy-trophies.

Adriano Tilgher, *Homo Faber: Work Through the Ages,* translated by D. C. Fisher (New York: Harcourt Brace, 1930), 5.

Andy Warhol and Bob Colacello, *Andy Warhol's Exposures* (London: Hutchinson, 1979), 48.

B. Surk and A. Johnson, "Saudi Prince Buying Private Superjumbo 'Flying Palace' Jet, Airbus Says," *Seattle Times*, November 12, 2007, retrieved from http://seattletimes.com/html/businesstechnology/2004009433_websaudiluxury12.html.

Braudy, *The Frenzy of Renown,* 3.

Cameron Houston, "How Do You Know You've Really Made It? Step Up to the Plate," *The Age,* January 20, 2007, 6.

Cf. P. L. Payne, "Industrial Entrepreneurship in Great Britain," in *The Cambridge Economic History of Europe,* part 1, edited by P. Mathias and M. M. Postan (Cambridge: Cambridge University Press, 1978), 180–230. Smith quotation is from p. 183.

Cicero, *Tusculanarum Disputationum,* I, 15.

David Van Biema and Jeff Chu, "Does God Want You to Be Rich?" *Time,* September 18, 2006, retrieved from http://content.time.com/time/magazine/article/0,9171,1533448,00.html.

E. Yaakobi, M. Mikulincer, and P. R. Shaver, "Parenthood as a Terror Management Mechanism: The Moderating Role of Attachment Orientations," *Personality and Social Psychology Bulletin* 40, no. 6 (2014), 762–774, doi:10.1177/0146167214525473.

Ernest Becker, *The Birth and Death of Meaning: An Interdisciplinary Perspective on the Problem of Man,* 2nd ed. (New York: Free Press, 1971), 149–50.

Ernest Becker, *The Denial of Death* (New York: Free Press, 1973), 190.

F. Cohen, S. Solomon, M. Maxfield, T. Pyszczynski, and J. Greenberg, "Fatal Attraction: The Effects of Mortality Salience on Evaluations of Charismatic, Task-Oriented, and Relationship-

Oriented Leaders," *Psychological Science* 15, no. 12 (2004), 846–51, doi:10.1111/j.0956-7976.2004.00765.x.

Frederic L. Pryor, "The Origins of Money," *Journal of Money, Credit and Banking* 9, no. 3 (1977), 391–409.

G. Roheim, "The Evolution of Culture," *International Journal of Psycho-Analysis* 15 (1934), 387–418.

Gary S. Becker, *The Economic Approach to Human Behavior* (Chicago: University of Chicago Press, 1978).

Genesis 3:19 (New International Version), 1973.

http://lit.genius.com/John-keats-sleep-and-poetry-annotated#note-2742995.

http://www.historyplace.com/worldwar2/timeline/putsch2.htm.

http://www.malaysia-today.net/political-malay/.

http://www.quotationspage.com/quote/52.html.

http://www.sources.com/SSR/Docs/SSRW-Beer_Hall_Putsch.htm.

https://www.youtube.com/watch?v=8jEoGWIOuy8.

I. Fritsche, P. Fischer, N. Koranyi, N. Berger, and B. Fleischmann, "Mortality Salience and the Desire for Offspring," *Journal of Experimental Social Psychology* 43, no. 5 (2007), 753–62, doi:10.1016/j.jesp.2006.10.003.

J. Greenberg, S. Kosloff, S. Solomon, F. Cohen, and M. Landau, "Toward Understanding the Fame Game: The Effect of Mortality Salience on the Appeal of Fame," *Self and Identity* 9, no. 1 (2010), 1–18, doi:10.1080/15298860802391546.

J. W. Baird, *Hitler's War Poets: Literature and Politics in the Third Reich* (Cambridge: Cambridge University Press, 2008), 3.

Jane H. Furse, Jess Wisloski, and Bill Hutchinson, "It's Ka-Chingle All the Way! Shoppers Drop Bundle in Robust Start to Season," New York *Daily News,* November 26, 2007, retrieved from www.lexisnexis.com/hottopics/lnacademic.

Joseph Campbell, with Bill Moyers, *The Power of Myth,* edited by B. S. Flowers (New York: Doubleday, 1988).

K. Riegel, "Marxism-Leninism as a Political Religion," *Totalitarian Movements and Political Religions* 6, no. 1 (2005), 97–126, doi:10.1080/14690760500099788.

Kirsch, "Cloudy Trophies."

Leo Braudy, *The Frenzy of Renown: Fame and Its History* (New York: Oxford University Press, 1986), 30.

Mark Neocleous, "Long Live Death! Fascism, Resurrection, Immortality," *Journal of Political Ideologies* 10, no. 1 (2005), 31–49, doi:10.1080/1356931052000310272. Quotation is from pp. 39, 42.

Matthew V. Wells, "Self as Historical Artifact: Ge Hong and Early Chinese Autobiographical Writing," *Early Medieval China* 9 (2003), 71–103. Quotation is from p. 85.

Max Weber, *Max Weber: The Theory of Social and Economic Organization*, translated by A. M. Henderson and Talcott Parsons (New York: Free Press, 1947; first published 1922), 358.

N. Mandel and D. Smeesters, "The Sweet Escape: Effects of Mortality Salience on Consumption Quantities for High and Low Self-esteem Consumers," *Journal of Consumer Research* 35, no. 2 (2008), 309–23, doi:10.1086/587626.

N. Mandel and S. J. Heine, "Terror Management and Marketing: He Who Dies with the Most Toys Wins," *Advances in Consumer Research* 26 (1999), 527–32.

Otto Rank, *Art and Artist: Creative Urge and Personality Development* (Agathon Press, 1968; first published 1932), 41.

P. Kesebir, C.-Y. Chiu, and Y.-H. Kim, "Existential Functions of Famous People," unpublished manuscript, University of Illinois at Urbana-Champaign, 2014.

Paul Krugman, "Who Was Milton Friedman?" *New York Review of Books,* February 15, 2007.

Philip Sherwell, "Gift Ideas for the Haves and Have Yachts," *Sunday Telegraph,* November 25, 2007, retrieved from http://www.telegraph.co.uk/news/uknews/1570466/Gift-ideas-for-the-haves-and-have-yachts.html.

playwright Eugene Ionesco, from epigraph of Lifton, *Revolutionary Immortality.*

R. A. Fein and B. Vossekuil, *Protective Intelligence and Threat Assessment Investigations: A Guide for State and Local Law Enforcement Officials,* 1998, retrieved from http://www.secretservice.gov/ntac/PI_Guide.pdf.

R. B. Cialdini, R. J. Borden, A. Thorne, M. R. Walker, S. Freeman, and L. R. Sloan, "Basking in Reflected Glory: Three (Football) Field Studies," *Journal of Personality and Social Psychology* 34, no. 3 (1976), 366–75.

Richard O'Connor, *The Golden Summers: An Antic History of Newport* (New York: Putnam Publishing Group, 1974).

Robert J. Sardello and Randolph Severson, *Money and the Soul of the World* (Dallas: Pegasus Foundation, 1983).

Robert Jay Lifton, *Revolutionary Immortality: Mao Tse-tung and the Chinese Cultural Revolution* (New York: Random House, 1968), 40, 48, 51.

Sergei Kan, *Symbolic Immortality: The Tlingit Potlatch of the Nineteenth Century* (Washington, D.C.: Smithsonian Institution Press, 1989), 232.

Stéephane Breton, "Social Body and Icon of the Person: A Symbolic Analysis of Shell Money Among the Wodani, Western Highlands of Irian Jaya," *American Ethnologist* 26, no. 3 (1999), 558–82.

T. Kasser and K. M. Sheldon, "Of Wealth and Death: Materialism, Mortality Salience, and Consumption Behavior," *Psychological Science* 11, no. 4 (2000), 348–51, doi:10.1111/1467-9280.00269.

T. Zaleskiewicz, A. Gasiorowska, P. Kesebir, A. Luszczynska, and T. Pyszczynski, "Money and the Fear of Death: The Symbolic Power of Money as an Existential Anxiety Buffer," *Journal of Economic Psychology* 36(C) (2013), 55–67, doi:10.1016/j.joep.2013.02.008.

Tennessee Williams, *Cat on a Hot Tin Roof* (New York: New Directions, 2004; first published 1940), 91.

The Epic of Gilgamesh, translated by N. K. Sandars (London: Penguin Books, 1972; first published 1960), 73.

V. Belenkaya and S. Goldsmith, "Nathan's Hot Dog Eating Contest 2009: Joey Chestnut Defends Title, Sets World Record with 68 Dogs," New York *Daily News,* July 5, 2009, retrieved from http://www.nydailynews.com/new-york/nathan-hot-dog-eating-contest-2009-joey-chesnut-defends-title-sets-world-record-68-dogs-article-1.398371.

William H. Desmonde, *Magic, Myth, and Money: The Origin of Money in Religious Ritual* (New York: Free Press of Glencoe, 1962).

Zygmunt Bauman, *Mortality, Immortality, and Other Life Strategies* (Stanford, Calif.: Stanford University Press, 1992), 7.

"Familial Self as a Potent Source of Affirmation: Evidence from China," *Social Psychological and Personality Science* 4, no. 5 (2012), 529–37, doi:10.1177/1948550612469039.

7장 인간 파괴 해부

A. J. Bacevich and E. H. Pro-dromou, "God Is Not Neutral: Religion and U.S. Foreign Policy After 9/11," *Orbis* 48, no. 1 (2004), 43–54, doi:10.1016/j.orbis.2003.10.012.

Ahrensdorf, "Fear of Death," 591.

Alan Harrington, *The Immortalist* (Millbrae, Calif.: Celestial Arts, 1969), 138–39.

Blema Steinberg, *Shame and Humiliation: Presidential Decision-Making on Vietnam* (Pittsburgh, Penn.: The University of Pittsburgh Press, 1996).

D. Merskin, "The Construction of Arabs as Enemies: Post-September 11 Discourse of George W. Bush," *Mass Communication and Society* 7, no. 2 (2004), 157–75, doi:10.1207/s15327825mcs0702_2.

Daniel D. Luckenbill, *Ancient Records of Assyria and Babylonia II* (Chicago: University of Chicago Press, 1927), 314.

David D. Kirkpatrick, "Morsi's Slurs Against Jews Stir Concern," *New York Times,* January 14, 2013, retrieved from http://www.nytimes.com/2013/01/15/world/middleeast/egypts-leader-morsi-made-anti-jewish-slurs.html?pagewanted=all&_r=0.

Douglas Kellner, *The Persian Gulf TV War* (Boulder, Colo.: Westview Press, 1992).

E. Rubin, "The Most Wanted Palestinian," *New York Times,* June 20, 2002, retrieved from ttp://www.nytimes.com/2002/06/30/magazine/the-most-wanted-palestinian.html.

Edwin G. Burrows and Mike Wallace, *Gotham: A History of New York City to 1898* (New York: Oxford University Press, 1999), 11, 39

Ellen Dissanayake, *Homo Aestheticus: Where Art Comes From and Why* (Seattle: University of Washington Press, 1995; first published 1992 by Free Press).

Ernest Becker, *Escape from Evil* (New York: Free Press, 1975), xvii.

Ernest Becker, *The Birth and Death of Meaning: An Interdisciplinary Perspective on the Problem of Man,* 2nd ed. (New York: Free Press, 1971), 140.

Ernest Becker, *The Denial of Death* (New York: Free Press, 1973), 284.

Evelin Lindner, *Making Enemies: Humiliation and International Conflict* (Westport, Conn.: Praeger, 2006), xvi.

F. Cohen, D. M. Ogilvie, S. Solomon, J. Greenberg, and T. Pyszczynski, "American Roulette: The Effect of Reminders of Death on Support for George W. Bush in the 2004 Presidential Election," *Analyses of Social Issues and Public Policy* 5, no. 1 (2005), 177–87, doi:10.1111/j.1530-2415.2005.00063.x.

F. Cohen, M. Soenke, S. Solomon, and J. Greenberg, "Evidence for a Role of Death Thought in American Attitudes Toward Symbols of Islam," *Journal of Experimental Social Psychology* 49, no. 2 (2013), 189–94, doi:10.1016/j.jesp.2012.09.006.

G. Hirschberger and T. Ein-Dor, "Defenders of a Lost Cause: Terror Management and Violent Resistance to the Disengagement Plan," *Personality and Social Psychology Bulletin* 32, no. 6 (2006), 761–69, doi:10.1177/0146167206286628.

George Bernard Shaw, *Heartbreak House* (Mineola, N.Y.: Dover Publications, 1996; first published 1919), 12.

H. A. McGregor, J. D. Lieberman, J. Greenberg, S. Solomon, J. Arndt, L. Simon, and T. Pyszczynski, "Terror Management and Aggression: Evidence That Mortality Salience Motivates Aggression Against Worldview-Threatening Others," *Journal of Personality and Social Psychology* 74, no. 3 (1998), 590–605, retrieved from http://www.ncbi.nlm.nih.gov/pubmed/9523407.

http://en.wikipedia.org/wiki/Anti-Arabism.

http://en.wikipedia.org/wiki/Fred_Phelps.

http://news.google.com/newspapers?nid=110&dat=19950607&id=BilQAAAAIBAJ&sjid=0VUDAAAAIBAJ&pg=4112,6102055.

http://www.historycommons.org/context.jsp?item=a1001grahamislam.

http://www.spiegel.de/international/world/0,1518,553724,00.html.

http://www.un.org/Depts/dpko/list/list.pdf.

I. Blumi, "Competing for the Albanian Soul: Are Islamic Missionaries Making Another Lebanon in the Balkans?" September 2002, retrieved from http://www.wilsoncenter.org/publication/260-competing-for-the-albanian-soul-are-islamic-missionaries-making-another-lebanon-the.

J. Arndt, J. Greenberg, S. Solomon, T. Pyszczynski, and L. Simon, "Suppression, Accessibility of Death-Related Thoughts, and Cultural Worldview Defense: Exploring the Psychodynamics of Terror Management," *Journal of Personality and Social Psychology* 73, no. 1 (1997), 5–18, retrieved from http://www.ncbi.nlm.nih.gov/pubmed/9216076.

J. Goldenberg, N. Heflick, J. Vaes, M. Motyl, and J. Greenberg, "Of Mice and Men, and Objectified Women: A Terror Management Account of Infrahumanization," *Group Processes and Intergroup Relations* 12, no. 6 (2009), 763–76, doi:10.1177/1368430209340569.

J. Hayes, J. Schimel, and T. J. Williams, "Fighting Death with Death: The Buffering Effects of Learning That Worldview Violators Have Died," *Psychological Science* 19, no. 5 (2008), 501–7, doi:10.1111/j.1467-9280.2008.02115.x.

J. Schimel, L. Simon, J. Greenberg, T. Pyszczynski, S. Solomon, J. Waxmonsky, and J. Arndt, "Stereotypes and Terror Management: Evidence That Mortality Salience Enhances Stereotypic Thinking and Preferences," *Journal of Personality and Social Psychology* 77, no. 5 (1999), 905–26, doi:10.1037/0022-3514.77.5.905.

James Baldwin, *The Fire Next Time* (New York: Vintage Books, 1993; first published 1962), 91.

James H. Grayson, *Early Buddhism and Christianity in Korea: A Study in the Implantation of Religion* (Leiden: Brill Academic Publishers, 1997).

John C. Mitani, David P. Watts, and Sylvia J. Amsler, "Lethal Intergroup Aggression Leads to Territorial Expansion in Wild Chimpanzees," *Current Biology* 20, no. 12 (2010), R507–8, doi:10.1016/j.cub.2010.04.021.

Larry Poston, *Islamic Da'wah in the West: Muslim Missionary Activity and the Dynamics of Conversion to Islam* (New York: Oxford University Press, 1992). Quotation is from sura 16:125 of the Qur'an.

Lindner, *Making Enemies,* xv.

M. E. O'Connell, "Seductive Drones: Learning from a Decade of Lethal Operations," *Journal of Law, Information and Science* 21, no. 2 (2012), retrieved from http://www.austlii.edu.au/au/journals/JlLawInfoSci/2012/7.html.

M. E. O'Connell, "The Myth of Preemptive Self-defense," *The American Society of International Law Task Force on Terrorism*, August 2002, retrieved from https://www.yumpu.com/en/document/view/8336695/the-myth-of-preemptive-self-defense-american-society-of-.

M. J. Landau, S. Solomon, J. Greenberg, F. Cohen, T. Pyszczynski, J. Arndt, C. H. Miller, D. M. Ogilvie, and A. Cook, "Deliver Us from Evil: The Effects of Mortality Salience and Reminders of 9/11 on Support for President George W. Bush," *Personality and Social Psychology Bulletin* 30, no. 9 (2004), 1136–50, doi:10.1177/0146167204267988.

Mark Juergensmeyer, "From Bhindranwale to Bin Laden: The Rise of Religious Violence," *Orfalea Center for Global and International Studies* (University of California, Santa Barbara: Global and International Studies, 2004), retrieved from http://escholarship.org/uc/item/7322q2p5.

N. Kristoff, "Kids with Bombs," *New York Times,* April 5, 2002, retrieved from http://www.nytimes.com/2002/04/05/opinion/kids-with-bombs.html.

R. F. Worth, "A Black Imam Breaks Ground in Mecca," *New York Times,* April 10, 2009, retrieved from https://www.google.com/#q=A+Black+Imam+Breaks+Ground+Leading+the+Faithful+i

n+Mecca.

S. Bowles, "Did Warfare Among Ancestral Hunter-Gatherers Affect the Evolution of Human Social Behaviors?" *Science* 324, no. 5932 (2009), 1293–98, doi:10.1126/science.1168112.

S. Kosloff, J. Cesario, and A. Martens, "Mortality Salience Motivates Attempts to Assimilate Differing Others to One's Own Worldview," unpublished manuscript, Michigan State University, 2012.

Stephen Jay Gould, *Wonderful Life: The Burgess Shale and the Nature of History* (New York: W. W. Norton, 1989), 35.

T. Hiney, *On the Missionary Trail: A Journey Through Polynesia, Asia, and Africa with the London Missionary Society* (New York: Grove Press, 2001), 5.

T. J. Luke and M. Hartwig, "The Effects of Mortality Salience and Reminders of Terrorism on Perceptions of Interrogation Techniques," *Psychiatry, Psychology and Law* 21, no. 4 (2013), 1–13, doi:10.1080/13218719.2013.842625.

T. Pyszczynski, A. Abdollahi, S. Solomon, J. Greenberg, F. Cohen, and D. Weise, "Mortality Salience, Martyrdom, and Military Might: The Great Satan Versus the Axis of Evil," *Personality and Social Psychology Bulletin* 32, no. 4 (2006), 525–37, doi:10.1177/0146167205282157.

T. Pyszczynski, S. Solomon, and J. Greenberg, *In the Wake of 9/11: The Psychology of Terror* (Washington, D.C.: APA Books, 2003).

Thucydides, *History,* 2 vols., edited by Henry Stuart Jones and J. Enoch Powell (Oxford: Clarendon, 1963); cf. P. J. Ahrensdorf, "The Fear of Death and the Longing for Immortality: Hobbes and Thucydides on Human Nature and the Problem of Anarchy," *American Political Science Review* 94, no. 3 (2000), 579–93.

Vamik Volkan, *Killing in the Name of Identity: A Study of Bloody Conflicts* (Charlottesville, Va.: Pitchstone Publishing, 2006).

"A Year After Iraq War Mistrust of America in Europe Ever Higher, Muslim Anger Persists: A Nine-Country Survey," Pew Research Center for the People and the Press, 2004, retrieved from http://www.people-press.org/files/legacy-pdf/206.pdf.

"Evangelist Admits Warzone Proselytizing Results in Deaths, Saying It's a 'Good Decision,' " *Alexandria: Crossroads of Civilization*, December 2008, retrieved from http://www.aleksandreia.com/2008/12/20/evangelist-admits-warzone-proselytizing-results-in-deaths-saying-its-a-good-decision/.

"Growing Number of Americans Say Obama Is a Muslim," Pew Research Center Religion and Public Life Project, August 2010, retrieved from http://www.pewforum.org/2010/08/18/growing-number-of-americans-say-obama-is-a-muslim/.

"Jihad Against Jews and Crusaders," World Islamic Front statement, http://fas.org/irp/world/para/docs/980223-fatwa.htm.

"Rumsfeld Praises Army General Who Ridicules Islam as 'Satan,' " *New York Times,* October 17, 2003, retrieved from http://www.nytimes.com/2003/10/17/world/rumsfeld-praises-armygeneral-who-ridicules-islam-as-satan.html.

8장 육체와 영혼의 불편한 동맹

A Portrait of "Generation Next": How Young People View Their Lives, Futures and Politics, Pew Research Center, 2007, retrieved from http://www.people-press.org/files/legacy-pdf/300.pdf.

A. Simon, "The Existential Deal: An Interview with David Cronenberg," *Critical Quarterly* 43, no. 3 (2001), 34–56. Quotation is from pp. 45–46.

Aglaja Stirn, "Body Piercing: Medical Consequences and Psychological Motivations," *Lancet* 361, no. 9364 (2003), 1205–15, doi:10.1016/S0140-6736(03)12955-8.

Anne E. Laumann and Amy J. Derick, "Tattoos and Body Piercings in the United States: A National Data Set," *Journal of the American Academy of Dermatology* 55, no. 3 (2006), 413–21, doi:10.1016/j.jaad.2006.03.026.

C. R. Cox, J. L. Goldenberg, J. Arndt, and T. Pyszczynski, "Mother's Milk: An Existential Perspective on Negative Reactions to Breast-Feeding," *Personality and Social Psychology Bulletin* 33, no. 1 (2007), 110–22, doi:10.1177/0146167206294202.

C. R. Cox, J. L. Goldenberg, T. Pyszczynski, and D. Weise, "Disgust, Creatureliness and the Accessibility of Death-Related Thoughts," *European Journal of Social Psychology* 37, no. 3 (2007), 494–507, doi:10.1002/ejsp.370.

C. R. Hallpike, "Social Hair," *Man* 4, no. 2 (1969), 256–64.

Clinton R. Sanders and D. Angus Vail, *Customizing the Body: The Art and Culture of Tattooing* (Philadelphia: Temple University Press, 1989).

E. A. Saltzberg and J. C. Chrisler, "Beauty Is the Beast: Psychological Effects of the Pursuit of the Perfect Female Body," in J. Freeman, ed., *Women: A Feminist Perspective* (Mountain View, Calif.: Mayfield Publishing, 1995), 306–15.

Ernest Becker, *The Denial of Death* (New York: Free Press, 1973).

Ernest Becker, *The Denial of Death* (New York: Free Press, 1973), 162, 163.

Genesis 1:21–27 (King James Version).

Howard S. Levy, *The Lotus Lovers: The Complete History of the Curious Erotic Tradition of Foot Binding in China* (New York: Prometheus Books, 1991).

http://en.wikipedia.org/wiki/Artificial_cranial_deformation.

http://thinkexist.com/quotation/violence_and_smut_are_of_course_everywhere_on_the/202645.html.

http://womenshistory.about.com/od/quotes/a/mae_west.htm.

http://www.beautyforlife.com/costs.aspx.

http://www.plasticsurgery.org/news-and-resources.html.

http://www.wjla.com/articles/2011/12/study-shows-rise-in-violence-against-women-70334.html.

J. L. Goldenberg, J. Arndt, J. Hart, and C. Routledge, "Uncovering an Existential Barrier to Breast Cancer Screening Behavior," *Journal of Experimental Social Psychology* 44, no. 2

(2008), 260–74. Retrieved from http://dx.doi.org/10.1016/j.jesp.2007.05.002.

J. L. Goldenberg, J. Goplen, C. R. Cox, and J. Arndt, "'Viewing' Pregnancy as an Existential Threat: The Effects of Creatureliness on Reactions to Media Depictions of the Pregnant Body," *Media Psychology* 10, no. 2 (2007), 211–30, doi:10.1080/15213260701375629.

J. L. Goldenberg, J. Hart, T. Pyszczynski, G. M. Warnica, M. Landau, and L. Thomas, "Ambivalence Toward the Body: Death, Neuroticism, and the Flight from Physical Sensation," *Personality and Social Psychology Bulletin* 32, no. 9 (2006), 1264–77, doi:10.1177/0146167206289505.

J. L. Goldenberg, T. Pyszczynski, J. Greenberg, S. Solomon, B. Kluck, and R. Cornwell, "I Am Not an Animal: Mortality Salience, Disgust, and the Denial of Human Creatureliness," *Journal of Experimental Psychology: General* 130, no. 3 (2001), 427–35, doi:10.1037/0096-3445.130.3.427.

J. L. Goldenberg, T. Pyszczynski, S. K. McCoy, J. Greenberg, and S. Solomon, "Death, Sex, Love, and Neuroticism: Why Is Sex Such a Problem?" *Journal of Personality and Social Psychology* 77, no. 6 (1999), 1173–87, retrieved from http://www.ncbi.nlm.nih.gov/pubmed/10626370.

M. C. Nussbaum, "Danger to Human Dignity: The Revival of Disgust and Shame in the Law," *The Chronicle of Higher Education,* October 2006, retrieved from http://chronicle.com/article/Danger-to-Human-Dignity-the/21047.

M. J. Landau, J. L. Goldenberg, J. Greenberg, O. Gillath, S. Solomon, C. Cox, A. Martens, and T. Pyszczynski, "The Siren's Call: Terror Management and the Threat of Men's Sexual Attraction to Women," *Journal of Personality and Social Psychology* 90, no. 1 (2006), 129–46, doi:10.1037/0022-3514.90.1.129.

M. Soenke, F. Cohen, J. Greenberg, and U. Lifshin, "Are You Smarter Than a Cetacean? On the Terror Management Function of Belief in Human Superiority," unpublished manuscript, Skidmore College, 2015.

Mary Brophy Marcus, "Cosmetic Surgery Gets a Lift from Boomers: Some Say They'd Just Die if They Had to Look Old," *USA Today,* December 11, 2006, retrieved from http://usatoday30.usatoday.com/printedition/life/20061211/bl_cover11.art.htm.

N. L. McCallum and N. S. McGlone, "Death Be Not Profane: Mortality Salience and Euphemism Use," *Western Journal of Communication* 75, no. 5 (2011), 565–84, doi:10.1080/10570314.2011.608405.

Nici Nelson, " 'Selling Her Kiosk': Kikuyu Notions of Sexuality and Sex for Sale in Mathare Valley, Kenya," in Patricia Caplan, ed., *The Cultural Construction of Sexuality* (London and New York: Tavistock, 1987), 217–39.

O. Y. Oumeish, "The Cultural and Philosophical Concepts of Cosmetics in Beauty and Art Through the Medical History of Mankind," *Clinics in Dermatology* 19, no. 4 (2001), 375–86, doi:10.1016/S0738-081X(01)00194-8.

P. Fritch, "Cosmetic Toe Amputation Surgery," *Kitsch Magazine,* Spring 2007, retrieved from http://kitschmag.com/index.php?option=com_content&task=view&id=185&Itemid=33.

P. Rozin and A. E. Fallon, "A Perspective on Disgust," *Psychological Review* 94, no. 1 (1987), 23–41, doi:10.1037/0033-295X.94.1.23.

Quoted in Brain, *Decorated Body,* 52, 64, 147.

R. M. Beatson and M. J. Halloran, "Humans Rule! The Effects of Creatureliness Reminders, Mortality Salience and Self-esteem on Attitudes Toward Animals," *British Journal of Social Psychology* 46, no. 3 (2007), 619–32, doi:10.1348/014466606X147753.

Robert Brain, *The Decorated Body* (London: Hutchinson, 1979), 146.

S. Federici, "The Great Caliban: The Struggle Against the Rebel Body—Part Two," *Capitalism Nature Socialism* 15, no. 3 (2004), 13–28, doi:10.1080/1045575042000247211.

Saltzberg and Chrisler, "Beauty Is the Beast."

T. A. Roberts, J. L. Goldenberg, C. Power, and T. Pyszczynski, " 'Feminine Protection': The Effects of Menstruation on Attitudes Towards Women," *Psychology of Women Quarterly* 26, no. 2 (2002), 131–39, doi:10.1111/1471-6402.00051.

Thomas Gregor, *Anxious Pleasures: The Sexual Lives of an Amazonian People* (Chicago: University of Chicago Press, 1985), 144.

"Pots of Promise: An Industry Driven by Sexual Instinct Will Always Thrive," *The Economist,* May 2003, retrieved from http://www.economist.com/node/1795852?story_id=E1_TSJVRVN.

9장 가깝고도 먼 죽음

Arndt, Schimel, and Goldenberg, "Death Can Be Good for Your Health."

As reported by the BBC World News, *The New York Times,* and *The Huffington Post.*

D. Schoetz, "Parents' Faith Fails to Save Diabetic Girl," ABC News, March 27, 2008, retrieved from http://abcnews.go.com/Health/DiabetesResource/story?id=4536593&page=1.

G. A. Quattrone and A. Tversky, "Causal Versus Diagnostic Contingencies: On Self-Deception and on the Voter's Illusion," *Journal of Personality and Social Psychology* 46, no. 2 (1984), 237–48, doi:10.1037/0022-3514.46.2.237.

G. Hirschberger, V. Florian, M. Mikulincer, J. L. Goldenberg, and T. Pyszczynski, "Gender Differences in the Willingness to Engage in Risky Behavior: A Terror Management Perspective," *Death Studies* 26, no. 2 (2002), 117–41, doi:10.1080/074811802753455244.

G. Miller and O. Taubman-Ben-Ari, "Scuba Diving Risk Taking: A Terror Management Theory Perspective," *Journal of Sport and Exercise Psychology* 26, no. 2 (2004), 269–82.

http://en.wikipedia.org/wiki/James_Vicary.

http://www.aami.com.au/Resources/File.aspx?id=139; J. Robbins, "As Cars Hit More Animals on Roads, Toll Rises," *New York Times*, December 22, 2007, retrieved from http://www.nytimes.com/2007/12/22/us/22crash.html?_r=0.

http://www.examiner.com/examiner/x-10438-Peace-Studies-Examiner percent7Ey2009m8d7-Part-3-H1N1-vaccine-for-profit-genocide-and-the-US-martial-law-factor.

http://www.imt.ie/opinion/2009/09/can_belief_in_faith_healing_de.html 2/10/2010.

http://www.lionlamb.org/violence_vid_games_facts.htm.

http://www.turnoffyourtv.com/healtheducation/children.html.

http://www.who.int/about/definition/en/print.html.

https://www.homeminders.com/Articles/HomemindersArticle/tabid/77/ArticleId/245/Default.aspx.

J. Arndt, J. Greenberg, L. Simon, T. Pyszczynski, and S. Solomon, "Terror Management and Self-Awareness: Evidence That Mortality Salience Provokes Avoidance of the Self-Focused State," *Personality and Social Psychology Bulletin* 24, no. 11 (1998), 1216–27, doi:10.1177/01461672982411008.

J. Arndt, J. Greenberg, S. Solomon, T. Pyszczynski, and L. Simon, "Suppression, Accessibility of Death-Related Thoughts, and Cultural Worldview Defense: Exploring the Psychodynamics of Terror Management," *Journal of Personality and Social Psychology* 73, no. 1 (1997), 5–18, doi:10.1037/0022-3514.73.1.5; J. Greenberg, J. Arndt, L. Simon, T. Pyszczynski, and S. Solomon, "Proximal and Distal Defenses in Response to Reminders of One's Mortality: Evidence of a Temporal Sequence," *Personality and Social Psychology Bulletin* 26, no. 1 (2000), 91–99, doi:10.1177/0146167200261009; T. Pyszczynski, J. Greenberg, and S. Solomon, "A Dual-Process Model of Defense Against Conscious and Unconscious Death-Related Thoughts: An Extension of Terror Management Theory," *Psychological Review* 106, no. 4 (1999), 835–45, doi:10.1037/0033-295X.106.4.835.

J. Arndt, J. Greenberg, T. Pyszczynski, and S. Solomon, "Subliminal Exposure to Death-Related Stimuli Increases Defense of the Cultural Worldview," *Psychological Science* 8, no. 5 (1997), 379–85, doi:10.1111/j.1467-9280.1997.tb00429.x.

J. Arndt, J. Schimel, and J. L. Goldenberg, "Death Can Be Good for Your Health: Fitness Intentions as a Proximal and Distal Defense Against Mortality Salience," *Journal of Applied Social Psychology* 33, no. 8 (2003), 1726–46, doi:10.1111/j.1559-1816.2003.tb01972.x; C. Routledge, J. Arndt, and J. L. Goldenberg, "A Time to Tan: Proximal and Distal Effects of Mortality Salience on Sun Exposure Intentions," *Personality and Social Psychology Bulletin* 30, no. 10 (2004), 1347–58, doi:10.1177/0146167204264056.

J. Arndt, K. Vail, C. R. Cox, J. L. Goldenberg, T. M. Piasecki, and F. X. Gibbons, "The Interactive Effect of Mortality Reminders and Tobacco Craving on Smoking Topography," *Health Psychology* 32, no. 5 (2013), 525–32, doi:10.1037/a0029201.

J. Greenberg, T. Pyszczynski, S. Solomon, L. Simon, and M. Breus, "Role of Consciousness and Accessibility of Death-Related Thoughts in Mortality Salience Effects," *Journal of Personality and Social Psychology* 67, no. 4 (1994), 627–37, doi:10.1037/0022-3514.67.4.627.

J. Hansen, S. Winzeler, and S. Topolinski, "When the Death Makes You Smoke: A Terror Management Perspective on the Effectiveness of Cigarette On-Pack Warnings," *Journal of Experimental Social Psychology* 46, no. 1 (2010), 226–28, doi:10.1016/j.jesp.2009.09.007.

J. L. Goldenberg and J. Arndt, "The Implications of Death for Health: A Terror Management

Health Model for Behavioral Health Promotion," *Psychological Review* 115, no. 4 (2008), 1032–53, doi:10.1037/a0013326.

M. Vess, J. Arndt, C. R. Cox, C. Routledge, and J. L. Goldenberg, "Exploring the Existential Function of Religion: The Effect of Religious Fundamentalism and Mortality Salience on Faith-Based Medical Refusals," *Journal of Personality and Social Psychology* 97, no. 2 (2009), 334–50, doi:10.1037/a0015545.

M. W. Baldwin, S. E. Carrell, and D. F. Lopez, "Priming Relationship Schemas: My Advisor and the Pope Are Watching Me from the Back of My Mind," *Journal of Experimental Social Psychology* 26, no. 5 (1990), 435–54, doi:10.1016/0022-1031(90)90068-W.

O. Taubman-Ben-Ari, V. Florian, and M. Mikulincer, "The Impact of Mortality Salience on Reckless Driving: A Test of Terror Management Mechanisms," *Journal of Personality and Social Psychology* 76, no. 1 (1999), 35–45, retrieved from http://www.ncbi.nlm.nih.gov/pubmed/9972551.

R. Ochsmann and K. Reichelt, "Evaluation of Moral and Immoral Behavior: Evidence for Terror Management Theory," Unpublished manuscript, Universitäat Mainz, Mainz, Germany.

Routledge, Arndt, and Goldenberg, "A Time to Tan."

S. Chaplin, *The Psychology of Time and Death* (Ashland, Ohio: Sonnet Press, 2000), 150.

S. Lam, K. Morrison, and D. Smeesters, "Gender, Intimacy, and Risky Sex: A Terror Management Account," *Personality and Social Psychology Bulletin* 35, no. 8 (2009), 1046–56, doi:10.1177/0146167209336607.

S. M. Asser and R. Swan, "Child Fatalities from Religion-Motivated Medical Neglect," *Pediatrics* 101, no. 4 (1998), 625–29.

S. McCabe, K. E. Vail, J. Arndt, and J. L. Goldenberg, "Hails from the Crypt: A Terror Management Health Model Investigation of the Effectiveness of Health-Oriented Versus Celebrity-Oriented Endorsements," *Personality and Social Psychology Bulletin* 40, no. 3 (2014), 289–300, doi:10.1177/0146167213510745.

T. Ein-Dor, G. Hirschberger, A. Perry, N. Levin, R. Cohen, H. Horesh, and E. Rothschild, "Implicit Death Primes Increase Alcohol Consumption," *Health Psychology* 33, no. 7 (2013), doi:10.1037/a0033880.

10장 방패의 틈

A. Abdollahi, T. Pyszczynski, M. Maxfield, and A. Luszczynska, "Posttraumatic Stress Reactions as a Disruption in Anxiety-Buffer Functioning: Dissociation and Responses to Mortality Salience as Predictors of Severity of Post-Traumatic Symptoms," *Psychological Trauma: Theory, Research, Practice, and Policy* 3, no. 4 (2011), 329–41, doi: 10.1037/a0021084.

A. Chatard, T. Pyszczynski, J. Arndt, L. Selimbegovi´c, P. N. Konan, and M. Van der Linden, "Extent of Trauma Exposure and PTSD Symptom Severity as Predictors of Anxiety-Buffer Functioning," *Psychological Trauma: Theory, Research, Practice, and Policy* 4, no. 1 (2012),

47–55, doi:10.1037/a0021085.

A. D. Mancini, G. Prati, and G. A. Bonanno, "Do Shattered Worldviews Lead to Complicated Grief? Prospective and Longitudinal Analyses," *Journal of Social and Clinical Psychology* 30, no. 2 (2011), 184–215, doi:10.1521/jscp.2011.30.2.184.

A. M. Abdel-Khalek, "Death, Anxiety, and Depression," *Omega: Journal of Death and Dying* 35, no. 2 (1997), 219–29, doi:10.2190/H120-9U9D-C2MH-NYQ5.

Aimee Liu, *Solitaire* (New York: Harper and Row, 1979). Cf. C. C. Jackson and G. P. Davidson, "The Anorexic Patient as a Survivor: The Denial of Death and Death Themes in the Literature on Anorexia Nervosa," *International Journal of Eating Disorders* 5, no. 5 (1986), 821–35, doi:10.1002/1098-108X(198607)5:5<821::AID-EAT2260050504>3.0.CO;2-9, p. 825.

Andrew T. Weil, *The Natural Mind: A New Way of Looking at Drugs and the Higher Consciousness* (New York: Mariner Books, 1998; first published 1972).

B. S. Gershuny, M. Cloitre, and M. W. Otto, "Peritraumatic Dissociation and PTSD Severity: Do Event-Related Fears About Death and Control Mediate Their Relation?" *Behaviour Research and Therapy* 41, no. 2 (2003), 157–66, doi:10.1016/S0005-7967(01)00134-6.

C. Routledge and J. Arndt, "Self-Sacrifice as Self-Defence: Mortality Salience Increases Efforts to Affirm a Symbolic Immortal Self at the Expense of the Physical Self," *European Journal of Social Psychology* 38, no. 3 (2008), 531–41, doi:10.1002/ejsp.442.

D. Gentile, "Pathological Video-Game Use Among Youth Ages 8 to 18: A National Study," *Psychological Science* 20, no. 5 (2009), 594–602, doi:10.1111/j.1467-9280.2009.02340.x.

David Tarrant, "For Iraq Veteran, PTSD Is the Enemy That Stays on the Attack, but He's Fighting Back," *The Dallas Morning News*, August 22, 2010, retrieved from http://www.dallasnews.com/news/state/headlines/20100822-for-iraq-veteran-ptsd-is-the-enemy-that-stays-on-the-attack-but-he_s-fighting-back.ece.

E. J. Ozer, S. R. Best, T. L. Lipsey, and D. S. Weiss, "Predictors of Posttraumatic Stress Disorder and Symptoms in Adults: A Meta-Analysis," *Psychological Bulletin* 129, no. 1 (2003), 52–73, doi:10.1037/0033-2909.129.1.52.

E. Strachan, J. Schimel, J. Arndt, T. Williams, S. Solomon, T. Pyszczynski, and J. Greenberg, "Terror Mismanagement: Evidence That Mortality Salience Exacerbates Phobic and Compulsive Behaviors," *Personality and Social Psychology Bulletin* 33, no. 8 (2007), 1137–51, doi:10.1177/0146167207303018.

Ernest Becker, *The Birth and Death of Meaning: An Interdisciplinary Perspective on the Problem of Man,* 2nd ed. (New York: Free Press, 1971), 29.

Everett Ferguson, "Early Christian Martyrdom and Civil Disobedience," *Journal of Early Christian Studies* 1, no. 1 (1993), 73–83, doi:10.1353/earl.0.0161.

From a delusions chat room on www.schizophrenic.com from the late 1980s (no longer posted).

From an obsessions-compulsions chat room on www.schizophrenia.com from the late 1980s (no longer posted).

Fyodor Dostoyevsky, *The Possessed,* translated by Andrew R. MacAndrew (New York: Signet Classics, 1962; first published 1872), 357.

G. Kleftaras, "Meaning in Life, Psychological Well-Being and Depressive Symptomatology: A Comparative Study," *Psychology* 3, no. 4 (2012), 337–45, doi:10.4236/psych.2012.34048.

G. Zilboorg, "Fear of Death," *Psychoanalytic Quarterly* 12 (1943), 465–75. Quotation is from pp. 465, 466, and 477.

H. F. Searles, "Schizophrenia and the Inevitability of Death," *Psychiatric Quarterly* 35, no. 4 (1961), 631–65. Quotation is from p. 632.

http://phobialist.com/.

http://www.anxietynetwork.com/spcase.html.

http://www.guardian.co.uk/lifeandstyle/2010/mar/04/i-have-phobia-of-pregnancy/print.

http://www.ncpgambling.org/i4a/pages/Index.cfm?pageID=3314#widespread.

http://www.nimh.nih.gov/health/publications/the-numbers-count-mental-disorders-in-america/index.shtml.

http://www.nimh.nih.gov/health/publications/the-numbers-count-mental-disorders-in-america/index.shtml.

http://www.vanityfair.com/magazine/archive/1989/12/styron198912.

Irvin Yalom, *Existential Psychotherapy* (New York: Basic Books, 1980), 111.

Israel Orbach, Peri Kedem, Orna Gorchover, Alan Apter, and Sam Tyano, "Fears of Death in Suicidal and Nonsuicidal Adolescents," *Journal of Abnormal Psychology* 102, no. 4 (1993), 553–58, doi:10.1037/0021-843X.102.4.553.

J. Arndt, K. E. Vail, C. R. Cox, J. L. Goldenberg, T. M. Piasecki, and F. X. Gibbons, "The Interactive Effect of Mortality Reminders and Tobacco Craving on Smoking Topography," *Health Psychology* 32, no. 5 (2013), 525–32, doi:10.1037/a0029201.

J. L. Goldenberg, J. Arndt, J. Hart, and M. Brown, "Dying to Be Thin: The Effects of Mortality Salience and Body Mass Index on Restricted Eating Among Women," *Personality and Social Psychology Bulletin* 31, no. 10 (2005), 1400–12, doi:10.1177/0146167205277207.

John Milton, *Paradise Lost* (1667), book 1, http://andromeda.rutgers.edu/~jlynch/Texts/pl-beginning.html.

K. Planansky and R. Johnston, "Preoccupation with Death in Schizophrenic Men," *Diseases of the Nervous System* 38, no. 3 (1977), 194–97.

L. L. Carstensen, D. M. Isaacowitz, and S. T. Charles, "Taking Time Seriously: A Theory of Socioemotional Selectivity," *American Psychologist* 54, no. 3 (1999), 165–81, doi:10.1037/0003-066X.54.3.165; N. Krause, 'Meaning in Life and Healthy Aging," in P. P. Wong, ed., *The Human Quest for Meaning: Theories, Research, and Applications,* 2nd ed. (New York: Routledge, 2012), 409–32; Z. Klemenc-Ketis, "Life Changes in Patients After Out-of-Hospital Cardiac Arrest: The Effect of Near-Death Experiences," *International Journal of Behavioral Medicine* 20, no. 1 (2013), 7–12, doi:10.1007/s12529-011-9209-y.

L. Simon, J. Arndt, J. Greenberg, T. Pyszczynski, and S. Solomon, "Terror Management and Meaning: Evidence That the Opportunity to Defend the Worldview in Response to Mortality Salience Increases the Meaningfulness of Life in the Mildly Depressed," *Journal of Personality* 66, no. 3 (1998), 359–82, doi:10.1111/1467-6494.00016.

L. Simon, J. Greenberg, E. H. Jones, S. Solomon, and T. Pyszczynski, "Mild Depression, Mortality Salience and Defense of the Worldview: Evidence of Intensified Terror Management in the Mildly Depressed," *Personality and Social Psychology Bulletin* 22, no. 1 (1996), 81–90, doi:10.1177/0146167296221008.

M. Mikulincer, V. Florian, and G. Hirschberger, "The Existential Function of Close Relationships: Introducing Death into the Science of Love," *Personality and Social Psychology Review* 7, no. 1 (2003), 20–40, doi:10.1207/S15327957PSPR0701_2.

Miguel de Unamuno, *Tragic Sense of Life,* translated by J. E. Crawford Flitch (New York: Dover Publications, 1954), 233.

R. W. Firestone and J. Catlett, *Beyond Death Anxiety* (New York: Springer Publishing, 2009).

S. Kosloff, S. Solomon, J. Greenberg, F. Cohen, B. Gershuny, C. Routledge, and T. Pyszczynski, "Fatal Distraction: The Impact of Mortality Salience on Dissociative Responses to 9/11 and Subsequent Anxiety Sensitivity," *Basic and Applied Social Psychology* 28, no. 4 (2006), 349–56, doi:10.1207/s15324834basp2804_8.

Sigmund Freud, "Totem and Taboo," in J. Strachey, ed. and trans., *The Standard Edition of the Complete Psychological Works of Sigmund Freud,* vol. 13 (London: Hogarth Press, 1955; first published 1913), vii–162.

T. Pyszczynski, A. Abdollahi, S. Solomon, J. Greenberg, F. Cohen, and D. Weise, "Mortality Salience, Martyrdom, and Military Might: The Great Satan Versus the Axis of Evil," *Personality and Social Psychology Bulletin* 32, no. 4 (2006), 525–37, doi:10.1177/0146167205282157.

The Veterans Health Administration's Treatment of PTSD and Traumatic Brain Injury Among Recent Combat Veterans (Washington, D.C.: Congressional Budget Office, 2012), http://www.cbo.gov/sites/default/files/cbofiles/attachments/02-09-PTSD.pdf.

William Shakespeare, *Antony and Cleopatra,* V, ii, 282–83, http://www.enotes.com/shakespeare-quotes/give-me-my-robe-put-my-crown.

William Styron, *Darkness Visible: A Memoir of Madness* (New York: Random House, 1990).

Z. Hochdorf, Y. Latzer, L. Canetti, and E. Bachar, "Attachment Styles and Attraction to Death: Diversities Among Eating Disorder Patients," *American Journal of Family Therapy* 33, no. 3 (2005), 237–52, doi:10.1080/01926180590952418.

"Translation of Sept. 11 Hijacker Mohamed Atta's Suicide Note: Part One" (2001), retrieved February 23, 2009, from http://abcnews.go.com/International/story?id=79168&page=1.

11장 죽음과 함께 살아가기

A. Smith, *Dreamthorp* (London: Oxford University Press, 1934; first published 1863), 49.

Cf. Herman Melville, *Moby-Dick,* edited with an introduction and commentary by H. Beaver (New York: Penguin Classics, 1986; first published 1851), 799.

Charles Lindbergh, *Autobiography of Values* (New York: Harcourt Brace Jovanovich, 1978), 6.

D. P. Judges, "Scared to death: Capital punishment as Authoritarian Terror management," *U.C. Davis Law Review* 33, no. 1 (1999), 155–248. Quotation is from pp. 163, 186, 187.

Ernest Becker, *The Denial of Death* (New York: Free Press, 1973), 158.

J. Arndt, M. Vess, C. R. Cox, J. L. Goldenberg, and S. Lagle, "The Psychosocial Effect of Thoughts of Personal Mortality on Cardiac Risk assessment," *Medical Decision Making* 29, no. 2 (2009), 175–81, doi:10.1177/0272989X08323300.

J. L. Kirchmeier, "Our Existential Death Penalty: Judges, Jurors, and Terror Management," *Law and Psychology Review* 32 (Spring 2008), 57–107. Quotation is from p. 102.

J. Talbot, *The Wolf Man,* Universal Pictures, 1941.

Jon Underwood, personal communication, October 19, 2014.

M. C. Nussbaum, "Mortal Immortals: Lucretius on Death and the Voice of Nature," *Philosophy and Phenomenological Research* 50, no. 2 (1989), 303–51; S. Cave, *Immortality: The Quest to Live Forever and How It Drives Civilization* (New York: Crown, 2012); T. Volk and D. Sagan, *Death and Sex* (New York: Chelsea Green, 2009).

M. C. Nussbaum, *The Therapy of Desire: Theory and Practice in Hellenistic Ethics* (Princeton, N.J.: Princeton University Press, 1994), 222.

Martin Heidegger, *Being and Time* (Albany: State University of New York Press, 2010; first published 1927).

Michel de Montaigne, *The Complete Essays of Michel de Montaigne,* edited by W. C. Hazlitt and C. Cotton, Digireads.com, 2004, p. 52. First published 1580.

Paul Tillich, *Theology of Culture* (New York: Oxford University Press, 1964), 9.

Robert Jay Lifton, *The Broken Connection: On Death and the Continuity of Life* (New York: Simon and Schuster, 1979).

S. J. H. McCann, "Societal threat, Authoritarianism, and U.S. State Death Penalty Sentencing (1977–2004)," *Journal of Personality and Social Psychology* 94, no. 5 (2008), 913–23, retrieved from http://www.ncbi.nlm.nih.gov/pubmed/18444747.

S. White, *Fürer: Seduction of a Nation* (Brook Productions, 1991).

Study reported in S. Solomon and K. Lawler, "Death Anxiety: The Challenge and the Promise of Whole Person Care," in T.A. Hutchinson, ed., *Whole Person Care: A New Paradigm for the 21st Century* (New York: Springer, 2011), 92–107.

T. Pyszczynski, S. Solomon, and J. Greenberg, *In the Wake of 9/11: The Psychology of Terror* (Washington, D.C.: American Psychological Association, 2003), doi:10.1037/10478-000.

Thomas Babington Macaulay, *The Lays of Ancient Rome* (London: Longman, 1847), 37ff.

Walt Whitman, *Life and Death,* Walt Whitman Archive, http://www.whitmanarchive.org/manuscripts/transcriptions/loc.00213.html.

14p By Marianne Stokes, CC BY-SA, via Wikimedia Commons
26p Flickr by collection of old photos, Public Domain
39p By Becker & Maass, Berlin, Public domain, via Wikimedia Commons
40p By Achen1997 (Own work), CC BY-SA, via Wikimedia Commons
80p By Stoughton, Cecil(Cecil William), 1920-2008, Photographer, Public domain, via Wikimedia Commons
96p By World Economic Forum from Cologny, Switzerland, CC BY-SA, via Wikimedia Commons
99p John William Waterhouse, Public domain, via Wikimedia Commons
106p John Everett Millais, Public domain, via Wikimedia Commons
115p By José-Manuel Benito Álvarez (Own work), Public domain, via Wikimedia Commons
124p By Inocybe at fr.wikipedia, Public domain, via Wikimedia Commons
128p By Teomancimit (Own work), CC BY-SA, via Wikimedia Commons
136p By Osama Shukir Muhammed Amin FRCP(Glasg) (Own work), CC BY-SA, via Wikimedia Commons
138~139p 스미스소니언 박물관의 프리어 갤러리
141p By Maros Mraz(Maros) (Own work), CC BY-SA, via Wikimedia Commons
157p By Alcor Life Extension Foundation, CC BY, via Wikimedia Commons
159p By Bowman Gum(Heritage Auctions), Public domain, via Wikimedia Commons
166p By Piero Montesacro (Own work), CC BY-SA, via Wikimedia Commons
175p Flickr by Christian Haugen, CC BY
179p By de:Benutzer:Verwüstung(de:Bild:Dollarnote_siegel_hq.jpg), Public domain, via Wikimedia Commons
200p Georges de La Tour, Public domain, via Wikimedia Commons
244p Hans Thoma, Public domain, via Wikimedia Commons
248p By Woller (Own work), CC BY-SA, via Wikimedia Commons
329p Gustav Klimt, Public domain, via Wikimedia Commons